Abbé ÉM. SÉVESTRE

PROFESSEUR AU COLLÈGE DE VALOGNES

L'histoire,

le texte

et la destinée

du Concordat de 1801

Prix : **2** fr. **50**

ANGERS
LIBRAIRIE-IMPRIMERIE LACHÈSE ET Cⁱᵉ
J. SIRAUDEAU, ÉDITEUR
4 — Chaussée Saint-Pierre — 4
1903

HISTOIRE

DU

CONCORDAT DE 1801

Abbé Ém. SÉVESTRE

PROFESSEUR AU COLLÈGE DE VALOGNES

L'histoire,

le texte

et la destinée

du Concordat de 1801

ANGERS

LIBRAIRIE-IMPRIMERIE LACHÈSE ET Cie

J. SIRAUDEAU, ÉDITEUR

4 — Chaussée Saint-Pierre — 4

1903

licisme ont quelque puissance sur l'opinion : hommes influents, éducateurs de la jeunesse, prêtres dans le ministère et surtout publicistes et orateurs. Beaucoup déjà, et non pas les moindres, ont entrepris une campagne en faveur du Concordat. C'est un magnifique mouvement qui mérite d'être universalisé dans toute la France. A ceux qui veulent y contribuer et qui en ont les ressources, nous rappelons dans une synthèse autant que possible complète, les arguments qu'ils ne manqueront pas d'exploiter avec succès ; nous leur fournissons de précieux documents, nous espérons leur ouvrir de suggestifs aperçus, et rendre plus facile leur noble tâche de défenseurs de la paix religieuse.

Tels sont les deux points de vue auxquels nous nous sommes placés dans cette étude. Tels sont les deux buts que nous avons poursuivis. Dieu veuille que nous les atteignons. Dieu veuille surtout, si ce souhait est encore possible, que bientôt se termine la guerre irréligieuse dont nous souffrons et que l'on revienne à l'application loyale du Concordat.

Coutances, 20 Juillet 1903.

Em. SÉVESTRE.
Professeur au Collège de Valognes.

L'HISTOIRE DU CONCORDAT

I

Depuis que le Concordat existe — et il compte déjà plus de cent années — il a toujours eu le don de soulever autour de lui d'interminables débats et d'être en butte à des assauts sans cesse répétés. Toutefois actuellement plus que jamais il passionne l'opinion et attire la curiosité des esprits. L'on se demande non sans anxiété quel est le sort qui l'attend dans l'avenir. M. Combes, le président du Conseil, revient incessamment sur cette importante convention. A Rennes, les jurisconsultes catholiques, dans leur dernière assemblée, lui ont consacré une grande partie de leurs séances. De toute part, la presse, si prompte à enregistrer les événements du jour et à se faire l'écho des anxiétés et des espérances du moment, se préoccupe de cette question et l'a traitée à maintes reprises. Loin de s'affaiblir, l'intérêt va toujours croissant et les inquiétudes sont devenues alarmantes.

Pendant ce temps, S. Em. le cardinal Mathieu (1) a publié à ce sujet, dans le *Correspondant*, une série d'articles fort remarqués. Ces études calmes, mesurées, abondamment documentées, sont appelées à prendre le premier rang parmi les travaux qui ont paru sur cette grave matière. Mieux encore que '

(1) Cardinal Mathieu : articles parus dans les numéros du 25 décembre 1901, 10 février, 25 mars 10 avril, 10 et 25 décembre 1902, dont la réunion forme un ouvrage sous le titre du *Concordat de 1801, son origine, son histoire* d'après des documents inédits.

les *Documents sur la négociation du Concordat*, du comte de Boulay de la Meurthe, elles éclaircissent ce problème historique et permettent de trancher le débat qui s'était élevé autrefois entre M. d'Haussonville et le P. Theiner, de contrôler Consalvi par Consalvi lui-même et de compléter l'esquisse brillante, mais insuffisante et souvent inexacte de M. Thiers. Les informations sont puisées aux meilleures sources et contrôlées par un jugement critique très droit et très impartial. Et ce qui ne nuit jamais, la valeur de ces études est relevée par des qualités littéraires de premier ordre. Il y a dans les portraits des personnages qui ont pris part à ce traité une fine psychologie qui satisfait ; dans les appréciations qui accompagnent le récit, une netteté judicieuse qui convainc ; dans l'ensemble, un charme indicible qui captive l'attention et qui est de nature à plaire aux lettrés. Surtout ces études possèdent, ce qui est un gage de succès, l'actualité et l'opportunité. Puisqu'on parle si universellement du Concordat, puisque l'on prévoit de nouvelles luttes, n'importe-t-il pas en effet de savoir au juste ce qu'il est et de connaître exactement son histoire, *d'un intérêt capital et parfois si dramatique ?*

Napoléon revenait triomphant de la bataille de Marengo, d'autant plus glorieuse qu'elle avait été chaudement disputée. Doué d'une activité débordante, il repassait dans son esprit les œuvres accomplies et songeait aux gigantesques entreprises qu'il avait le dessein de réaliser. Déjà, dans la France bouleversée par dix années de révolution, il avait rétabli l'ordre et l'autorité et semblait avoir mis fin aux coups d'Etat, aux rivalités incessantes, aux carnages sanglants par un pouvoir solidement constitué, par une constitution pratiquement élaborée, par des réformes et des institutions sagement ébauchées. Après avoir ramené d'une façon décisive le succès dans les armées républicaines qui avaient perdu de leur première ardeur sous le gouvernement incapable du Directoire, il se promettait d'obtenir la paix vers laquelle on soupirait (1). Tout particulièrement il désirait la pacification religieuse (2).

A cette heure, une secrète aspiration poussait le pays vers la religion. La foi demeurait vivante et tenace dans les âmes malgré les persécutions et les impiétés de ceux qui gouvernaient. Toutes les tentatives de déchristianisation avaient été infructueuses. Loin d'apaiser le besoin religieux des foules, le culte froid de l'être suprême inventé par Robespierre et la bizarre théophilanthropie imaginée par Lareveillère-Lepeaux, l'avaient exaspéré. L'on regrettait les suaves prières et les poétiques cérémonies du passé, et l'on avait hâte de rentrer dans les églises rendues au culte catholique.

Cette situation inaperçue par la plupart n'échappa point à Napoléon. Avec les lucidités de son intelligence, les intuitions de son génie, les sûretés de son observation, il devina le besoin qui tourmentait les âmes. Et comme il n'était pas de ceux qui passent indifférents devant les problèmes religieux, il chercha une solution. Son bon sens lui défendit de se déclarer le fondateur d'une nouvelle religion. Il n'eut pas non plus l'idée de s'appuyer sur le clergé constitutionnel qui n'avait ni l'estime, ni la popularité. Il comprit que le protestantisme ne répondait pas au génie et aux traditions de la France. Il n'apercevait donc qu'un moyen de réussir : réconcilier la nation avec le catholicisme (3).

Cette pensée était la conviction profonde de Napoléon. Il la laissa entrevoir au clergé de Milan dans les paroles qu'il lui adressa. Il l'affirma publiquement en assistant au *Te Deum* chanté dans la cathédrale de cette ville. Enfin, au lendemain de la bataille de Marengo, il s'en ouvrit à Verceil, devant Son Eminence le cardinal Martiniana. Sur son conseil le prince

<hr>

(1) *La Paix d'Amiens*, par Albert Sorel : partie de l'important ouvrage *L'Europe et la Révolution*.

(2) Premier volume d'Albert Vandal sur *l'Avénement de Bonaparte* : La conquête de Paris par Bonaparte.

(3) Thiers, *Histoire du Consulat et de l'Empire*, tome III, livre XII. — *L'abbé Sicard, les évêques pendant la Révolution*. De l'Exil au Concordat, tome III.

de l'Eglise, heureux d'avoir été cho'si comme confident du premier Consul, transmit par lettre au Saint-Père le résumé de la conversation. Cette lettre, portée à Pie VII par le comte Alciati, neveu du cardinal, fut le point de départ du Concordat. On y trouve toute les bases du futur traité.

Tout naturellement, on est porté à se demander quel était le mobile qui guida Napoléon dans cette décision? Etait-il poussé par des principes chrétiens? A cette question, on a répondu très diversement. Cependant, il paraît probable que le grand homme garda toujours au fond de son âme des sentiments religieux. « Bonaparte, dit Chaptal, sans être dévot, était religieux. » « Il était resté, ajoute Mme de Montholon, catholique et chrétien au fond du cœur. » Instinctivement, il faisait le signe de la croix quand un malheur le menaçait. Il ne dissimulait pas son émotion quand il entendait le son de la cloche. Il aimait à s'entretenir avec les savants, malheureusement incrédules, des dogmes catholiques, et il choisit plus tard le 15 août, jour de l'Assomption, comme fête nationale. Aussi, à la fin de son étude sur la religion de Bonaparte, S. E. le cardinal Mathieu donne cette conclusion : « Il semble bien que dans cette âme extraordinaire il y ait eu un coin réservé aux souvenirs pieux et aux croyances de son enfance, quelque chose comme une petite chapelle avec sa madone et son crucifix. » (1)

Toujours est-il qu'il eut le mérite de prendre l'initiative du Concordat et de le vouloir énergiquement, malgré l'opposition qu'il rencontra. Ses conseillers habituels et ses compagnons d'armes souriaient à la pensée de cette réconciliation avec l'Eglise romaine. Il passa par-dessus les sarcasmes faciles de ces impies. Il ne tint compte ni des ennuis, ni des réclamations de son ministre des affaires étrangères, Talleyrand. L'ancien évêque d'Autun, qui apprit avec peu d'enthousiasme le projet de rétablissement du culte, ne put que

(1) Cardinal Mathieu, *Le Concordat de 1801* : Les négociateurs, *Correspondant* du 10 février 1902, pages 405.

retarder les négociations et restreindre les libertés de l'Eglise.
De même, l'abbé Grégoire fut obligé de renoncer à être le
pape de l'Eglise schismatique : rêve qu'il avait caressé dans
son étrange ambition. Il dut se contenter d'écrire sur le Concordat des rapports jansénistes et gallicans.

Napoléon eut le tort d'être un excellent élève de l'abbé
Grégoire. Il écouta trop docilement ses leçons de théologie
qui servaient ses ambitions politiques et les appliqua avec
trop de fidélité. D'ailleurs dans le cours des discussions du
traité, il fut loin d'avoir une conduite noble et digne. Il se
montra dédaigneux pour l'Eglise immortelle de Jésus qu'il
croyait sauver. Il parla hautement aux représentants du Pape,
essaya de leur imposer ses revendications et de les effrayer
par ses colères, tantôt réelles, tantôt savamment dissimulées.
Il n'observa pas constamment les règles d'une loyale diplomatie. Il fit exclure des entretiens de l'abbé Bernier et de
Mgr Spina, le théologien Caselli. Il empêcha toute relation
entre Rome et ceux qui négociaient en son nom. Jamais
homme d'Etat ne fut dans la circonstance plus discourtois,
plus ami des procédés brusques et irréguliers, usant davantage de la ruse et de la violence.

Dès le début, il en donna un exemple. Sa Saintcté Pie VII,
dès qu'elle eût reçu la lettre de S. Em. le cardinal Martiniana,
mit un joyeux empressement à envoyer une réponse favorable.
En même temps elle chargeait un prélat romain d'aller
seconder le bon cardinal qui, paraît-il, n'aurait pas été à la
hauteur de la tâche. Par délicatesse elle avait choisi
Mgr Spina. Naguère, Bonaparte l'avait rencontré conduisant
les dépouilles de Pie VI mort en exil. La bonté du Prélat, son
air conciliant, sa piété visible, son dévouement touchant au
Pontife avaient frappé le général et lui avaient valu sa sympathie au point qu'il sollicita pour lui le passe-port qui lui était
nécessaire. Ce négociateur ne pouvait manquer d'être agré-
able au premier Consul. Et vite il avait pris le chemin de Verceil où devaient commencer les premières discussions. Bonaparte ne l'avait pas attendu. Il était parti en indiquant, sans

consulter la cour romaine, Paris comme lieu de rendez-vous,
Mgr Spina l'apprit à Florence. Que faire ? Il demanda avis
à Pie VII. Le pape accepta le changement. Il lui adjoignit
pour compagnon et conseiller un théologien renommé,
Caselli, général des Servites. Tout de suite, bien que le cardinal Maury, ambassadeur de Louis XVIII, conseillât la
défiance et que le roi lui-même manifestât son mécontentement, il annonça l'événement aux évêques français dans une
lettre à la date du 12 septembre 1800. Rome, réputée pour
sa prudente lenteur semblait se précipiter. C'est qu'elle souhaitait depuis longtemps cet accord presque inespéré. Lors
de l'armistice de Bologne et du traité de Tolentino, Caleppi,
Pierrachi, de Salomon, en son nom avaient fait des avances
à la République qui furent repoussées brutalement par le
Directoire inintelligent et sectaire (1).

Aussi Mgr Spina et Caselli arrivèrent promptement à Paris
dans les premiers jours de novembre 1800, et se firent recevoir immédiatement par Talleyrand et le premier Consul.
Bientôt se présenta à l'hôtel de Rome où ils étaient descendus,
l'abbé Bernier, ancien curé de Saint-Laud d'Angers, le délégué
du gouvernement français C'était un homme trapu, louche et
laid. Il rachetait ses défauts physiques par des qualités
remarquables. Son intelligence était vive et aiguisée. Sa
volonté, remplie de ressources, d'expédients ; sa parole, facile
et séduisante. Il était né entremetteur et politicien. Il venait
de donner ses preuves en Vendée. Après avoir prêché l'héroïsme, il avait trahi les siens et avait travaillé à la convention
de Montfaucon-sur-Moine. Bonaparte ne s'était point trompé
sur son compte en lui confiant les négociations du Concordat.
Il se révéla un maître par son activité infatigable, par son
habileté de rédaction et par son art de capter la confiance
de Mgr Spina. Mais vainement chez lui on cherche du caractère, de la loyauté, de l'indépendance. Il n'exécute que servi-

(1) A consulter : *Les origines du Concordat* de Léon Séché. — *Naples et le
Directoire* de Joseph du Teil (Armistice et traités).

lement des ordres et ne craint point de se déjuger pour
obéir (1).

Sans plus tarder Mgr Spina et l'abbé Bernier entrèrent en
pourparlers. Leurs entretiens roulèrent sur les questions
suivantes : la démission des évêques, l'aliénation des biens
ecclésiastiques, la réduction du nombre des diocèses, la nomination aux évêchés. De leurs discussions sortit un premier
projet. A l'article 1er du titre neuvième la religion catholique
était appelée la religion de l'Etat. Cette formule fut reconnue
compromettante par Talleyrand. D'après son inspiration
fut formé un second projet qui plaçait sur le pied de
l'égalité les évêques schismatiques et les évêques orthodoxes
et réduisait à la communion laïque les ecclésiastiques qui
étaient entrés dans les lois du mariage. Sur ces entrefaites
arriva le complot de la machine infernale. Bonaparte, sauvé
du danger, voulut être généreux. Un troisième projet fut
forgé. Ce fut le plus modéré et le plus acceptable de tous. Il
fut bien vite remplacé par un quatrième dans lequel reparu-
rent les articles contestés et les restrictions. Bien plus, on
demanda à Mgr Spina de le signer comme s'il avait été réellement plénipotentiaire. Il refusa catégoriquement d'usurper ce
rôle qui ne lui avait pas été confié par le Souverain Pontife.
Il n'avait été envoyé que pour préparer le Concordat. C'était
l'évidence même. Cependant ce refus faillit amener la rupture.
Talleyrand la cherchait. Par bonheur, Bonaparte finit par accepter les raisons de Mgr Spina et donna tort à son ministre.
Lui-même rédigea un cinquième projet (2) qui fut expédié à
Rome par l'intermédiaire du fidèle messager Louïs Palmoni,
le 27 février 1801.

Cette détermination causa à Pie VII une légitime surprise.
Néanmoins le Souverain Pontife ne rejeta pas ce nouveau
moyen de négociation. Il examina le projet et réunit une

(1) Cardinal Mathieu, *Le Concordat de 1801*, III, les négociations et les premières discussions.

(2) Les cinq projets sont parfaitement étudiés par le Cardinal Mathieu; IV, Les
premiers projets. Echec de Spina.

commission de douze cardinaux. Les controverses furent longues, des remaniements s'imposaient. L'intervention de François Cacault, envoyé par Bonaparte pour défendre le texte de sa convention, fut inutile. Il s'agissait d'une question de doctrine. L'ambassadeur qui était d'une nature droite et honnête, qui ne fut point assez fidèle aux recommandations de Consalvi et aux engagements qu'il avait pris avec le secrétaire d'Etat, crut de son devoir d'avertir Talleyrand de ces modifications obligatoires. Il n'en fallut pas davantage pour irriter Napoléon, déjà ennuyé des lenteurs de Rome. Il lança un ultimatum. Il exigeait la signature du projet tel qu'il avait été remis. Il accordait cinq jours pour la réflexion. Passé ce délai, Cacault devait se retirer à Florence. L'émoi fut considérable. Tout semblait perdu. Inutile d'écrire à Paris : le temps ne le permettait pas. Impossible de signer : l'orthodoxie le défendait. Pie VII était désolé ; Consalvi offrait sa démission de secrétaire d'Etat ; les membres du Sacré Collège étaient au désespoir. François Cacault qui avait été coupable d'un excès de franchise cherchait un moyen de tout concilier. Il le découvrit. Que Consalvi parte à Paris, Napoléon sera flatté de cette démarche. Les négociations pourront reprendre. On fut unanime à se ranger à l'avis du sage ambassadeur et on résolut de le suivre.

A son tour, le jeune secrétaire d'Etat partit pour Paris. La Providence lui avait départi les dons qui lui étaient nécessaires pour réussir dans sa tâche difficile. Il avait la séduction de Bernier : on l'avait surnommé la sirène de Rome. Il possédait la diplomatie de Talleyrand. « S'il ne sait pas la théologie, ce que je suppose, disait de lui Napoléon, il sait la politique. » Il avait la bonté et les manières polies de Mgr Spina. Et il les dominait tous par la fermeté de son caractère. Il était de taille à résister à la volonté impétueuse de Napoléon qui asservissait tout et courbait tout sur son passage. Sans effroi, quoiqu'en dise M. Thiers, il parut devant lui à l'audience solennelle et publique des Tuileries, qui lui fut accordée aussitôt après son arrivée, le **21 juin 1801.**

Sans trouble, il entendit les premières paroles du Consul qui ressemblaient à une déclaration de guerre : « Je sais le motif de votre voyage. Je veux que l'on ouvre immédiatement les conférences. Je vous donne cinq jours pour signer le Concordat. » Sans faiblesse, sans se laisser influencer ni par les menaces des négociateurs de Napoléon, ni par les craintes qu'offrait la réunion d'un Concile national sous la présidence du triste Lecoz, il défendit vaillamment les droits de l'Eglise.

Cinq jours se passèrent rapidement. Deux mois même s'écoulèrent et la convention n'était pas signée. Enfin l'accord se fit. Les plénipotentiaires furent désignés. Du côté du Saint-Siège, c'étaient Consalvi, Mgr Spina et Caselli ; du côté du gouvernement français, c'étaient Joseph Bonaparte, Cretet, conseiller d'Etat, et l'abbé Bernier. La signature du Concordat était fixée au 13 juillet. Mais quel ne fut pas l'étonnement de Consalvi quand il voulut apposer son nom. Il s'aperçut que le texte avait été transformé. Alors, ce fut une nouvelle discussion qui dura vingt heures consécutives et qui amena des modifications substantielles au dernier projet présenté. Napoléon qui en fut averti ne consentit pas à les accepter. La rupture fut prononcée.

Tel est le récit qui se dégage des mémoires de Consalvi. Léon Séché, auteur d'un savant ouvrage entaché de partialité, *Sur les origines du Concordat*, donne une autre version dans un article sur le Centenaire de la signature du Concordat paru dans la *Revue Bleue* (1). Il s'appuie sur de nouveaux documents publiés par la *Civilta cattolica*, au mois de septembre 1900. D'après lui, Consalvi aurait reçu, avant la réunion du 13 juillet, la minute du dernier projet et aurait remarqué la substitution. C'est bien ainsi que les événements se sont passés, comme l'affirme nettement le Cardinal Mathieu (2). Quoi qu'il en soit, le résultat fut le même : le Concordat ne fut pas signé.

(1) *Revue Bleue*, 13 juillet 1901.
(2) Cardinal Mathieu : *Le Concordat de 1801*, VI, La signature. *Correspondant*, 25 décembre 1902.

On se trouvait au soir du 14 juillet. Consalvi n'eut que le temps de se rendre au dîner de gala des Tuileries. Napoléon l'accueillit avec une froide politesse sans s'emporter peut-être aussi violemment que le laissent supposer les mémoires du Cardinal Consalvi (1), auxquels on a prêté en ce passage des paroles qu'il n'a pas prononcées. Grâce à l'heureuse intervention de Cobentzel, ministre de l'Autriche, l'empereur consentit à faire recommencer les pourparlers. Sur son ordre, ils eurent lieu le lendemain 15 juillet, ils se prolongèrent pendant douze heures. Le désaccord portait sur le point important de la publicité du culte. Consalvi refusait d'admettre la restriction qui avait été ajoutée, à moins qu'elle ne fût expliquée par une nouvelle restriction. Il parvint à triompher. Joseph Bonaparte accorda l'addition demandée et le Concordat fut signé le 16 juillet 1801, à deux heures du matin.

Derrière cette signature, un événement d'une portée inappréciable venait de s'accomplir. Le Concordat, qui demeure pour Napoléon, selon les paroles de Marius Sepet « le plus fort et le plus sûr témoignage de la hauteur et de la vigueur de sa conception morale et sociale de la France » (2), allait apporter la paix religieuse à notre pays. Avec la liberté qu'on lui rendait, trop parcimonieusement, l'Eglise catholique officiellement restaurée et réconciliée avec l'Etat, devait recommencer son sublime labeur qui est d'éclairer les esprits, de consoler les cœurs et de soulager les misères, de sauver et de grandir les âmes. Et pourtant que d'obstacles encore. Napoléon qui ne connaissait pas la dernière modification, donnerait-il son approbation à ce traité ? Rome, intransigeante pour la défense de la vérité, pourrait-elle le ratifier et le promulguer ? Les corps législatifs, qui devaient

(1) Cardinal Mathieu, *Concordat de 1801*, VI, La signature. « Ce qui est inventé, c'est la question par laquelle Bonaparte aurait terminé ses déclarations foudroyantes... Cette anecdote ne se trouve pas dans le texte autographe du cardinal Consalvi. Il faut donc le rayer de tous les manuels d'histoire où elle figure encore. » *Correspondant* du 25 décembre 1902, page 1032.
(2) *Un siècle*, I, l'œuvre et l'influence de Napoléon, page 11.

nommer comme président, l'impie Dupuis, auteur de l'*Origine des Cultes*, en permettraient-ils la publication ? Autant de questions qui empêchaient les amis de la paix religieuse de se réjouir complètement (1).

(1) Ouvrages à consulter en cette matière : Ouvrage du Cardinal Mathieu. Le comte d'Haussonville, l'*Eglise et le premier Empire*. Le P. Theiner, *Les deux Concordats*. Thiers, *Histoire du Consulat et de l'Empire*, tome III, livre XII-XIII. — *Mémoires du Cardinal Consalvi*. — Boulay de la Meurthe, *Documents sur les négociations du Concordat et les rapports avec le Saint-Siège en 1800-1801*. — *Les négociations du Concordat*. — *Histoire des rapports de l'Église et de l'État*. Debidour, chapitre VI, *Le Concordat de 1801*.

II

Quelle était donc la teneur du Concordat qui venait d'être signé et sur lequel on avait tant discuté bien qu'il ne comptât que dix-sept articles? Le Saint-Siège avait poussé jusqu'aux dernières limites les preuves de son esprit de conciliation. Au nom de l'Eglise, il voulait bien ne plus se souvenir des spoliations du passé et ne point inquiéter les acquéreurs des biens ecclésiastiques. Par amour de l'ordre, il consentait à remanier les circonscriptions des diocèses et des paroisses de la France, à demander aux évêques leur démission, et s'ils refusaient d'obéir, à leur enlever leur juridiction. Au gouvernement naissant de notre pays qu'il gratifiait des droits et des privilèges dont jouissait près de lui l'ancien régime, il permettait de nommer aux évêchés les nouveaux titulaires et à l'avenir lui accordait le même droit, en réservant naturellement au Pape l'investiture canonique et en exigeant que les Chefs d'Etat professassent la religion catholique. De même il obligeait les évêques à soumettre à l'agrément du gouvernement la nomination des curés. Enfin, d'une condescendance admirable et d'une touchante générosité, il lui promettait les prières publiques de ses fidèles et les serments de fidélité de ses évêques et de ses prêtres. En retour, l'Etat se montrait peu reconnaissant de ses immenses concessions. Dans le préambule du traité, il se contentait d'affirmer que le catholicisme était la religion de la majorité. A grand'peine, il assurait un traitement convenable à ses ministres, lui restituait les églises non aliénées nécessaires au culte, et lui donnait la facilité de recevoir des fondations. Et s'il reconnaissait sa complète liberté et la publicité de son culte, il lui demandait aussitôt de se conformer à des règlements de police par lesquels il prétendait l'asservir. Heureusement Consalvi avait déjoué ce dessein perfide et avait fait ajouter que ces mesures n'auraient pour but que la tranquillité et la sécurité publiques.

Cette addition survenue au dernier moment était inconnue de Napoléon. On appréhendait de le lui apprendre. On connaissait son caractère irascible analysé avec une clairvoyante profondeur par Taine dans *Les Origines de la France contemporaine* (1). Sûrement il allait s'emporter. De fait, quand son frère Joseph Bonaparte lui eut communiqué ce qui s'était passé, il entra dans une violente colère et menaça de cesser toute relation avec le Saint-Siège. Puis il s'apaisa, écouta en silence ceux qui l'environnaient et le suppliaient de donner son approbation. Finalement il accepta le Concordat tel qu'il avait été signé. La nouvelle se répandit promptement à travers la France entière. Ce fut une joie universelle. On poussa comme un soupir de soulagement. La persécution était terminée. La liberté était rendue. Maintenant tous les regards étaient tournés vers Rome. On était impatient de savoir sa réponse et on désirait qu'elle donnât au plus vite la ratification du traité.

A vrai dire, en cette capitale de la chrétienté, inaccessible à l'influence des enthousiasmes populaires, l'opposition au Concordat était presque unanime. On se défiait du premier Consul et du gouvernement sorti de la Révolution. On ne comprenait pas encore les temps nouveaux qui allaient s'ouvrir. Et Pie VII, même soutenu par son fidèle secrétaire d'État Consalvi, qui s'était empressé de revenir et de reprendre sa charge, ne semblait pas être d'une nature assez énergiquement trempée pour tenter d'audacieuses entreprises. Il avait

(1) Taine, *Origines de la France contemporaine*. Le Régime moderne, chapitre IX, Bonaparte.

vécu longtemps dans le cloître, adonné à la contemplation et à l'étude, loin du commerce des hommes qu'il fuyait. La bonté était la note caractéristique de sa personne. Elle apparaissait sur ses traits languissants et émaciés. Dans sa manière d'agir, on la devinait. Il était hésitant, il craignait de se compromettre ; plutôt que de contrarier, il préférait souffrir, être victime. Mais il était de ces doux, de ces silencieux que la Providence emploie parfois pour manifester d'une façon plus éclatante son action et qui d'ailleurs savent prévoir et vouloir. Pie VII l'avait montré. Il le montra davantage (1).

A peine fut-il en possession du traité qui avait été conclu, qu'il le soumit à nouveau à l'étude de Mgr di Pietro, qui fut le théologien du Concordat, comme Consalvi en avait été le diplomate. Et presque en même temps il réunit une commission de cinq cardinaux, et consulta les six théologiens les plus éminents de Rome. D'après l'avis de la majorité, le Saint-Père ne pouvait pas consentir à la ratification de l'article 1er concernant l'exercice du culte catholique, et de l'article 13 se rapportant à la légitimation de la vente des biens ecclésiastiques. Cette réponse ne le déconcerta pas. Il résolut de soumettre la question à l'ensemble du Sacré-Collège. Cette fois, dans l'assemblée du 11 août, la majorité se prononça pour la ratification pure et simple. Et au 15 août Sa Sainteté Pie VII signa le Concordat. Dès lors, Maury, qui représentait toujours Louis XVIII à Rome, ne fut plus traité en ambassadeur et dut se retirer à Montefiascone. Puis successivement furent expédiés : le Concordat lui-même portant la signature du Souverain Pontife ; la bulle *Ecclesia Christi* qui le promulguait ; le bref adressé aux anciens évêques titulaires pour les exhorter à se démettre de leurs sièges ; des lettres particulières remises aux évêques constitutionnels pour les inviter à abjurer leurs erreurs et à rentrer dans le sein

(1) Mgr Baunard dans *Un siècle de l'église de France*, I, Pie VII et Napoléon. — *Vie de Pie VII*, par Artaud.

de l'Église. Déjà, Caprara avait été nommé légat *a latere*. Il
avait quitté Rome dans un consistoire solennel et était parti
à Paris muni des pouvoirs nécessaires pour l'exécution du
Concordat (1).

A Rome, le Concordat avait eu gain de cause. Triomphe-
rait-il également à Paris? Sans doute, Napoléon n'avait eu
aucune difficulté ni mis aucun retard à ratifier à son tour le
traité qu'il avait élaboré et approuvé. Mais obtiendrait-il des
corps constitués la permission de le publier? Lorsque pour la
première fois le 6 août il donna au Conseil d'État communication confidentielle du projet signé vingt jours auparavant, un
silence visiblement désapprobateur l'accueillit. Bien plus on
annonçait une résistance ouverte, acharnée, de la part du
Tribunat et du Corps législatif. Les dernières nominations
avaient été hostiles au Premier Consul. Certains articles du
Code civil avaient été rejetés. La situation devenait pénible.
Cambacérès eut le mérite d'aplanir les difficultés. Le temps
du renouvellement des deux assemblées était venu. Comme
la Constitution ne désignait pas les députés qui devaient
sortir, Cambacérès conseilla à Napoléon de faire éliminer
par le Sénat, les tribuns indociles (2). C'est ce qui arriva.
Alors, devant le Parlement épuré, Bonaparte présenta le
Concordat. Au Tribunat, sur le rapport de M. Siméon, il fut
adopté par 78 voix contre 7. Au Corps législatif **228** se pro-
noncèrent pour et **21** contre (3). Il y eut donc encore des
opposants. Pourtant, sous le prétexte de donner les règlements de police annoncés par le premier article du Concordat, on lui avait annexé les fameux Articles organiques : ces
articles ont été appelés avec raison par Mgr Freppel (4), à la
Chambre des députés, « un document d'ancien régime où

(1) *Correspondant* du 10 janvier et du 10 février 1901 : excellents articles de
M. F. Carry qui, pour nous mettre au courant des péripéties de la ratification du
Concordat à Rome s'est contenté de vulgariser les documents secrets, extraits pour
la première fois des Archives du Vatican par la *Civilta cattolica* en 1900 et 1901.

(2) Thiers, *Histoire du Consulat et de l'Empire*, tome III, livre XII.

(3) Thiers, *Histoire du Consulat et de l'Empire*, tome III, livre XIII.

(4) Chambre des députés, séance du 11 décembre 1891.

sont venues se ramasser toutes les vieilles erreurs de Dupuy et de Pithou. » « Un gouvernement libéral, au dire d'Émile Ollivier (1) dans son ouvrage sur *l'Église et l'État au Concile du Vatican*, devrait les abroger. » Ce serait justice. Quelques-uns de ces étranges règlements légifèrent sur la liturgie, le catéchisme, la juridiction spirituelle, la discipline ecclésiastique et l'enseignement dogmatique. D'autres règlent des questions mixtes à la fois du ressort de l'Église et de l'État. La plupart sont en désaccord avec la lettre et l'esprit du Concordat.

Celui qui prit la part la plus active aux débats parlementaires et qui rédigea les articles organiques fut Portalis, le premier directeur des cultes, comme Cacault fut le premier ambassadeur et Mgr Spina le premier nonce. Doué d'une intelligence supérieure, porté par sa nature à se préoccuper des questions religieuses, ayant à sa disposition avec l'aménité du caractère une parole pénétrante presque onctueuse, il aurait été un homme d'élite si le gallicanisme et le jansénisme des anciens parlements n'avaient gâté ses brillantes qualités. Ces deux funestes erreurs avaient faussé son esprit. A l'entendre discuter, on aurait cru qu'il vivait encore sous Louis XIV. Peut-être aussi possédait-il vis-à-vis de Napoléon l'obséquiosité des courtisans du grand roi. Ce fut lui qui remplaça l'abbé Bernier dans les discussions avec le nouveau délégué du Saint-Siège, le légat Caprara. Le futur évêque d'Orléans n'eut plus qu'un rôle secondaire, très appréciable toutefois.

Tout d'abord les négociations commencèrent très favorablement. Les évêques de France dispersés sur tous les points de l'Europe consentirent au sacrifice que leur imposait le Pape par un acte d'autorité inusité. De toutes parts venaient des lettres de démission. Le vieux évêque de Marseille, Mgr de Belloy, le savant évêque d'Alais, Mgr Bausset, les

(1) Émile Ollivier, *l'Église et l'État au Concile du Vatican*, tome I, chapitre III, § iii, page 121.

Rohan, les La-Tour-du-Pin, les Castillane, les Polignac,
donnèrent les premiers l'exemple. Hélas, 13 évêques d'Angleterre n'eurent pas le courage de le suivre, malgré les
exhortations de cinq de leurs compagnons qui ne voulurent
point imiter leur schismatique défection. De leur côté, les
évêques constitutionnels furent entraînés par ces actes d'héroïque abnégation. Ils manifestèrent le désir de se réconcilier
avec l'Eglise. Grâce à cet accord merveilleux, le Souverain
Pontife hâta l'envoi de la bulle nécessaire à la nouvelle circonscription des diocèses et accorda à Caprara le pouvoir de
donner l'institution canonique. Tout à coup, surgit une difficulté agitée au lendemain de la signature du Concordat. Le
Premier Consul exprima la volonté de nommer douze évêques
parmi les anciens constitutionnels. Caprara lutta longtemps
Il céda, comptant que dans l'information canonique ils se
rétracteraient, sinon publiquement, du moins secrètement,
verbalement et très explicitement. C'est avec cet espoir qu'il
fit sa première visite officielle à Napoléon, le vendredi 9 avril
1802. Il en revint amèrement déçu. Bonaparte ne voulait
plus entendre parler d'abjuration. Tout au plus il permettait une rétractation indirecte, à peine suffisante. Caprara
déploya dans la circonstance une grande énergie. Il n'accepta cette condition que la nuit qui précédait le jour de
Pâques, 18 avril, jour fixé pour la publication. Il s'était
encore soumis. Le bon et pieux cardinal était très âgé,
accablé d'infirmités, ayant subi l'ascendant irrésistible de
Napoléon : du reste, dans les postes importants qu'il avait
occupés, il avait toujours penché du côté de la modération,
de la conciliation.

Enfin le matin de Pâques est arrivé. Dans tous les quar-
tiers de Paris, le Concordat est publié avec pompeux appa-
reil, par les principales autorités. Une cérémonie religieuse,
le chant du *Te Deum* a lieu à Notre-Dame, qui contenait
naguère l'autel élevé à la raison, qui hier encore entendait
les paroles sacrilèges de l'abbé Grégoire, qui portait dans

son impressionnant délabrement les traces de la révolution. Etaient là, dans cette vieille basilique, associée à tous les événements de notre histoire : le Premier Consul, immobile et impérieux ; les membres des grands corps de l'Etat, impassibles et indifférents ; les généraux et les officiers de l'armée, ennuyés et railleurs ; la foule joyeuse et émue. Sous les traits du cardinal légat, l'Eglise, forte du traité qui était publié, se dressait et passait par dessus la tyrannie du pouvoir et la raillerie des puissants d'ici-bas, pour atteindre le peuple qui revenait vers elle et vers son Dieu.

Ce spectacle, en soi, avait quelque chose de grandiose. Il l'était plus encore comme présage de ce qui se produirait par toute la France. Demain, l'Eglise apparaîtrait avec le prestige que donne la persécution vaillamment soutenue, et sans se plaindre des ruines entassées, chanterait des actions de grâces parce qu'elle espérait les relever. En outre, n'était-ce pas en raccourci l'histoire concordataire du xixe siècle. Toujours, comme sous les voûtes de Notre-Dame, elle rencontrera le pouvoir dissimulant à peine son despotisme, et des mécontents qui voudraient lui enlever ses quelques libertés. Toujours elle gardera inviolablement le pacte conclu par elle, accepté et défendu par la nation elle-même, parce qu'elle veut sauver les âmes qui lui sont confiées par son Christ-Jésus.

III

L'ACCEPTATION ET L'APPLICATION PAR LES DIVERS GOUVERNEMENTS DE FRANCE AU XIX° SIÈCLE

Pour tout esprit non prévenu, il est impossible de révoquer en doute la validité du Concordat signé par Pie VII et Napoléon. Jamais traité ne fut plus longuement discuté, plus mûrement examiné, plus officiellement promulgué. De même on ne saurait nier le fait de son acceptation par les divers gouvernements qui se succédèrent dans notre France au xix° siècle. Devant chacun d'eux, à maintes reprises, en des circonstances parfois bien difficiles, la question concordataire fut posée. Tous en dernier ressort, bien que les tentatives soit de le modifier, soit de le remplacer ou encore de l'abroger, se soient multipliées, tous lui ont donné leur approbation catégorique et explicite. Partout et toujours sur le terrain diplomatique et au milieu des débats parlementaires, le Concordat triompha de toutes les attaques.

La première qu'il eut à subir et qui ne fut pas la moins insidieuse se trouva dans l'insertion subreptice des articles organiques. Ces dispositions frauduleusement ajoutées n'apportaient-elles pas des restrictions et des interprétations aussi fâcheuses qu'arbitraires? N'ouvraient-elles pas pour l'avenir la voie à de tristes conséquences et à d'incessantes usurpations? Pie VII en eut le douloureux pressentiment. Il défendit toute manifestation de joie quand il publia à son tour le Concordat à Rome. Au consistoire qui eut lieu le jour de l'Ascension, il se plaignit ouvertement de la violation du pacte conclu entre l'Église et la France, et il fit parvenir

AVANT-PROPOS

La question du Concordat est à l'ordre du jour Le pays s'y intéresse visiblement. Souhaitant, au milieu des agitations et des divisions de l'heure actuelle, la paix et l'harmonie, il ne cesse de professer pour ce traité un attachement instinctif plutôt que raisonné. Au fond il n'en a peut-être qu'une vague connaissance malgré les savantes publications et les intéressants articles qui se sont multipliés à l'envi. A quoi tient cette étrange ignorance ? C'est que, si on a éclairci et approfondi certains côtés de la question, on ne l'a pas d'ordinaire embrassée dans son ensemble. Et le pays aurait surtout besoin d'une vue générale le mettant promptement et facilement au courant de ce qu'il lui importe de savoir en la matière. Voilà pourquoi nous nous sommes proposé de réunir en quelques pages abondamment documentées et vraiment impartiales tout ce qui a été dit et écrit sur le Concordat. Par là avant tout nous désirons servir le pays, l'éclairer et lui donner de la sorte une conviction plus solide de la nécessité de garder et de défendre ce pacte de pacification religieuse que l'on voudrait renverser et que l'on ébranle plus fortement que jamais (1).

Il nous semble aussi que ce travail pourra être d'un réel secours à tous ceux qui non aveuglés par la haine du catho-

---

(1) Il est à noter que dans ce but d'apostolat, nous avons abaissé le prix de l'ouvrage jusqu'à la somme insignifiante de deux francs cinquante.

jusqu'au Premier Consul sa protestation par l'intermédiaire du cardinal Caprara, son légat. Plus tard, lorsque, malgré l'opposition de la majeure partie du Sacré-Collège, malgré l'étonnement des puissances européennes, malgré ses hésitations, il se décida à aller sacrer Napoléon à Paris, il était guidé par le dessein d'obtenir l'abolition des articles organiques. Le nouvel empereur, pour l'attirer et vaincre ses perplexités, lui avait laissé cet espoir. Le pauvre Pape revint à Rome sans avoir rien obtenu. Le peuple français l'avait acclamé et s'était incliné avec foi et enthousiasme sous ses paternelles bénédictions. Napoléon s'était montré plus despote que jamais, jaloux même des ovations que la foule adressait au vicaire de Jésus-Christ.

A partir de ce jour, pendant lequel Bonaparte triompha d'une façon si éclatante et si extraordinaire, se développèrent chez lui son ambition démesurée et sa furieuse passion de la souveraineté. Il prétendit à l'aide du Concordat qu'il avait conclu, asservir l'Église et faire du clergé son instrument. Qu'il était loin le temps, où il allouait aux cardinaux une somme de 45 000 francs pour subvenir aux frais de leur installation et s'engageait à leur payer 30.000 francs indépendamment de tout autre traitement (1) ; où il déclarait les traitements ecclésiastiques insaisissables dans leur totalité (2) ; où il réclamait des honneurs civiles et militaires pour le Saint-Sacrement et les ministres des autels (3) ; où il rendait au culte l'église de Sainte-Geneviève conformément à l'intention de son fondateur (4) ; où il accordait des bourses pour les séminaires (5) et favorisait les legs aux hospices et la restitution des biens non vendus aux fabriques qu'il réorganisa définitivement le 30 mars 1809 ; où il se promettait de payer le traitement à tous les prêtres, et l'assurait déjà à **30.000**

(1) Arrêté du 7 ventôse, an XI, 26 février 1803.
(2) Décret du 18 nivôse an XI, 5 février 1803.
(3) 24 messidor an XII, 14 juillet 1804.
(4) Décret du 20 février 1806.
(5) Décret du 30 septembre 1807.

succursales ; où il accordait (1) de bonne grâce l'autorisation
aux sœurs de Charité, aux sœurs hospitalières de Saint-
Bernard, aux frères des écoles chrétiennes, aux Lazaristes,
aux Pères des missions étrangères, à la congrégation du
Saint-Esprit, etc. Il sembla se repentir de ces mesures
d'équité par lesquelles il appliquait loyalement le Concordat. C'est à peine s'il édicta quelques décrets favorables,
tels que celui qui établissait (2) les facultés catholiques.
Bientôt il n'eut plus que des rigueurs, des décrets restrictifs
des droits et des libertés de l'Église.

Désormais les lettres pastorales et les instructions publiques des évêques furent soumises à la censure ; le catéchisme
impérial fut imposé à tous les fidèles (3), les prélats étaient
descendus au rang de fonctionnaires, que dis-je, de policiers.
Si des résistances se présentaient, elles étaient impitoyablement brisées. Pour avoir refusé d'assister à son mariage avec
Marie-Louise, treize cardinaux furent exilés et dépouillés de
leurs insignes ; deux autres cardinaux furent détenus à Vin-
cennes. Par ailleurs, dix-neuf évêques d'Italie furent trans-
férés en France, sous escorte, sans pain et sans habits ;
cinquante prêtres de Parme, cinquante prêtres de Plaisance
et cent autres prêtres italiens furent expédiés et internés en
Corse. Toutes les congrégations d'hommes en France, Saint-
Lazare, Mission, Doctrine chrétienne, Saint-Sulpice, furent
dissoutes et supprimées. Déjà avait été détruite l'Agrégation
ou Association connue sous les noms de Pères de la Foi ou
Adorateurs de Jésus par le décret du 3 messidor an XII,
22 juin 1804. Trois évêques du Concile, les évêques de Troyes,
de Tournai et de Gand, furent saisis dans leur lit, au petit
jour, mis au cachot et au secret, forcés de donner leur
démission et de promettre par écrit qu'ils n'entretiendraient
aucune correspondance avec leur diocèse : leurs adhérents

(1) Décrets du 13 prairial an XIII (1805), 10 frimaire an XII, 7 prairial an XII,
2 germinal an XIII.
(2) Décret du 17 mai 1808.
(3) Décret du 4 avril 1806.

dans leurs diocèse furent arrêtés; les séminaristes de Gand furent convertis en soldats et, sac au dos, partirent pour l'armée; des professeurs de Gand, les chanoines de Tournay et d'autres prêtres belges furent enfermés dans les châteaux de Bouillon, Ham et Pierre-Chatel. Bien plus, c'était lui Napoléon qui se chargeait d'assembler en Concile, en 1811, les quatre-vingts prélats disponibles de l'Italie et de la France, de les discipliner et de leur dicter ses décrets (1).

Ces sacrilèges exactions ne lui suffisaient pas. En même tempsil s'était attaqué au Souverain Pontife, le miséricordieux Pie VII qui lui témoignait une tendresse spéciale. Dans le désir de la paix le Pape lui accorda toutes les concessions qui étaient en son pouvoir. Il congédia Jackson, le ministre qui réprésentait l'Angleterre. Il consentit à accepter la démission de Consalvi, son secrétaire d'État. Il ne refusa l'investiture canonique aux évêques d'Italie que poussé par son devoir. Alors devant cette opposition, Napoléon devint brutal. Les États pontificaux furent envahis en pleine paix. Rome fut militairement occupée par le général de Miollis. Pie VII fut cerné dans le Quirinal. Au château Saint-Ange le drapeau pontificalfut arraché et remplacé par le drapeau français. Par le décret du 17 mai 1809, confirmé par le Sénatus-Consulte du 17 février 1810, l'État de Rome fut réuni à l'empire français, Pie VII lança son excommunication contre le spoliateur. En punition, il fut saisi par un coup de main nocturne, enlevé, expédié en poste à Savone et là séquestré, prisonnier d'État sous un régime presque cellulaire, en attendant qu'il fut emmené encore une fois brusquement et déposé présque mourant à Fontainebleau, où Napoléon veut l'avoir sous la main, pour opérer sur lui directement (2).

Ce fut le moment choisi par l'Empereur pour rompre le Concordat qu'il avait déchiré tant de fois. Il aurait dû pour-

---

(1) Comte d'Haussonville, tome III, IV et V, *passim*.

(2) Comte d'Haussonville, *l'Eglise et le premier Empire*, IV, page 121 et suiv. — Taine : *Origines de la France contemporaine*: Le régime moderne, tome III, livre V, L'Eglise. chapitre Ier.

tant être instruit par l'infortune. Il revenait de la campagne désastreuse de la Russie. On aurait dit qu'il voulait oublier ses défaites et faire parade de sa force devant un pouvoir désarmé. Il envoya vers le pape captif un courtisan complaisant, l'évêque de Nantes, Mgr Duvoisin, qui avait la mission de produire des exigences plus grandes encore que toutes celles dont on avait jusqu'alors entretenu le Saint-Père. Lui-même accourut près de sa victime. Dès qu'il fut face à face avec elle, il s'empara d'elle, la conquit, la maîtrisa. Après six jours d'entrevue, ce que de loin il n'avait pas obtenu par la contrainte, il l'obtint par la persuasion. Dans la soirée du 25 janvier 1813, Pie VII signa le nouveau Concordat par lequel il est stipulé qu'après un délai de six mois, les sujets nommés à l'épiscopat seront de plein droit institués par le pape, et à défaut du consentement du pape, par le métropolitain ou par le prélat le plus ancien de la province. Aussitôt, il s'empressa de dicter à son ministre des cultes les instructions les plus détaillées pour l'exécution immédiate du Concordat, de l'insérer dans le Bulletin des Lois de l'Empire et de faire savoir à la masse des fidèles ce scandaleux événement par le chant du *Te Deum* (1).

Toutes ces mesures ne légitimaient pas le coup de force et n'abolissaient pas le Concordat de 1801. Pie VII rétracta la nouvelle convention dans une lettre envoyée à l'Empereur. Et lorsque lui même, Napoléon, sera de retour de l'île d'Elbe où il avait été obligé de s'exiler, son premier acte sera de réparer sa faute. S'adressant au Saint-Père par l'entremise de son ministre des affaires étrangères, M. de Caulaincourt, il le remercia d'avoir conservé le Concordat auquel il déclarait s'attacher davantage. Il espérait encore gouverner la France. Mais Waterloo n'était pas loin et devait emporter le premier Empire. Au moins, avant de s'effondrer, il signifiait à nouveau l'acceptation du traité de pacification religieuse qui

---

(1) Comte d'Haussonville, V, 244. — *Histoire des rapports de l'Eglise et de l'Etat en France*, par Debidour; Chapitre IX, Le Concordat de 1813.

fut une de ses gloires les plus pures et qui aurait pu être pour lui un principe de stabilité.

Louis XVIII l'avait bien compris. Il avait vu d'un mauvais œil les négociations entamées entre le Saint-Siège et le Premier Consul. Ne se préoccupant que de ses intérêts monarchiques, il avait vainement essayé de les entraver. Maintenant que la Restauration le plaçait à la tête de la France, il se promettait de détruire l'œuvre qui avait toujours irrité son orgueil de prétendant au trône. Cet ancien philosophe, resté faible aux licences de la pensée et dont le zèle de catholique était très tempéré, ne se demanda pas si l'Église en retirerait profit. Ce mobile n'était point de nature à influer sur son esprit qui n'était guère religieux et ne se trouvait pas à l'abri de toute atteinte de scepticisme et de voltairianisme. Son amour-propre était flatté et la royauté pourrait par là montrer son importance. Il suffisait. Aussi le roi décida de tenir comme non advenu tout ce qui avait été fait dans l'Eglise depuis 1789. Il avait l'intention de revenir au Concordat qui avait été passé entre François Ier et le Saint-Siège et de rétablir les circonscriptions diocésaines du passé. Il chargea Mgr Cortois de Pressigny, son ambassadeur, de défendre ses prétentions. Dépourvu d'habileté diplomatique et mal inspiré par Talleyrand, le ministre des affaires étrangères, et par le comité ecclésiastique, composé à Paris pour étudier la question, l'ancien évêque de Saint-Malo ne parvint pas à se faire écouter à Rome. On lui fit seulement remarquer que le Saint-Père désirait l'abrogation des articles organiques et une dotation en bien-fonds pour le clergé. Sur cette réponse, le gérant des affaires étrangères, le comte de Jaucourt, conseilla de ne point recommencer la discussion d'un problème qui avait été élucidé et qui pourrait créer des difficultés. Que l'on se contente d'augmenter, sans modifier le Concordat, le nombre de diocèses. Le conseil était excellent. Malheureusement on ne le suivit pas. Il n'y eut tout simplement qu'un changement d'ambassadeur. Mgr Cortois de Pressigny fut remplacé par le comte de Blacas, nommé par ordonnance royale du 22 avril et un des conseillers préférés de Louis XVIII.

Le choix du diplomate avait été des plus heureux. Les négociations menées avec une souple et prudente activité aboutirent à un nouveau Concordat. Rome le signa le 4 septembre 1816, bien qu'il porte la date du 25 août. Il comprenait quatorze articles. En conséquence, le Concordat passé entre le Souverain Pontife Léon X et le roi de France, François Iᵉʳ, était rétabli. Le Concordat du 15 juillet 1801 cessait d'avoir son effet. Les articles organiques étaient abolis. On maintenait expressément les Eglises érigées par la bulle du 29 novembre 1801, et quant aux sièges supprimés par cette bulle, on décidait de les ériger de nouveau « en tel nombre qui serait convenable, d'un commun accord ». Tout à coup trois incidents empêchèrent la ratification définitive. Louis XVIII inséra au traité une clause par laquelle il défendait les libertés de l'église gallicane et prescrivait aux pairs ecclésiastiques le serment à la Charte. Enfin les évêques, non démissionnaires de 1801, refusaient toujours d'offrir leur démission. Pour ce triple motif, Rome dénia toute autorité au Concordat de 1816 qui resta enfoui aux archives diplomatiques.

Le comte de Blacas ne se tint pas pour battu. Après avoir demandé au roi de nouvelles instructions, il reprit les négociations avec le Saint-Siège. Le 11 juin 1817, il amenait encore Consalvi, qui cédait à regret, à signer avec lui un Concordat. C'était, en substance, la reproduction du pacte de 1816. Toutefois on n'abolissait plus avec la même franchise les articles organiques. Malgré tout, Rome était satisfaite. Pour complaire au roi, elle accorda le chapeau cardinalice à Mgr Talleyrand de Périgord, ancien archevêque de Reims, à Mgr de Beausset, ancien évêque d'Alais, à Mgr La Luzerne, ancien évêque de Langres. Elle prépara rapidement toutes les pièces qui étaient nécessaires à l'exécution du traité. Dès novembre 1817 toutes les bulles d'institution des nouveaux évêques étaient prêtes. Il n'y avait plus qu'à attendre, avec la démission du cardinal Fesch, des évêques de Cambrai, d'Avignon, d'Angoulême et de Dijon, l'assentiment des pouvoirs législatifs pour promulguer le Concordat en loi d'Etat: ce qui avait été reconnu nécessaire d'après le mémoire de Portalis. Afin de l'obtenir plus facilement, Laisné, le ministre de l'intérieur, qui le sollicitait avait ajouté dans son projet de loi des clauses favorables aux doctrines gallicanes et réclamait pour le gouvernement le droit d'appel comme d'abus et le *placitum regium* pour tous les actes émanés de la Cour de Rome. Devant de telles exigences, un député catholique tint, avant de voter la loi, à connaître l'opinion du Pape, il lui écrivit et sut ainsi que Pie VII blâmait la conduite du ministre. Pour cette raison il avait suspendu le départ du nonce et annonçait une protestation solennelle pour le consistoire du 12 janvier 1818. Il désirait que la loi fût écartée. Le projet du gouvernement était par conséquent repoussé avant même d'avoir été soumis à une discussion, et le ministère le retira. Le Concordat de 1817 allait rejoindre aux limbes le Concordat de 1816.

Une troisième fois, la royauté infatigable engagea des pourparlers avec Rome. La négociation fut laborieuse, jeta beaucoup d'aigreur sur les rapports des deux gouvernements. Elle ne se termina qu'en août 1849, grâce à l'habileté d'un nouveau diplomate, le conseiller d'Etat Portalis, légiste depuis le nom jusqu'à l'âme, et au concours de quelques membres de l'épiscopat. On revint, purement et simplement au Concordat de 1801. C'est ce que déclara Pie VII au consistoire du 23 août, ayant soin d'ajouter qu'il espérait que le nombre des diocèses serait augmenté, comme l'autorisait le Concordat. On obtempéra à ce désir en rapport avec les vœux des populations. Sur la motion de Pasquier, ministre des affaires étrangères, et sur le rapport de M. de Bonald, les deux Chambres, après de longs débats, votèrent une loi de finances qui permettait cette augmentation. Le 6 octobre 1822 était expédiée, en vertu de la loi et des accords avec le roi, la Bulle *Paternæ caritatis* qui annonçait l'érection de 30 nouveaux diocèses. Une ordonnance royale du 31 octobre en prescrivait la publication. L'on finissait par où l'on aurait dû commencer. Le Concordat triomphait (1).

Dans ces négociations, la Restauration faisait voir les défauts qui la conduiraient à sa perte. Elle était trop flottante. Elle ne savait pas exactement ce qu'elle voulait ni où elle allait. L'indécision de son programme et ses fréquentes contradictions, et je ne sais quelle inintelligence des tendances modernes, je ne sais quelle secrète propension à ressusciter les institutions de l'ancien régime diminuaient la valeur réelle de ses ministres, rabaissaient la grandeur de ses intentions et obscurcissaient l'éclat de ses gloires et de ses bienfaits. D'un autre côté, le gallicanisme qui la rongeait paralysait les efforts du clergé et rendait funeste à l'Eglise la protection hautaine et inconstante qu'elle lui accordait. Par l'effet de cette erreur, on la vit tout à la fois déclarer le catholicisme religion d'Etat (2), supprimer le divorce (3), favoriser le repos du dimanche (4), interdire toute attaque contre la religion (5), reconnaître le droit de propriété aux établissements ecclésiastiques (6) ; et, en même temps, elle refusait d'abroger les articles organiques, elle déférait au conseil d'Etat le cardinal de la Tour d'Auvergne, pour la seule raison de les avoir attaqués, elle arrêtait la bulle de Léon XII pour le jubilé de 1825, elle refusait le droit d'enseignement aux congréganistes et limitait le nombre des élèves des petits séminaires, elle engageait les professeurs à enseigner les

---

(1) Tous ces renseignements sont puisés dans l'ouvrage de M. l'abbé Féret. *Les Concordats de la Restauration.*

(2) Charte, art. 6.

(3) Loi du 8 mai 1816.

(4) Loi du 18 novembre 1884.

(5) Loi du 12 mai 1879.

(6) Loi du 2 janvier 1879.

quatres articles de 1682, et elle supprimait la compagnie de
Jésus. Tout en étant doué des meilleurs desseins et en étant
devenu foncièrement religieux, Charles X, qui avait succédé
à Louis XVIII, moins que tout autre était capable de tracer
une ligne de conduite précise et de protéger la royauté
contre tant de dangers. Vieilli, il gardait son esprit aventureux et chevaleresque, et n'avait point acquis, avec l'âge
et les déboires de la vie la pondération et la fermeté de caractère. Il crut se sauver par un coup d'Etat. Il se perdit. Les
fatales ordonnances qu'il porta hâtèrent la fin de la Restauration (1).

Il y eut alors, au commencement du nouveau règne, surgi
au milieu des ruines de la vieille monarchie noblement
tombée, une effroyable réaction anti-religieuse. S'étant habitué à l'alliance du trône et de l'autel, on pensa qu'à son tour
le catholicisme était appelé à disparaître. Les savants avec
un pompeux dédain parlaient « des funérailles d'un grand
culte ». Dans leur naïf orgueil ils s'étaient mis à édifier des
systèmes religieux plus bizarres les uns que les autres, à com-
poser de nouveaux évangiles, dont l'extravagance nous sur-
prend maintenant (2). Pendant ce temps, le peuple usait de
l'arme qu'il emploie d'ordinaire pour manifester son impiété.
Il pillait. Deux fois il pénétra dans le palais de l'archevêché
de Paris et le dévasta. Il renversa le calvaire du Mont-Valérien.
Il saccagea l'église de Saint-Germain-l'Auxerrois. Mgr de
Quélen fut obligé de se cacher. Le cardinal de Latil, archevêque de Reims, et Mgr Forbin-Janson, évêque de Nancy,
durent aussi quitter leur diocèse (3). Le pouvoir, loin de

<hr>

(1) On consultera avantageusement l'*Histoire de la Restauration* de Vaulabelle
de Viel-Castel et de Nettement, qui ont raconté avec beaucoup d'ampleur l'histoire de ces premières années du siècle. L'histoire très courte d'E. Daudet
mérite, elle aussi, l'attention. Il faut surtout en revenir à l'ouvrage d'Etienne
Lamy, *Les luttes entre l'Eglise et l'Etat au XIX° siècle* : La Restauration. Le
Gallicanisme est savamment analysé.

(2) Thureau Dangin, *Histoire de la Monarchie de Juillet*, livre I, chapitre VIII. Le Saint-Simonisme.

(3) Du même ouvrage, livre I, chapitre VII, La réaction anti-religieuse après 1830.

défendre l'Eglise, encourageait cette fureur irréligieuse. Il laissait répandre à profusion des brochures remplies de basses calomnies contre les prêtres et représenter des pièces notoirement impies et immorales. Il ne reculait pas devant la persécution (1). Le Panthéon fut enlevé au culte. La messe du Saint-Esprit pour la rentrée des tribunaux fut supprimée. Dans les salles d'audience, les croix furent arrachées. Les grands séminaires de Nancy et de Metz fures fermés. Des prêtres incapables furent nommés à l'épiscopat. Une église de Paris fut prise par la force armée et servit aux obsèques de l'abbé Grégoire mort impénitent. Les Chambres retirèrent aux cardinaux l'allocation qui leur était accordée et diminuèrent le traitement des évêques. Les préfets supprimèrent arbitrairement et injustement celui de plusieurs curés. Même sous les ministères pacificateurs et bienveillants de Casimir Périer et de Molé (2), les religieux de la Trappe de la Meilleraye furent expulsés. Le Petit Séminaire de Vitré fut fermé. La loi sur le dimanche fut rapportée et il fut interdit aux prêtres de faire partie des conseils généraux.

A cette heure de persécution le gouvernement n'allait-il pas détruire le lien qui le rattachait à l'Église humiliée ? N'allait-il dénoncer le Concordat ? Chose étrange, ce fut lui qui le défendit contre les attaques de catholiques hardis qui s'étaient groupés autour de Lamennais (3). Pour lui, il se vantait de le respecter et de ne vouloir pour rien au monde le violer. En réalité il n'y eut pas la moindre apparence d'abrogation (4). Car si le gouvernement supprima l'article 6 de la charte de 1814 par lequel le catholicisme était reconnu comme

(1) Du même ouvrage, livre II, chapitre V, Les faiblesses de la politique de Casimir Périer, § III, Politique religieuse.

(2) Du même ouvrage, livre XII, chapitre XIII, La question religieuse sous le ministère du 11 octobre.

(3) Thureau-Dangin, *Histoire de la Monarchie de Juillet*, livre IX. Le journal l'*Avenir*. — *Vie de Montalembert*, par le R. P. Lecanuet, livre I, chapitre VIII ; les idées de l'*Avenir*, la séparation de l'Église et de l'État. — *Lamennais* de Spuller.

(4) Thureau-Dangin, *Histoire de la Monarchie de Juillet*, livre II, chapitre XIII, la Question religieuse sous le ministère du 11 octobre, livre III, chapitre IX, les progrès de la paix religieuse.

religion d'État, il déclara, en compensation, dans l'article 7, que le catholicisme était la religion de la majorité des Français. Si, jusqu'en 1838, le nonce fut absent à Paris, il fut remplacé par un habile chargé d'affaires, l'abbé Garibaldi. S'il y eut de la part du pouvoir, condamnable impertinence lors de la présentation du *memorandum* de 1831 et injuste violation du territoire pontifical lors de l'occupation d'Ancône, près de Grégoire XVI, à l'ambassade de Rome qui ne demeura point un instant vacante, se trouvait le marquis de Saint-Aulaire qui, avec une prudence consommée, présenta des excuses et des explications et jeta un voile sur les fautes de son pays. Le pape fut si prompt à pardonner et à oublier, qu'on eut recours à lui par l'intermédiaire de Rossi quand la question des Jésuites passionnait les esprits en France. C'est donc que la paix régnait entre le Saint-Siège et le gouvernement français. D'une façon indirecte, tous ces actes équivalaient à une acceptation du Concordat de 1801. Il était la base de toutes ces décisions et de toutes les négociations. Malgré ses mesquines tracasseries qui auraient pu tromper, malgré son affectation à passer sous silence le nom de Dieu et à se dépouiller officiellement de tout caractère religieux, la monarchie de juillet entendait bien conserver le pacte conclu par Napoléon.

Elle eut l'occasion de le dire avec une netteté irréfutable. La première discussion qui se présenta sous le règne de Louis-Philippe, sur le budget des cultes, donna tout naturellement lieu à un débat très important sur la politique concordataire (1). Sans doute l'attitude de la Chambre et du gouvernement ne fut pas parfaite. Dans la réduction de certaines allocations, il y eut des petitesses qui révoltèrent Guizot

(1) Pour avoir l'intelligence de ce débat auquel prirent part un grand nombre d'orateurs entre autres, M. Luneau, M. le Rapporteur Gillon, M. Salverte, M. Dupin aîné, M. Odilon Barrot, M. Montalivet, ministre des cultes, M. Guizot, il faut relire en entier les discours qui furent prononcés à la Chambre des députés dans les séances du 15 février et du 16 février. *Moniteur officiel* du 16 février et du 17 février 1832.

et le forcèrent à monter à la tribune où il prononça l'un de
ses plus beaux discours. Mais tous furent unanimes à louer et
à accepter le Concordat. Pas une seule voix discordante ne
s'éleva. Ceux qui présentèrent des amendements, les Essachériaux, les Luneau, les Glais-Bizoin, les Dupin commencèrent
leur discours par des éloges de la convention qui est « une
œuvre de génie et de haute politique ». Ils affirmaient n'avoir
pour but « que de rester dans les limites posées par le Concordat ». Comme il fallait s'y attendre, les déclarations de
Montalivet, ministre des cultes, furent encore plus louangeu-
ses pour le Concordat qui remporta un triomphe complet. Il
était admis par l'universalité des membres des deux Chambres et par la nouvelle monarchie qui d'ailleurs en avait le
devoir, puisqu'en prenant la succession du Premier Empire
et de la Restauration, elle prenait par là-même l'engagement
d'observer tous les traités que ces gouvernements avaient
signés.

L'année suivante, en **1833** (1), la Chambre renouvela ses
affirmations. Cependant, sur l'amendement d'Essachériaux,
elle vota une loi dont on a tiré des conclusions fausses parce
qu'on n'a pas voulu ni comprendre son sens, ni relire les
débats avec impartialité, loi par laquelle il était affirmé « qu'à
l'avenir, il ne serait pas affecté de fonds à la dotation des
sièges épiscopaux et métropolitains non compris dans le Concordat de 1801 ». Cette loi n'enlevait aucune autorité au
Concordat, ne niait point la légalité des négociations de la
Restauration quand elle avait réglé avec Rome l'érection de
nouveaux diocèses. Elle supposait seulement que le gouvernement se proposait d'entamer de nouveaux pourparlers au
sujet de ces sièges. Mais le gouvernement renonça à cette
idée. La loi demeura sans effet. En 1834, vint à vaquer l'un
des sièges non compris dans la circonscription de 1801, c'était

(1) Séance du 29 mai 1833. M. Thureau-Dangin a sur cette séance une page
très lumineuse dans son chapitre sur la Question religieuse au ministère du
11 octobre, chapitre XIII du livre II, page 336.

le siège de Nevers. Le gouvernement n'en demanda pas moins le crédit pour les 80 sièges, et les Chambres votèrent le crédit réclamé. Et ce qu'ils ont fait en 1834 ils l'ont renouvelé, depuis lors, cinquante fois, annulant ainsi la disposition de 1833.

Désormais, la politique concordataire fut appliquée sous ce règne dans toute sa largeur. Chaque année le budget des cultes était augmenté ; en 1836, il l'était de 700.000 fr. En 1838, il s'élevait à 35 millions, en 1844, à 37 millions, en 1847, à 39 millions. Grâce à cet accord qui se resserrait, facilement fut créé, le 25 août 1838, l'évêché d'Alger, et le 2 décembre 1841, à la mort de Mgr Belmas, Cambrai était érigé en archevêché. On accrut également le nombre de succursales. A cette époque, il était de bon ton de défendre les intérêts des prêtres. Les plus réfractaires aux idées religieuses, M. Madier de Montjau, M. Isambert, M. Maugin, M. Havin, s'associaient volontiers à tout ce qui devait améliorer le sort du clergé paroissial.

L'on devait ces favorables dispositions et ces bienfaisantes mesures à la sagesse politique des ministres de Louis-Philippe. Au lendemain de la Révolution, Montalivet demandait déjà (1) « qu'il fallait donner au clergé la conviction que le gouvernement portait un respect profond à sa mission religieuse. » De son côté Périer affirmait (2) « que la liberté des cultes serait protégée comme le droit le plus précieux des consciences qui l'invoquent. » Et le comte de Molé (3) indiquait « le clergé comme le restaurateur de l'ordre public ». Guizot s'était déjà chargé de commenter cette pensée. « Les croyances religieuses, disait-il, dans son noble langage, sont le moyen le plus efficace pour faire la paix dans les âmes, cette paix intérieure et morale sans laquelle on ne rétablira jamais la paix

(1) Séance de la Chambre des députés, 16 février 1832.
(2) Ces paroles sont extraites de son discours-programme qui fut commenté par ses discours à Amiens, à Meaux, etc.
(3) Discours de réception à l'Académie française, 1840.

extérieure et sociale (1) » Thiers n'aurait pas désavoué cette manière de voir quand il n'était pas aveuglé par l'esprit de parti comme dans son rapport sur le projet Villemain. En tout cas, le duc de Broglie, un libéral, se permettait de conseiller au roi « de ne point s'enferrer dans les vieilles querelles théologiques, où l'on est sûr d'avoir contre soi les bonnes âmes, pour soi tous les vauriens ». Louis-Philippe (2) écoutait ses conseils et les approuvait plutôt par prudence, par amour de la paix, que par conviction religieuse. « Vous avez bien raison, répondait-il avec sa bonhomie malicieuse, il ne faut pas mettre le doigt dans les affaires de l'Église, car on ne l'en retire pas, il y reste. » Cette réponse dénote le caractère du roi. Il avait un bon sens avisé, une clairvoyance naturelle, une modération adroite ; ses vues étaient judicieuses, mais courtes, ne dépassant pas les horizons d'un bourgeois préoccupé de bien-être matériel. Il ne comprenait rien aux questions de principes et se moquait ironiquement des grands problèmes et des généreuses entreprises (3). Il oubliait, selon la remarque de Melchior de Vogué, inspirée par les études si captivantes de Thureau-Dangin, que « si la richesse suffit pour établir un pouvoir, elle le désigne aussitôt à la curée quand il n'est pas gardé d'ailleurs » (4).

Pourtant les catholiques qui s'étaient organisés pour la lutte publique et prenaient de jour en jour une importance plus considérable, se chargeaient d'attirer l'attention du roi sur ce point. Par la bouche de Montalembert (5), ils lui

---

(1) Discours sur l'Enseignement secondaire, 1836. Ces hautes pensées étaient coutumières à Guizot. Dès 1832, il appréciait à merveille le rôle de la religion.

(2) Le portrait de Louis-Philippe a été esquissé finement par M. Thureau-Dangin dans son *Histoire de la Monarchie de Juillet*, livre 1, chapitre Ier, page 51.

(3) Thureau-Dangin, *Histoire de la Monarchie de Juillet*, livre VI, chapitre II, des intérêts matériels, IV, le Socialisme.

(4) Melchior de Vogué, *Heures d'Histoire*, l'*Histoire de la Monarchie de Juillet*.

(5) Thureau-Dangin, *Histoire de la Monarchie de Juillet*, livre V, chapitre VIII, surtout *Vie de Montalembert*, par le P. Lecanuet, tome II, La liberté d'enseignement. — *Vie de Mgr Dupanloup*, par M. Lagrange, tome II.

demandaient la liberté d'enseignement et lui signalaient le mal dont souffrait la société. « C'est l'éducation morale de ce pays qui est sinon à refaire, s'écriait en plein Parlement le glorieux champion de la cause catholique, du moins à modifier et à épurer profondément. Et comment vous y prendrez-vous? C'est une banalité de le dire : Vous ne pouvez vous y prendre sérieusement que par cette forte discipline des âmes et des consciences qui se trouve dans la religion ». Louis-Philippe, doutant de l'importance de la question de la liberté d'enseignement et trop confiant dans les moyens humains, ne voulut ni octroyer la liberté demandée, ni mettre en pratique les avis sagement donnés. Ce fut la cause d'une chute humiliante. Poussé davantage par l'éloignement universel que par la force d'une révolution, il descendit tristement de son trône. A la place de sa monarchie terre-à-terre et déjà usée, était née une jeune république, ardente, chevaleresque, inexpérimentée et chimérique par certains côtés.

A ce nouveau gouvernement formé d'une façon bizarre parmi les clameurs de la foule, les vociférations des clubs, les manifestations de la place publique, l'on réserva dans notre pays et même en Europe l'accueil que conquiert d'ordinaire par ses attraits irrésistibles la jeunesse aux superbes élans, aux audaces magnanimes, aux crédules espoirs. L'on eut bien quelques sourires pour les projets illusoires (1), les naïves hardiesses, les mots déclamatoires de la seconde République. Mais involontairement on s'attacha à elle parce qu'il y avait dans ses rêves, de la noblesse, de la fierté et un souffle de spiritualisme et de christianisme. Une des premières, l'Église (2), plus que tout autre, sensible à toute haute inspiration lui donna son approbation. Elle avait vu disparaître sans regret la monarchie qui tout d'abord l'avait per-

---

(1) *L'École normale supérieure en 1848*, par Mézières, article de la *Revue des Deux-Mondes* paru le 1ᵉʳ septembre 1894.

(2) Pierre de la Gorce, *Histoire de la seconde République*, tome I, livre III, le Gouvernement provisoire ; § 3, le parti religieux, ses déclarations. — *Vie intime et religieuse de Lacordaire*, par le Père Chocarne.

sécutée, qui toujours étala son scepticisme, qui dernièrement tolérait avec trop d'indulgence les cours impies de Michelet et de Quinet pendant qu'elle condamnait comme d'abus le cardinal de Bonald, seulement coupable d'avoir blâmé à raison le *Manuel ecclésiastique* de Dupin. Dès les premiers jours, l'Église, par la bouche de ses évêques les plus marquants, l'archevêque de Paris et l'archevêque de Lyon, du représentant du Pape, Mgr Fornari et du grand orateur Lacordaire, salua en des termes enthousiastes la généreuse République qui se levait. Volontiers elle étendait ses bénédictions sur les drapeaux que l'on distribuait et sur les arbres de liberté que l'on plantait. Et de Rome, Pie IX envoya ses félicitations et ses encouragements.

La seconde République fut flattée de l'adhésion de l'Église et lui en sut gré. Rares furent les actes d'hostilité qu'elle dirigea contre elle. L'on ne peut citer que les mesures de ces deux premiers ministres d'instruction publique, de Carnot qui supprima le catéchisme sur le programme officiel de l'école primaire, de Vaulabelle qui empiéta sur le droit des évêques dans l'administration des cathédrales (1). En général, au contraire, le gouvernement fut favorable à l'Eglise. Tous ses hommes d'Etat se faisaient un devoir de prôner l'alliance de la religion et de la liberté. Les candidats à la députation étaient obligés de glisser dans leurs proclamations l'éloge du catholicisme. Trois évêques, Mgr Parisis, Mgr Graveran et Mgr Fayet, dix prêtres et un religieux, Lacordaire, furent élus par les populations pour les représenter. Aussi le Concordat ne fut jamais mieux accepté et plus loyalement appliqué. La Constitution se réclamant de l'autorité de Dieu et promulguée sur la place de la Concorde après une cérémonie religieuse à laquelle assistaient, avec l'Assemblée Nationale, les corps constitués, reconnaissait « pour les ministres du culte le droit de recevoir un traitement de l'Etat. » La seconde République consacrait ainsi une des obligations du Con-

(1) *Vie du cardinal Mathieu*, par Mgr Besson, Chapitre XII.

cordat, et l'inscrivait, dans la loi fondamentale de l'Etat pour bien montrer qu'il s'agissait d'un droit placé à tout jamais en dehors et au dessus de toute contestation. Chaque année, elle vota le budget des cultes sans réclamations sérieuses. En 1848, elle ne voulut point admettre aux honneurs de la discussion une proposition de M. Lavallée, par laquelle il refusait de forcer un citoyen à contribuer aux dépenses d'un culte qui n'est pas le sien. En même temps, elle avait eu l'heureuse idée de constituer un comité ecclésiastique, dans le dessein de rendre plus libérales les clauses du Concordat. Parmi les vœux qui furent émis, nous signalerons (1) « ceux de l'organisation d'un haut enseignement dans chacune des métropoles, Paris, Lyon, Toulouse, pour servir de complément aux études des séminaires diocésains; de l'érection de nouveaux évêchés jusqu'à concurrence d'un évêché par département; de la formation, dans chaque diocèse, d'une caisse de retraite pour les prêtres employés de ce diocèse; du rétablissement de l'inamovibilité des desservants et des officialités ecclésiastiques ». Malheureusement, la seconde République, admirablement disposée, n'eut point le temps de réaliser ses vœux très sages qui assuraient l'abrogation des articles organiques. Elle put, toutefois, accorder la liberté de conciles, s'entendre avec le Saint-Siège en 1850 pour ériger des évêchés dans nos colonies françaises, au Fort de France pour la Martinique, à la Basse-Terre pour la Guadeloupe et à Saint Denys pour l'Ile de la Réunion. Il n'est pas besoin de rappeler qu'elle prêta son appui pour rétablir le pape à Rome et qu'elle prépara et vota la loi de l'enseignement, ce mémorable édit de paix et d'équité (2).

Mais elle avait eu l'imprudence de placer à sa tête le César qui parut bientôt devenir nécessaire. Enhardi par la popularité et le prestige de son nom, les ovations des foules qui

---

(1) *Nouveau Manuel du droit Ecclésiastique* d'Émile Ollivier.

(2) Pierre de la Gorce, *Histoire de la seconde République.* Livre XII, l'affaire Italienne; livre XIV, l'expédition de Rome; livre XV, la liberté d'enseignement.

l'avaient acclamé dans ses voyages dans l'Est et la Normandie, par l'émiettement de la majorité de l'Assemblée législative désormais condamnée à l'impuissance, surtout poussé par les secrets désirs du pays qui appelait un pouvoir solide et stable pour reconstituer l'ordre ébranlé par de téméraires apologies de la liberté sans limites, pour réorganiser les finances gaspillées par des commissaires improvisés, incapables et malhonnêtes, pour rendre la sécurité compromise par les progrès menaçants du socialisme, le prince Louis-Napoléon Bonaparte imposa son autorité par le Coup d'Etat du 2 décembre 1851. L'Assemblée fut dispersée par la force et les représentants conduits à la caserne du quai d'Orsay. Le Conseil d'Etat fut dissous. Une nouvelle constitution était élaborée, qui rétablissait une sorte de consulat décennal, un Sénat, un Conseil d'Etat, un Corps législatif. Il n'y avait plus de place pour le régime parlementaire et démocratique, bien que l'autorité du suffrage universel reconstitué fut invoquée. L'Empire était fait. Il fut proclamé l'année suivante le 2 décembre 1852 (1).

Quel était donc celui, qui, hier presque inconnu de la foule, dédaigné par les hommes influents, était parvenu à occuper la première place dans la République et de là avait monté si promptement et si audacieusement au rang suprême d'Empereur ? C'était un descendant de Napoléon Ier qui a donné trop de gloire à notre pays et qui l'a marqué trop profondément de son empreinte pour qu'il cesse de sitôt de l'enivrer par ses éclatants exploits et de le régir par ses fortes institutions. Il s'appelait le prince Charles-Louis-Napoléon Bonaparte, était le fils de Louis-Napoléon, roi de Hollande et de la reine Hortense, à ce titre neveu du grand Empereur. Pendant sa jeunesse il avait mené une vie vagabonde, étrange, parfois mêlé à des complots italiens, fréquemment occupé par des excursions sur tous les points de

____

(1) Pierre de la Gorce, *Histoire du Second Empire*, livre II, le rétablissement de l'Empire.

l'Europe et incarcéré dans la prison du Ham à cause de ses tentatives de retour en France. De cette existence incertaine et précaire ajoutée à son éducation cosmopolite, il avait retiré une nature flottante, compliquée, tortueuse, opiniâtre, taciturne, qui cadrait bien avec son tempérament natif et que faisaient ressortir ses yeux ternes et voilés, et son visage calme et énigmatique. Au reste, il avait une tendance à s'attacher tout ce qui avait une apparence de générosité et qui favorisait les nationalités, et il gardait, malgré les agitations qu'il avait traversées et les compagnies qu'il avait fréquentées, des croyances religieuses, vagues, irraisonnées, et entachées de quelques superstitions (1). Volontiers il s'entretenait de sa foi avec ses confidents, comme en témoigne sa correspondance avec Mme Cornu (2). Il n'avait point craint de l'exprimer dans sa vie publique et d'en faire l'application par sa politique avec cet entêtement mêlé de rêverie, d'indécision et de contradiction qui le personnifiait. Pendant sa présidence il avait fait des déclarations explicites en faveur de la souveraineté temporelle du Pape, dont l'importance fut atténuée par sa lettre à Edgar Ney. Par notre ambassadeur à Constantinople, M. de la Valette, il avait fait valoir nos droits de protectorat sur les chrétiens d'Orient. Il avait recommandé dans les chantiers dépendant de l'Etat l'observation du repos dominical, Il avait rendu au culte le Panthéon et avait paru faire bon accueil à un projet de loi présenté par Montalembert, demandant l'abrogation de toutes les dispositions des Articles organiques et du Code pénal, incompatibles avec la liberté du culte et des associations religieuses.

Il importait de connaître le caractère de Napoléon III. Pendant près de dix ans, il régna sur la France en maître absolu. De peur de partager sa souveraineté, il avait muselé la presse par des mesures draconiennes et avait étouffé toute

(1) Le portrait de Napoléon III a été tracé par Émile Ollivier à plusieurs reprises dans son *Empire libéral*.
(2) Correspondance de Napoléon III avec Mme Cornu. Lettre XXI.

vie parlementaire. Le droit d'adresse, le droit d'interpellation, le droit de proposer des amendements, le droit de faire
leurs règlements, d'organiser leurs bureaux, de nommer leurs
présidents avaient été supprimés pour le Sénat et le Corps
législatif. Tout au plus ils avaient le droit de voter l'impôt,
celui-ci de préparer les lois, celui-là de les approuver. Dans
les deux Assemblées, la tribune était renversée. La publicité
était refusée à leurs travaux. De la sorte, Napoléon III, repre-
nait les ambitions de son oncle. Il assumait la lourde tâche
de réunir en sa main tous les pouvoirs. Il se chargeait
d'incarner la France et de parler en son nom. Quelle parole
fit-il entendre au point de vue religieux, au point de vue
concordataire ?

A la vérité, de cette autocratie qui fut la note caractéristique des premières années de l'Empire, le catholicisme reçut
de nombreux témoignages d'obséquieuse déférence et des
réelles faveurs. Les évêques en toute liberté pouvaient user
du droit de se réunir en conciles et tenaient des assemblées à
Amiens, à la Rochelle, à Périgueux, etc. Ils étaient encouragés dans leur œuvre par l'Empereur qui les comblait de ses
largesses et leur adressait les louanges les plus flatteuses.
Leurs relations avec Rome furent facilitées et leurs émolu-
ments furent accrus. Sur leur désir, toute production dange-
reuse pour les mœurs et calomnieuse pour la religion fut
poursuivie. Puis un décret rétablit, au profit des chanoines
de Saint-Denis les traitements réduits en **1832**. Un autre
décret constitua des pensions au profit des prêtres âgés et
infirmes. On alla jusqu'à simplifier les conditions de la
reconnaissance légale pour les congrégations de femmes (1),
à favoriser l'organisation des collèges catholiques qui se
fondaient en faveur de la loi de **1850**, et à laisser au moins
se multiplier les Ordres religieux d'hommes. Déjà on avait
rétabli les aumôniers de l'armée et de la flotte, créé les
aumoniers des dernières prières, appelé les cardinaux au

(1) Décret du 31 janvier 1852.

Sénat, fait prêcher le carême aux Tuileries, rejeté l'enseignement officiel des quatre articles de 1682, facilité l'adoption de la liturgie romaine. L'union parfaite entre l'Eglise et l'Etat était sur le point de se réaliser. Le clergé l'espérait. Il était si satisfait de la protection accordée par l'empereur qu'il se grossissait les avantages reçus.

Dans le but de profiter de cette bienveillance et de solidifier l'heureuse concorde dont elle se réjouissait, l'Eglise esquissa alors le programme de ses vœux. Elle désirait la modification du code par rapport aux lois sur le mariage, l'interdiction du travail public, le dimanche, la restriction des privilèges de l'Université, enfin la révision des articles organiques. C'était beaucoup demander à un gouvernement craignant de laisser trop de place à la liberté. Par des notes insérées dans le *Moniteur*, le 9 juin 1852, le 7 avril 1853 et le 6 juillet 1864, il écarta les trois premières revendications de l'Église. Toutefois, il prit attention à son dernier vœu et entama des négociations secrètes avec le Saint-Siège pour reviser les articles organiques. Le général Cotte, aide de camp de l'empereur, fut chargé de sonder le Saint-Père sur ses intentions. Quand le terrain fut préparé, Mgr de Bonnechose, évêque de Carcassonne fut envoyé à Rome pour faire avancer la question. En même temps le prélat avait reçu la mission de déterminer Pie IX à venir sacrer Napoléon III à Paris (1). Le prélat ne séjourna point assez longtemps à Rome pour amener la conclusion de cette grave affaire. Il était préférable qu'elle fut mise entre les mains de quelqu'un qui demeurait près du Saint-Siège. C'est pourquoi Napoléon III qui, à dessein, ne voulait point se servir de la personne officielle de son ambassadeur, fit appel à Mgr de Ségur (2), nommé récemment auditeur de Rote. Si les négociations n'aboutirent pas, la faute n'en fut point à Pie IX qui s'empressa de soumettre le projet à l'étude et confia cette tâche à Mgr Santucci; elle n'en fut pas non plus au saint

____

(1) *Vie du Cardinal de Bonnechose*, par Mgr Besson, chapitre X.
(2) *Vie de Mgr de Ségur*, par le marquis de Ségur, chapitre XI.

négociateur français qui déploya tant d'activité. Mais la bonne volonté de Napoléon III fut combattue et paralysée par l'influence de son cousin le prince Napoléon, de son ministre de l'intérieur, M. de Persigny, et du parti des légistes, M. Delangle, M. Portalis, M. Bonjean, M. Rouland, qui s'élevèrent avec une extrême vigueur contre les prétentions cléricales. Sans l'avouer, l'empereur renonça à donner à l'Église les justes satisfactions qu'elle réclamait (1). Il continuait de prodiguer ses libéralités envers elle. Même à la fin de son voyage en Bretagne, il érigea en archevêché l'évêché de Rennes, occupé par Mgr Brossais de Saint-Marc, et en 1855 l'évêché de Laval avait été créé. Trompé par ces apparences, le clergé de son côté ne cessait de rapprocher du nom de Napoléon III les grands noms de Constantin, de Charlemagne et de Saint-Louis. Il avait toujours confiance. Que la désillution fut amère !

Vers 1860, il y eut tout à coup, sans que rien le fit prévoir, un changement dans la manière de gouverner adoptée par l'Empire. Napoléon III était sans doute fatigué de porter seul le poids de l'autorité et de tenir toujours tendues les entraves par lesquelles il avait enchaîné la liberté. Tout en dissimulant ses concessions, et en procédant selon son habitude d'une façon lente, incertaine et équivoque, il crut sage de rendre aux Chambres quelques-uns des droits qu'elles possédaient dans le passé. Ainsi par le décret du 24 novembre 1860 (2), il autorisait le Corps législatif et le Sénat à rédiger une adresse au souverain, permettait la reproduction intégrale des débats législatifs et accordait aux députés le droit d'amendement. L'année suivante il étendait encore les attributions du Parlement et lui donnait une influence considérable dans la gestion des finances. Enfin le 19 janvier 1867

(1) Le Chapitre sur l'Empire et la société chrétienne (Tome II) de l'ouvrage de M. Pierre de La Gorce sur le *Second Empire* est à lire en entier.

(2) Pierre de la Gorce. *Histoire du Second Empire*, tome III, livre XXVII. Décret du 24 novembre.

il remplaçait le droit d'adresse par le droit plus important d'interpellation. Bien plus, par les lois du 9 mars 1868 et du 25 mars 1868, il laissait une sorte d'indépendance à la presse et à la parole en supprimant l'autorisation préalable et en facilitant les réunions publiques (1). Il en était arrivé à transformer l'Empire autoritaire en Empire libéral. Le sénatus-consulte du 6 septembre 1869 acheva cette transformation et rétablit le régime parlementaire (2).

C'était bien le moment de se rattacher plus fortement à l'Église et de s'appuyer en toute confiance sur elle. L'Église, dans sa divine puissance, sait tout à la fois empêcher les despotismes du pouvoir et comprimer les excès de la liberté. Napoléon III n'eut point l'intelligence de cette vérité. Au moment où il avait plus que jamais besoin du secours de l'Église, il s'en détacha en s'alliant imprudemment à ceux qui avaient juré de dépouiller le Souverain Pontife de son domaine temporel. Ce fut la grande faute de son règne (3). Fatalement fut brisé l'accord qui avait régné entre lui et le clergé. Il s'aventura dans une politique antireligieuse (4). Il s'abaissa à user de tracasseries et de vexations contre les catholiques, les prêtres et les évêques. Par une circulaire de de Persigny, le ministre de l'intérieur ombrageux, paradoxal incommode, le conseil central des Conférences de Saint-Vincent-de-Paul fut dissous. Les journaux catholiques furent poursuivis. L'*Univers*, qui avait publié, malgré les observations du gouvernement, une encyclique du Pape, fut supprimé. Pour avoir lu en chaire l'Encyclique *Quanta Cura* et le *Syllabus*, le cardinal Mathieu, archevêque de Besançon, et Mgr de Dreux-Brézé, évêque de Moulins, furent déférés au Conseil

---

(1) Pierre de la Gorce. *Histoire du Second Empire*, tome V, livre XXXIV, Lois politiques § III loi sur la presse et sur les réunions publiques.

(2) L'ouvrage d'Émile Ollivier sur l'*Empire libéral* s'impose en cette matière.

(3) Pierre de la Gorce. *Histoire de Second Empire*, tome III, livre XVII. Les annexions italiennes.

(4) Pierre de la Gorce. *Histoire du Second Empire*, tome IV, livre XXIV. La politique intérieure et les élections de 1856. *Vie du Cardinal Mathieu*, chapitre XIII et XV. *Vie du Cardinal Pie*, par Mgr Bouchard, livre III, chapitre II.

d'Etat et condamnés comme d'abus. Mgr Pie, évêque de Poitiers, avait reçu le même châtiment quand il avait défendu le Saint-Siège, contre les attaques du Piémont, tolérées par l'Empereur. En 1863, sept évêques furent blâmés parce que, dans l'intérêt de l'Église, ils avaient donnés de sages conseils en vue des élections. D'ailleurs tous les évêques, entre autres Mgr Dupanloup (1), Mgr Plantier, qui se signalaient par leur vaillance à remplir leur devoir, étaient mis en suspicion. Les pauvres prêtres eux-mêmes se voyaient souvent privés de leur traitement. Contre eux fut dirigée la circulaire du légiste Delangle qui avait l'étrange prétention de réprimer les écarts de la chaire. En semblable occasion, les Capucins d'Hazebrouck et les Rédemptoristes de Douai furent chassés. Pendant ce temps, les positivistes d'un côté, certains politiciens de l'autre exprimaient et propageaient, sans être nullement inquiétés, leurs doctrines néfastes et leurs théories antisociales. Napoléon III parut les patronner en appelant dans son conseil quelqu'un qui avait des connivences avec eux, l'historien Duruy, puissant initiateur, manquant de netteté et de mesure dans ses innombrables réformes, se défiant, dans l'instruction, de l'idée religieuse à laquelle il était hostile. Le nouveau ministre de l'instruction publique se mit à la tâche avec une ardente activité. Il institua des cours pour les jeunes filles afin d'enlever à l'Église l'influence qu'elle avait dans la formation de la femme française. L'Episcopat tout entier (2) protesta et dénonça le péril, que courait la société. De là naquirent des conflits entre l'Église et l'Empire. Ils prirent une réelle gravité lors de certaines nominations épiscopales. A grand'peine le Saint-Siège put écarter de l'évêché de Vannes, M. l'abbé Maret, que sa surdité rendait inapte à remplir les fonctions épiscopales. Les évêchés d'Agen et de la Martinique demeurèrent

(1) Vie de Mgr Dupanloup, *passim*, tome II.
(2) Il est bon de se reporter aux brochures de Mgr Dupanloup, en particulier, à celle qui est intitulée : *La femme chrétienne et française.*

vacants, parce que le gouvernement ne tint pas compte du refus du Souverain-Pontife de donner l'investiture canonique aux candidats qui étaient présentés (1). Il maintint obstinément les nominations à l'*Officiel*.

Les beaux jours de l'alliance étaient finis. Toutefois on n'eut pas à craindre la complète hostilité et la brutale séparation, bien qu'elle fût demandée avec une bruyante opiniâtreté par le parti républicain dont les chefs se multipliaient et qui recrutait chaque jours des adhérents. En plusieurs circonstances l'Empire signifia son dessein de s'attacher, malgré certains différends, au Concordat. Il manifestait implicitement cette volonté lorsqu'il élevait, le 5 mai 1867, l'évêché d'Alger au rang d'archevêché, instituait les évêchés d'Oran et de Constantine et augmentait toujours le nombre des églises succursales. Surtout devant le Corps législatif en 1867, en 1868, par l'organe de Baroche, un des ministre de la parole que l'Empire avait institué, il prononça sur ce point des affirmations catégoriques. Le célèbre orateur avait à répondre aux discours de Jules Simon et de Guéroult (2) qui concluaient tous les deux à la nécessité de la séparation de l'Église et de l'État et aux observations modérées et respectueuses d'Émile Ollivier (3) qui craignait de la part de l'Église une rupture quand elle se réunissait en Concile. Baroche, par des précautions oratoires très habiles, résolut les insidieuses objections qui lui étaient alléguées et aboutit à cette conclusion que l'Empire ne renoncerait jamais à la politique concordataire parce que « la séparation serait le commencement d'une situation pleine de dangers et grosse de difficultés » (4).

Ces paroles visiblement dictées par la prudence politique, ne pouvaient avoir la vertu de couvrir les fautes du Second

(1) A consulter les articles de M. C. Crépon sur la nomination et l'institution canonique des Évêque parus dans les numéros du 25 février et du 10 mars du *Correspondant*.

(2) Séance du Corps législatif, 9 février 1868.

(3) Séance du Corps législatif, 10 février 1868.

(4) Déjà M. le sénateur Bonjean avait parlé en ce sens dans la séance du mercredi 15 novembre 1865. Il s'était déclaré « grand partisan du Concordat ».

Empire et d'arrêter la justice de Dieu. A cause des catastrophes qui s'accumulèrent, et des fatalités qui accablèrent le pays, elle apparut évidente et terrible, aux dire de l'incrédule de Freycinet qui fut témoin des évènements de cette année qu'on a coutume d'appeler l'année douloureuse. Chassé de son trône qui fut occupé aux derniers jours par l'Impératrice nommée régente, chassé de l'armée à la tête de laquelle fut placé le maréchal Bazaine, chassé de son pays par la foule qui le huait, Napoléon III fut obligé d'abdiquer sur un champ de bataille où il avait été fait prisonnier. Il est bien juste de répéter avec Etienne Lamy : « Dans l'infinie variété des fins douloureuses, en est-il de plus cruelle que la chute du Second Empire... ? Ici ce qui est hors de pair, c'est la multitude des humiliations et des blessures... »

La France ensanglantée partageait l'infortune de celui qui avait été son empereur. Dans une espèce d'agonie, elle se débattait affreusement, écrasée par un ennemi victorieux et implacable, agitée par les convulsions de la guerre civile. Pour la sauver et ramener chez elle la paix et l'ordre, elle ne trouva avec le clergé qui prodigua son dévouement et avec l'armée qui fut constamment héroïque, qu'une poignée d'hommes qui hier prenaient part aux émeutes, et qui s'emparèrent le 4 septembre 1871. du suprême commandement en s'organisant sous le nom « de Gouvernement de défense nationale ». La postérité tout en les blâmant d'avoir renversé le pouvoir en face de l'ennemi, tout en stigmatisant les nombreuses fautes qu'ils commirent, devra leur être reconnaissante des efforts véritables qu'ils déployèrent et du libéralisme dont ils donnèrent des preuves vis-à-vis de l'Eglise (1).

Ils eurent la sagesse de refouler en partie leurs passions

(1) Etienne Lamy, *Gouvernement de la défense nationale* : articles parus dans la *Revue des Deux-Mondes* du 15 mai, 15 juin, 15 juillet 1896. Inutile de rappeler qu'un grand nombre de publications ont paru sur cette question, outre, l'*Histoire de la Troisième République* de Zevort, *Cinquante années d'Histoire Contemporaine* de C. de Mazade. G. Hanotaux a commencé lui aussi un travail sur l'époque actuelle.

antireligieuses. Par exemple Crémieux, l'avocat au bavardage spirituel et intarrissable, et à la religion juive, subit volontiers l'influence de Mgr Guibert, archevêque de Tours, l'hôte de la délégation du gouvernement de la défense nationale. Grâce à lui la vacance des évêchés de la Martinique et d'Agen cessa. Les deux diocèses reçurent deux bons évêques, Mgr Fava et Mgr Chaulet d'Outremont. De même fut promptement tranchée la difficulté qui surgit à cause d'une formule employée le 22 décembre 1871 dans la bulle d'institution canonique destinée à Mgr Nouvel, pour l'évêché de Quimper. Il fut reconnu que le mot *præsentare* avait été glissé par inadvertance. Il ne reparut plus ; on dit *nobis nominaverit te*, dans la bulle du 6 mai 1872, pour l'évêché de Saint-Denis. Le *nobis* causa encore quelque ombrage à la commission provisoire chargée de remplacer le Conseil d'Etat. Le Président de la République ne s'arrêta pas à ce scrupule et déclara dans le décret du 27 septembre 1872, que « la formule *nobis nominavit* est employée dans un sens qui ne peut préjudicier en rien au droit du pouvoir civil » (1).

Mais déjà, depuis quelque temps, la guerre était terminée ; le traité humiliant et onéreux de Francfort était signé ; les élections avaient eu lieu. Le pays, au sortir de la lutte où il avait été d'une courageuse ténacité, se montra d'une rare clairvoyance. Il envoya à l'Assemblée constituante, qui s'était réunie à Bordeaux, des hommes d'ordre, intègres par leur caractère et généreux par leur dévouement. Ce fut le salut de la France. Avec une rapidité qui tenait du prodige, elle se ressaisit et reprit ses affaires. Elle semblait avoir profité de l'épreuve dans laquelle elle s'était retrempée et avait puisé de vivifiantes énergies. Les mesures les plus bienfaisantes étaient prises par l'Assemblée et quelques-unes étaient empreintes du plus pur catholicisme.

Tels furent les vœux qui furent formulés pour le rétablis-

(1) *Nouveau manuel du droit ecclésiastique* d'Emile Ollivier. *Troisième République*, LXX. Du *præsentare* dans la bulle d'institution canonique pour les Evêchés.

sement du pouvoir temporel ; la loi qui déclarait d'utilité publique l'érection d'une église votive au Sacré-Cœur, à Montmartre ; la loi de l'enseignement supérieur qui autorisait la fondation d'Universités libres et concédait la collation des grades à des jurys mixtes ; la loi sur l'aumônerie militaire qui assurait le service religieux aux soldats en temps de paix comme en temps de guerre ; l'amendement de Belcastel qui réclamait des prières publiques à la rentrée des Chambres. Et sur tous les points du pays, sous le regard tolérant du gouvernement, des manifestations catholiques et des pèlerinages s'organisaient. Un nombre considérable de députés y prenaient part et leur donnaient presque un caractère officiel. De leur côté, dans leurs rapports avec le Saint-Siège, les ministres des cultes, Jules Simon lui-même et peut-être spécialement Jules Simon, apportèrent une rare bienveillance qui s'augmentait encore dans les négociations indispensables pour les nominations épiscopales. Ils se proposaient conformément à la législation et à la doctrine de l'Eglise, d'étendre l'inamovibilité des desservants.

La France avait retiré profit des leçons qui se dégagent d'ordinaire de l'adversité. Elle s'était relevée des champs de bataille où elle gisait et s'était jetée confiante dans les bras du Christ qui l'avait formée, qui l'avait assistée pendant les siècles de son histoire, et dont elle recevait de nouvelles protections et des nouveaux secours. A son contact divin elle s'était fortifiée et après les appauvrissements de la guerre, les humiliations de la défaite, les bouleversements des luttes intestines, elle avait retrouvé l'apaisement, le prestige et la prospérité. Le présent maintenant était rassurant. Les tristesses et les désastres du passé se réparaient. L'avenir s'annonçait avec des gages à peu près certains de concorde avec l'Eglise.

Pourquoi ces espérances, qui bercèrent plus d'une âme au lendemain de la guerre de 1870, ne se réalisèrent-elles pas ? Car bien aveugle serait celui qui ne voudrait pas reconnaître qu'à partir de 1876, la lutte religieuse a recommencé chez nous avec plus d'acuité que jamais. D'où est venue cette hos-tilité que tout bon français doit déplorer. Les causes en furent multiples. L'une des principales ne se trouva-t-elle pas dans la propagande effrénée du positivisme et du criticisme en matière de philosophie et du radicalisme en matière de poli-tique qui se produisit au déclin de l'Empire (1) ? On ne sème pas impunément sur le sol d'une nation des idées d'indépen-dance et d'irréligion. Elles se lèvent tôt ou tard, se dévelop-pent, ébranlent les principes sur lesquels sont bâties les sociétés et renversent les trônes les plus solidement établis. Le Second Empire en fut la victime, et d'elles naquit la Commune. Les excès de cette révolution ajoutés aux horreurs de la guerre épouvantèrent les esprits. L'impiété se dissimula prudem-ment ; elle n'était pas étouffée. Elle travaillait le pays d'un travail latent d'autant plus redoutable qu'il n'était pas aperçu. Elle demeurait vivace dans l'âme de ses adeptes violents qui se préparaient dans un silence forcé à l'imposer à leur patrie, en lui enlevant son caractère odieux. Pour l'extirper totalement et en détruire tous les germes, il aurait fallu un gouvernement capable de découvrir les secrets desseins de ces meneurs de l'impiété et de diriger contre eux toute leur puis-sance. Ce gouvernement fit défaut. Le pouvoir qui régissait la France cherchait sa voie. Il ne savait de quel côté s'orienter et se fixer. Il dépensait le meilleur de ses énergies dans des querelles stériles et autour des questions secondaires. Par une générosité et une délicatesse excessives, il multipliait en faveur des ennemis de l'ordre de regrettables concessions. Il était peu ferme, hésitant, se défiant de lui-même et partisan des demi-mesures. Dans ces conditions il lui était impossible de conquérir les sympathies du peuple qui ne se livre qu'à ceux qui ont la force de le gouverner. Bientôt une fatale im-

(1) Pierre de la Gorce, *Histoire du Second Empire*, tome V, livre XXXV, le Déclin de l'Empire. Mgr Baunard, *Un siècle de l'Église de France*, Chapitre IX, l'Antichristianisme et ses fruits.

popularité saisit ce pouvoir et engloba tout ce qui avait des attaches avec lui : hommes d'Etat qui présidaient à ses destinées ; réformes qu'il avait entreprises ; protecteurs sur lesquels il s'appuyait. Comme le clergé était un de ces plus importants soutiens, vite il fut en butte aux attaques les plus vives et aux haines les plus farouches. Sous prétexte d'anticléricalisme, on dénonça ses pernicieux empiétements. On se promit de le chasser du domaine politique où il avait eu le tort de se fourvoyer. C'était la lutte religieuse qui se déclarait et qui commençait. L'antichristianisme de la fin du Second Empire avait entraîné l'anticléricalisme de la Troisième République.

Que d'attaques menées avec une inlassable ardeur et une incroyable habileté ! On a poursuivi l'Eglise sur tous les terrains et essayé de diminuer ses moyens d'action. Tout d'abord, et de préférence, on s'efforça de renverser son droit d'enseignement. Dans ce but on supprima les jurys mixtes ; on créa par la loi du 28 mars 1882 l'instruction gratuite, obligatoire et neutre ; plus tard on décida par la loi du 30 octobre 1886 de ne confier dans les écoles publiques la tâche d'instruire qu'à un personnel exclusivement laïc. Parce que les congrégations se signalaient dans cette œuvre d'enseignement, on dirigea contre elles et spécialement contre les Jésuites, les coups les plus perfides. On tenta d'expulser une partie des communautés d'hommes par les décrets de 1880. On enleva à toutes les congrégations tous les privilèges qu'ils s'étaient acquis par leurs bienfaits. On voulut amoindrir leurs richesses par des impôts écrasants. Pendant ce temps le clergé n'était point oublié. On asservissait les clercs au service militaire. On s'immisçait dans la gestion des finances des fabriques. Déjà on avait pris plaisir à susciter devant l'Eglise des obstacles qui l'empêchaient d'accomplir sa mission. On l'avait écartée des garnisons, de l'école normale supérieure et des écoles normales primaires où les aumôniers n'étaient plus admis. On avait abrogé la loi de 1814 qui favorisait le repos dominical. On avait édicté la loi en faveur du divorce qui ébranlait l'organisation des familles chrétiennes (1).

Devant ces assauts, sans cesse répétés, quelle fut l'attitude de l'Eglise ? Sans doute elle ne put retenir les protestations que lui commandait la défense du droit, des âmes et des intérêts religieux. Toutefois elle ne dissimula pas son amour de la paix et son vif désir de la conciliation. A sa tête venait d'être placé un nouveau pape, l'illustre Léon XIII (2) qui se proposait de ramener au bercail de Pierre tous ceux qui s'en étaient éloignés et osait entreprendre l'apaisement de toutes les discordes qui bouleversaient les nations à la fin du xix⁰ siècle. Dans cette œuvre redoutable de pacification, le Souverain-Pontife (3), « d'un sens rassis, d'une prudence exercée, d'une étonnante clairvoyance » n'eut garde d'oublier la France. Il la considéra toujours comme la fille aînée de l'Eglise et sembla fermer les yeux sur ses fautes. Volontiers il renonça à l'idée d'envoyer à Pékin un nonce, de crainte d'affaiblir le protectorat de la France sur les chrétiens d'Orient. Pour lui donner plus de prestige il daigna augmenter le nombre de ses cardinaux. Bien plus, à maintes reprises, dans son encyclique aux archevêques, évêques, au clergé et à tous les catholiques de France du 16 février 1892, dans une lettre aux cardinaux du 3 mai 1892, dans sa lettre au cardinal Lecot du 3 avril 1893 et dans celle au cardinal Perraud du 20 décembre 1893, il demanda aux catholiques d'adhérer à la forme gouvernementale que le pays avait choisie. Sûrement c'était lui qui avait inspiré le toast retentissant du cardinal Lavigerie. Que l'on ne s'étonne point de ces actes qui paraissent si hardis à certains esprits. Ils sont en accord avec les traditions et l'esprit de l'Eglise. L'Eglise

(1) Ces persécutions contre l'Eglise sont racontées dans un chapitre suggestif d'*Un siècle de l'Eglise de France* de Mgr Baunard. Chapitre XV. L'anticléricalisme.

(2) Mgr. Baunard, *Un siècle de l'Eglise de France*. Chapitre XIV, *Léon XIII et l'Eglise*.

(3) Anatole Leroy-Beaulieu, *Le Vatican et le Quirinal depuis 1878. Le Pape Léon XIII et l'Europe*. — Charles Benoist. *La France et le Pape Léon XIII Revue des Deux-Mondes*, 15 mars 1893.

qui au cours de sa longue et tragique histoire, a connu des
jours malheureux sous tous les régimes politiques, n'en
proscrit aucun en principe. Elle est portée à pardonner. Son
geste familier est celui de la miséricorde. Les paroles qui se
pressent sur ses lèvres sont des paroles de paix et d'indulgence. Quoiqu'il arrive, elle est prête à tendre au coupable
une main bienveillante, à le saisir entre ses bras maternels
et à guérir ses blessures.

Il est vrai que, pour comprendre cette longanimité, cette
générosité de l'Eglise, il ne faut point être aveuglé par l'esprit de parti et par des passions haineuses. Voilà pourquoi au
Parlement les groupes avancés continuèrent à vouloir la guerre
avec l'Eglise et à préparer la rupture du Concordat qu'ils n'ont
cessé de demander à hauts cris. Trop souvent les gouvernements eurent la faiblesse de les écouter. Sous leur influence,
que de réductions n'ont point été faites au budget des cultes !
On supprima en 1880 l'indemnité des cardinaux, en 1881 l'allocation attribuée au chapelain de Sainte-Geneviève, en 1884
le traitement des professeurs des facultés de théologie qui
bientôt furent abolis eux-mêmes. On a abaissé à 15.000 fr. (1)
le traitement de l'archevêque de Paris qui était de 50.000 fr.
et à 10.000 celui des archevêques et évêques; on a refusé
de payer, selon l'usage, les frais de bulles et d'informations
et les frais d'établissement des cardinaux, archevêques, et
évêques. On a retiré les crédits pour les bourses des séminaires instituées par la loi du 23 ventôse an XII sous Napoléon, les subventions qui étaient accordées aux séminaires
Algériens, les traitements qui étaient destinés aux chanoines.
D'ordinaire ces diverses réductions étaient accompagnées
d'une multitude de tracasseries qui tantôt prenaient la forme
d'une loi, tantôt la forme d'un décret, ou même encore celle
d'un avis du Conseil d'Etat. C'est ainsi qu'on donna aux suppressions de traitements ecclésiastiques un semblant de léga-

(1) 29 décembre 1884.

lité (1), qu'on décréta la promiscuité (2) de sépulture dans les cimetières qui furent placés sous la direction de l'administration communale, qu'on enleva au culte l'église Sainte-Geneviève (3) qui redevint le Panthéon, qu'on méconnut les droits des curés par rapport aux sonneries des cloches et à la propriété des clefs de l'église (4). Surtout on se plut à multiplier les suppressions de traitements et les appels comme d'abus (5).

A considérer ces mesures et le caractères de certaines lois, on pouvait se demander si la séparation de l'Eglise et de l'Etat n'était point proche, si l'heure de la dénonciation du Concordat si peu respecté n'allait pas sonner. Beaucoup l'appréhendaient. La plupart des membres du parti radical qui persistait à insérer dans son programme la rupture du Concordat le crurent fortement. Du moins ils agirent selon cette prévision. Dès 1882, ils demandèrent au ministère, qui avait à sa tête M. de Freycinet, de prendre en considération la proposition de M. Charles Boysset tendant à l'abrogation du Concordat. Ils eurent l'avantage d'obtenir gain de cause. Ce n'était qu'un succès apparent. Le Président du Conseil avait pris soin de les avertir de la signification et de l'acceptation du gouvernement et du vote de la Chambre. « Si la loi prise en considération, observait-il, devait entraîner le vote du fonds ou simplement le préjuger, le gouvernement serait à cette tribune pour combattre la prise en considération. » Aussi immédiatement M. Jules Roche présenta une nouvelle proposition le 13 mai 1882. Mais, malgré ses rapports multiples et approfondis, il n'aboutit pas à un résultat plus sérieux. La question fut négligée. Les radicaux furent obligés de la

(1) Avis du Conseil d'Etat au 23 avril 1883.
(2) Loi du 5 avril 1884.
(3) Décret du 26 mai 1885.
(4) Loi du 5 avril 1884.
(5) Les appels comme d'abus ont été très multipliés. En 1883 Mgr l'évêque d'Annecy reçut cette condamnation pour avoir publié un décret de l'Index. Plus tard, en 1891, Mgr Gouthe-Soulard ; en 1892, l'archevêque d'Avignon, et plusieurs prélats, Mgr l'évêque de Nîmes, de Montpellier, de Valence, etc., se virent infliger la même peine.

poser à la Chambre à nouveau en 1886. Ce furent M. Planteau et M. Michelin qui s'en chargèrent. Le ministère présidé encore par M. de Freycinet y fit meilleur accueil sans doute à cause de M. Goblet qui était ministre des cultes. Toutefois le vote favorable de la Chambre n'eut point une importance capitale. M Zevort, l'historien de la Troisième République, le reconnaît (1). « La prise en considération dit-il fut votée ; mais l'heure de l'étude approfondie ne sonna pas. Les partisans de la séparation de l'Eglise et de l'Etat n'ont donc comme présomption favorable, que le vote sans doute périmé du 1er janvier 1886 ».

En effet le Parlement s'est toujours opposé à la dénonciation du Concordat. « Depuis 1876, selon la remarque de M. Pichon confirmée par les faits, les adversaires du Concondat n'ont jamais laissé passer la discussion du budget sans venir exposer les raisons impérieuses qui commandent..... la séparation de l'Eglise et de l'Etat » (2). Des orateurs très nombreux parmi lesquels il faut signaler MM. Boysset (3), Jules Guichard (4), Jules Roche (5), Pichon (6), Camille Dreyfus (7), Maurice Faure (8), A. Bérard (9), Dutreix (10) etc. n'ont point craint de dépenser en des discours interminables des flots d'éloquence pour défendre leur cause. N'importe, la Chambre repoussa constamment à une forte majorité leurs diverses propositions qui, toutes, tendaient à l'abrogation du Concordat. La minorité qui n'était que de 68 voix en 1876

(1) Zevort, *Histoire de la troisième République*, tome III, chapitre V, page 360. Dans un récent discours au Sénat (séance du 21 mars 1903), M. de Lamarzelle fait la même remarque.

(2) Chambre des députés. Séance du 29 juin 1887.

(3) Discussion du budget de 1876.

(4) Discussion du budget de 1878.

(5) Discussion du budget de 1882.

(6) Discussion du budget de 1887. — En particulier le discours de M. Pichon mérite attention. Il a résumé tous les arguments et tous les textes anticoncordataires.

(7) Discussion du budget de 1892.

(8) Discussion du budget de 1896.

(9) Discussion du budget de 1898.

(10) Discussion du budget de 1897.

ne s'est jamais élevée au-dessus de 184 voix. Pour ne citer que quelques chiffres, en 1883 la proposition d'abrogation du Concordat fut rejetée par 360 voix contre 143 voix; en 1886 par 331 voix contre 173 voix; en 1891 par 352 voix contre 148 voix; en 1894 par 346 voix contre 149 voix; en 1895 sous le ministère Bourgeois par 344 voix contre 152 voix; en 1898 par 311 voix contre 183. La même majorité s'est retrouvée dès qu'il s'agit d'une question intéressant d'une façon directe, essentielle, le maintien du Concordat, telle que les questions de l'ambassade du Vatican, telle que la question des archevêchés et évêchés appelés faussement anti-concordataires. Sur ce dernier point, M. Jules Roche, M. Labrousse inutilement ont présenté leurs amendements(1), développés et repris par MM. Lagrange et Hubbard. Ils rencontrèrent d'habiles et éloquents contradicteurs dans Mgr Freppel et M. Piou qui se surpassèrent dans la défense de la vérité. Le gouvernement eut le bon esprit d'admettre toujours les conclusions de ces derniers dictées par l'évidence même. Spécialement M. Fallières ministre des cultes, en 1891, déclara hautement que tous les évêchés étaient concordataires « parce que tous indistinctement avaient été institués d'après les clauses du Concordat (2) ». M. Dupuy, en 1893, lorsque la question fut de nouveau soulevée, montra encore plus de hardiesse dans ses affirmations et eut franchement raison des opposants par sa crânerie mélangée d'une bonhomie malicieuse (3).

D'ailleurs le Parlement ne faisait dans ses votes qu'appliquer la doctrine professée par tous les hommes d'Etat de la troisième République qui ont occupé, à partir de 1878, le pouvoir et, avant tout, de ceux qui ont joué un rôle notoire dans le gouvernement de la France à cette époque. Dans la crainte, disaient-ils, de rouvrir une ère d'hostilité religieuse, tous se sont accordés à maintenir le Concordat. Ils n'ont jamais voulu

(1) Séance du 11 décembre 1891, Chambre des députés.
(2) Chambre des députés, séance du 11 décembre 1891.
(3) Cette discussion eu lieu à l'occasion du budget de 1893. Zevort, *Histoire de la troisième République*, tome IV, chap. V, p. 221.

consentir à insérer dans leurs diverses déclarations ministérielles la séparation de l'Eglise et de l'Etat, même pas ceux-là
qui par leurs votes et leurs discours l'avaient prônée et favorisée. Gambetta, le fougueux dénonciateur du cléricalisme,
l'éloquent tribun qui fut longtemps le conseil occulte et
presque souverain de la République, allait jusqu'à défendre
que cette question fut posée. « Non, elle ne sera pas posée
s'écriait-il, dans un accent d'énergique et patriotique fierté.
Regardons d'abord du côté de la trouée des Vosges ». Jules
Ferry, le rude lutteur des décrets et le pernicieux auteur des
lois scolaires, était de son avis. « Je crois, observait-il, que
la séparation de l'Eglise et de l'Etat, loin d'être un élément
d'apaisement, loin d'apaiser la question religieuse, la porterait plus vive et plus intime jusqu'au sein même de la
famille. J'estime que cette séparation, loin de fortifier l'Etat,
ne pourrait que l'affaiblir et ne fortifier que les passions. »

Aussi, M. Freycinet, qui fut à quatre reprises président du
Conseil et qui n'eut jamais une forte propension pour les
déclarations catégoriques, qui aimait à user d'habileté et de
souplesse, se montra constamment hostile à l'idée de la séparation. En 1891, lorsque les rapports entre le clergé et le gouvernement étaient tendus à cause du jugement de Mgr Gouthe-
Soulard, il déclara néanmoins « avec sincérité, soulignait-il
que la séparation était un moyen auquel il croyait ne pouvoir jamais s'associer ». Il menaçait même de se retirer du
pouvoir. Il lui semblait qu'un gouvernement sage ne pouvait avoir l'initiative de cette mesure. Sans doute, M. Goblet
le comprenait ainsi. Quand, en 1886, il fut chargé de former
un ministère, il s'empressa d'oublier ses convictions, ses
votes, ses promesses du passé. Dans sa déclaration ministérielle du 11 décembre, il affirmait être obligé d'ajourner
la question de la séparation de l'Eglise et de l'Etat, par
laquelle ne se trouverait pas manifestement une majorité
dans la Chambre et pour laquelle le pays n'était pas préparé. En cela il fut imité par M. Floquet, par M. Léon Bourgeois et tous les autres ministres radicaux. De même il avait

suffit à M. Paul Bert d'étudier avec attention la question
dans son rapport de 1883 sur le Concordat et la séparation
des Eglises et de l'Etat pour que son opinion primitive se
soit trouvée changée. Il laissait deviner qu'il était partisan
du Concordat, à condition qu'il fut *rigoureusement et strictement observé* (1). Il y voyait un excellent moyen d'asservir
l'Eglise. L'on comprend que cette interprétation déloyale et
sectaire ait révolté les amis de la liberté et en ait amené
quelques-uns à souhaiter la rupture. M. Ribot, quand il
eut l'occasion, lui aussi, de parler de cette délicate question,
fit allusion à ce sentiment. Bien qu'il ne fut pas éloigné de
le partager, il reconnaissait que son devoir d'homme d'Etat
lui imposait de défendre le Concordat, le gage le plus assuré
de la paix religieuse. En suivant la même ligne de conduite,
M. Charles Dupuy se garda d'user des mêmes réticences. Il
avertit la Chambre avec l'audacieuse franchise qui le carac-
térisait de ne point considérer la loi des Associations qu'il se
proposait de soumettre à sa discussion « comme la préface
de la dénonciation du Concordat ».

Avec ces paroles des hommes d'Etat les plus éminents de
la troisième République, l'on pourrait alléguer les lettres de
Grévy et de Carnot dans lesquelles ces présidents de la République prenaient vis-à-vis de la papauté l'engagement formel
et librement consenti d'observer le Concordat. L'on n'a pas
oublié notamment les affirmations de M. Lefèvre de Behaine,
reçu le 12 janvier 1888 en audience solennelle par le Saint-
Père dans le but de lui remettre une lettre autographe du
Président de la République. Au nom du Président de la République « il promettait l'observation sincère du Concordat et
le respect scrupuleux des traités qui portent la signature de
la France. »

____

(1) Sénat et Chambre des députés, séance du mois de novembre 1891.

(1) Emile Ollivier a expliqué cette interprétation dans son *Manuel du droit
ecclésiastique*. Seconde partie. Commentaires, chap. XV. Jules Simon l'a flétrie
dans son ouvrage *Dieu, Patrie, Liberté*, chap. VII, § VII. Observation judaïque du
Concordat.

Ah ! qu'on ne dise plus, c'est un argument, un des arguments principaux qui a été suffisamment ressassé par les
adversaires du Concordat, que cette vieille convention en
désaccord avec l'esprit moderne, depuis si longtemps signée
par Napoléon Ier ne saurait obliger la troisième République.
Et supposé qu'elle ne porterait que cette signature, qui aurait
l'imprudence de soutenir cette assertion ? La France a trop
le culte de l'honneur et de la justice pour qu'elle manque
aux engagements qu'elle a solennellement contractés, quand
même ils auraient un siècle d'existence. Mais le Concordat
ne se présente pas seulement avec cette signature. D'après
un de ses éloquents défenseurs, Lucien Millevoye (1), « il a
reçu la signature successive de deux républiques et de trois
monarchies, il a été paraphé par six Présidents de la République et par trois monarques qui l'ont tous garanti et cau-
tionné. Le dernier cautionnement est la signature du propre
gouvernement actuel ». Il aurait dû ajouter encore cette
remarque importante dans un pays où l'on a en si haute
estime le régime parlementaire et le suffrage universel, où
l'on est porté plutôt à grossir leur autorité et leurs avantages : Jamais pendant le XIXe siècle qui n'eut point peur
des agitations, qui ne recula pas devant les démolitions
hardies, qui eut un amour passionné de la nouveauté, du
changement et de l'indépendance, jamais les Chambres françaises n'ont voulu toucher au Concordat. Au moins chaque
année elles l'ont catégoriquement accepté, lui apportant une
nouvelle vigueur et je ne sais quel rajeunissement. Par conséquent, il serait facile de caractériser la ligne de conduite
d'un gouvernement qui, sans aucune entente avec la Papauté,
oserait dénoncer le Concordat. A cause de son infidélité à la
foi jurée, ce serait un gouvernement déloyal ; à cause de ses
dédains pour des acceptations tant de fois réitérées, ce serait
un gouvernement téméraire.

---

(1) Chambre des députés, séance du 12 décembre 1901.

IV

LES DÉBATS ACTUELS

Il n'est besoin de signaler à personne l'importance capitale qu'a repris parmi nous la question du Concordat. Moins que jamais le silence s'est fait autour de lui. Dans les discussions qui ont eu lieu à son occasion, on ne s'est pas lassé d'étudier sa genèse, de préciser son esprit et l'étendue de ses obligations, d'examiner chacune de ses clauses et d'en donner les commentaires les plus variés et quelquefois les interprétations les plus opposées. Ce qui tout d'abord lui valut ce regain d'actualité, ce fut la loi sur les associations. Par cette loi assez libérale pour les divers groupements ordinaires, on imposait aux Congrégations un régime exceptionnel. On ne se contentait pas de les contrôler et de les réglementer, on cherchait leur anéantissement d'une façon manifeste. Ne rendait-on pas leur formation presque impossible, — et les événements l'ont prouvé — en les obligeant à demander l'autorisation au Parlement « dont la procédure se prête mal à de tels examens et qui, eût-il les renseignements nécessaires, sortirait de son rôle en délivrant ou en refusant à des corporations religieuses les lettres patentes législatives » (1). Et surtout la disposition de leur existence n'était-elle pas remise totalement entre les mains du gouvernement, puisqu'à son gré, par un simple décret, il pouvait les dissoudre sans même que le Conseil d'Etat intervienne ?

Comme en France les rapports de l'Eglise et de l'Etat sont

(1) Poincarré, discours du 12 mai 1901.

précisés par un traité, tout de suite on se demanda si de telles rigueurs étaient autorisées par le Concordat. L'auteur du projet de loi, M. Waldeck-Rousseau, alors président du Conseil, eut l'audace de le prétendre. Avec son talent remarquable et son inconcevable aptitude à plier les faits historiques au service de sa cause il essaya de le prouver. Son argument unique reposait sur le silence gardé par le Concordat à l'endroit des Congrégations religieuses. Il le fit valoir à plusieurs reprises, notamment le 11 avril 1900, dans la discussion sur la politique générale et surtout le 20 janvier 1901 à la Chambre des députés et le 13 juin 1901 au Sénat, dans la discussion sur la loi elle-même. Il raisonnait à peu près de cette façon. Le Concordat est muet au sujet des Congrégations. Il ne les estime donc pas nécessaires à l'Eglise. Il leur est défavorable. Le gouvernement a le droit de leur imposer le régime qu'il jugera nécessaire. M. Pelletan (1) alla encore plus loin. Pour lui le Concordat était incompatible avec l'existence des Congrégations religieuses. Son silence était leur arrêt de mort irrévocable. D'ailleurs si elles existaient, elles enlèveraient à l'Etat toutes les garanties qu'il s'est assuré par le traité signé avec la Papauté. Aussi M. Pelletan s'unissait à M. Viviani (2) qui lui aussi avait senti le besoin de donner, en sa qualité de socialiste, une interprétation du Concordat, s'unissait pour réclamer la disparition complète de toute Congrégation.

Raisonner de la sorte, c'était évidemment travestir et torturer la convention que Pie VII avait approuvée. M. Piou (3), avec beaucoup de force et de netteté, rétablit la vérité. Il montra que le Concordat (4), par son art. 1er et d'a-

---

(1) Discours du 11 mars 1901. M. Pelletan a étudié dans ce discours la question du Concordat d'une façon très éloquente, très étendue.

(2) Discours du 15 janvier 1901.

(3) Voir discours du 17 janvier 1901 et principalement discours du 11 mars 1901 qui mérite d'être étudié. La question est traitée magistralement.

(4) Cette question a encore été éclaircie par M. de Mun dans sa brochure sur *les Congrégations religieuses devant la Chambre*. XI, Le Concordat et les Congrégations religieuses. Cette interprétation a été adoptée par plusieurs députés par M. Gourd, M. Plichon, etc.

près les négociations, loin de prononcer aucune prescription, loin de contenir aucune omission, renfermait un ensemble de garanties qui assuraient aux Congrégations religieuses les bienfaits du droit commun. « Sans doute, les Ordres monastiques, remarquait-il, tels qu'ils existaient dans le passé, ne sont pas rétablis ; les vœux perpétuels n'étant plus reconnus par la loi civile, il n'y a plus d'Ordres religieux avec leur double caractère d'institutions publiques- et de corporations légales. Par contre, il résulte du Concordat que les associations libres, que pourraient former les religieux redevenus simples citoyens resteront soumis au droit commun et que même le Saint-Père pense qu'elles seront traitées avec faveur par le gouvernement... Les Congrégations religieuses sont si bien placées sous le droit commun, ajoutait-il, qu'à chaque instant Portalis le rappelle et l'explique dans ses rapports au Premier Consul. » De son côté, au Sénat, M. de Macère (1), a réfuté les objections qui pouvaient être tirées des articles organiques, qui contiennent un texte ainsi libellé : « Les évêques et archevêques ont le droit de former auprès du siège épiscopal des séminaires ; tous les autres établissements catholiques sont supprimés ». On a eu tort, observait-il d'entendre par établissements ecclésiastiques, les monastères. Si on avait eu la précaution de relire l'histoire on saurait que par là étaient visés les collèges de l'ancien régime, et nullement les couvents. La meilleure preuve, c'est que l'Empereur Napoléon autorisa **247** communautés pendant son règne ; et beaucoup d'autres vivaient et fonctionnaient sans être autorisées. D'ailleurs, selon la juste remarque de M. Ribot (2), qui a fait preuve d'un vrai libéralisme et d'une réelle noblesse dans la défense des Congrégations, il faut se garder de l'interprétation littérale du Concordat. Il ne faut pas oublier « les changements considérables qui se sont pro-

(1) Voir discours du 14 juin 1901.

(2) Voir discours du 22 janvier 1901. Il a un passage très remarquable sur la manière d'interpréter le Concordat. En général les débats sur la loi des associations ont une grande valeur. Les principaux orateurs qui ont parlé se sont montrés à la hauteur des grands orateurs parlementaires du passé.

duits dans le pays, la liberté qui a été répandue à flots et est
devenue le patrimoine de tous. 'Autrement, s'écriait-il, en
s'adressant au Président du Conseil, si vous voulez strictement
interpréter le Concordat, en vous plaçant à l'époque où il a
été fait, sans tenir compte de ce mouvement, sans tenir
compte de toutes ces évolutions, vous serez malgré vous violents et ce sera peut-être pour vous une manière de dénoncer
le Concordat, car l'Eglise aimerait mieux, je pense, recouvrer
sa liberté totale que de renoncer ainsi à accomplir une
œuvre sociale qu'elle considère comme sa mission essentielle. »

Malheureusement les meilleurs arguments sont impuissants
devant le partis pris. La loi des associations fut adoptée
dans son intégralité le 1ᵉʳ juillet 1901. Les mesures d'exception pour les Congrégations avaient été votées par une majorité inspirée par une haine antireligieuse. Les partisans de
la séparation de l'Eglise et de l'Etat pouvaient se réjouir. Si
on n'avait pas déchiré le Concordat, on en avait arraché un
lambeau. Si on ne l'avait pas renversé, on l'avait ébranlé. Le
gouvernement s'était prêté à cette œuvre néfaste. Peut-être
irait-il plus loin ? Les anticoncordataires avaient des raisons
de l'espérer.

Depuis quelque temps on s'était, pour ainsi dire, abstenu
des manifestations oratoires que l'on avait coutume de diriger
contre le Concordat à l'occasion des votes du budget des
cultes. La longueur et le nombre des discours avaient considérablement diminué. Les attaques contre le Concordat étaient
devenues rares ou à peu près insignifiantes, à tel point que
pour le budget de 1900. M. l'abbé Gayraud et M. l'abbé
Lemire n'avaient pas cru nécessaire de le défendre et s'étaient
occupés de demander l'augmentation et une plus intelligente distribution des allocations réservées aux ecclésiastiques (1). Sans doute, pour le budget 1901, la Commission, sur
l'initiative de l'étonnant M. Tourgnol, avait supprimé les

----

(1) Chambre des députés, discours du 31 janvier 1899.

crédits affectés aux évêques et aux archevêques réputés non concordataires, les traitements des vicaires généraux et de 7.000 vicaires ruraux. La Chambre n'y prit point attention. Elle s'empressa, après de courtes et sages observations de M. Waldeck-Rousseau (1) de rétablir les crédits malencontreusement et injustement enlevés. D'ailleurs pourquoi réclamer une rupture qui ne serait point votée? On savait à l'avance la réponse du gouvernement quel qu'il fut. Elle était invariable. C'était celle que M. Waldeck-Rousseau fit, à M. Zevaès, le 23 novembre 1900 ; « Il a été dit, maintes fois, à cette tribune que cette question de la séparation de l'Eglise et de l'Etat ne pouvait pas être envisagée aussi longtemps que le problème des associations n'aurait pas été résolu. Le gouvernement a fait tous ses efforts pour mettre la Chambre en mesure de voter une loi sur les associations, loi qu'il considère comme capitale. Il considère en effet que cette loi est une mesure qui s'impose et que seule elle peut être le préliminaire d'une délibération sur d'autres questions ». Infailliblement aussi, la Chambre repoussait à une forte majorité cette question ennuyeuse de la séparation de l'Eglise et de l'Etat. Le 31 janvier 1899, elle la repoussait par 326 voix contre 166; le 7 décembre 1899, par 329 voix contre 179 et le 23 novembre 1900 par 315 voix contre 194.

Maintenant la loi des associations annoncée depuis si longtemps, promise avec tant d'assurance et impatiemment attendue, était enfin votée. L'heure décisive de la séparation de l'Eglise et de l'Etat était donc arrivée. La Commission du budget de 1902 le pensa. Après beaucoup d'hésitations qui étaient incompréhensibles de la part des radicaux et des socialistes dont elle était composée, elle se décida courageusement à supprimer le budget des cultes. C'était une excellente manière de préparer la dénonciation du Concordat. « mesure désormais opportune, réalisable et conforme à la tradition républicaine ». Telles étaient les expressions dont

(1) Chambre des députés, discours du 7 décembre 1899.

se servait M. Merlou, le rapporteur général. Il va sans dire que M. Zévaès était d'accord avec lui. Il tint à l'affirmer devant la Chambre quand la discussion sur le budget des cultes eut lieu. Il rappela même les promesses de M. Waldeck-Rousseau de l'année précédente. Sans être aussi osé, M. Camille Pelletan (1) était également d'avis que la politique concordataire devait être abandonnée par la République. Pour s'en convaincre, il suffisait de connaître l'histoire du Concordat de se rappeler les empiètements incessants du clergé, et de se rendre compte des garanties illusoires que donne à l'Etat ce traité démodé et usé. Cependant le député de Marseille, bien qu'il ne manquât pas d'éloquence, n'arriva pas à persuader M. Waldeck-Rousseau. Le Président du Conseil écouta le langage du bon sens tenu par M. Millevoye, M. l'abbé Lemire et M. l'abbé Gayraud, plus que jamais partisans du Concordat. D'après ces orateurs, des impossibilités matérielles et morales s'opposaient à la rupture demandée (2). La loi des associations était loin d'être un acheminement vers la séparation des Eglises et de l'Etat. En France, un Concordat sera toujours nécessaire (3). Le catholicisme saura s'entendre avec une saine démocratie (4). Certes M. Waldeck Rousseau négligea ces arguments qui auraient été trop dangereux. Néanmoins, après avoir évoqué l'exemple de la Révolution, cette « grande remueuse d'idées », il aboutissait à la même conclusion : il était indispensable de maintenir le Concordat. Cette proposition fut votée par la majorité habituelle.

Ce qui avait contribué à ce que cette question fut posée devant la Chambre, c'était la guerre religieuse qui avait été de nouveau déchaînée dans notre pays. Vers 1893, 1896, il y avait eu quelques moments d'accalmie dont le mérite était

(1) Chambre des députés. Le discours de M. Camille Pelletan, prononcé aux séances du 12 décembre et du 16 décembre 1901 est à consulter.
(2) Chambre des députés, discours de M. Millevoye, 12 décembre.
(3) Discours de M. l'abbé Lemire, 12 décembre.
(4) Discours de M. l'abbé Gayraud, 16 décembre.

dû à la sagesse de Léon XIII qui avait poussé les catholiques français à reconnaître le gouvernement établi et à lui donner leur adhésion. Volontiers les anciens meneurs de là lutte contre le catholicisme avouaient leurs torts. Avant de mourir, M. Jules Ferry (1) qui n'était point suspect, qui avait combattu avec énergie, qui ne cachait point ses opinions, avait reconnu « que la France avait surtout besoin à cette heure d'une paix religieuse ». A la tribune du Sénat, M. Challemel-Lacour, l'ancien proconsul de Lyon, se faisait l'écho de ces paroles et se vantait d'abandonner ses préjugés du passé M. Charles Dupuy applaudissait à la politique pontificale (2). M. Constans, l'exécuteur des décrets, promettait bon accueil aux catholiques qui suivaient l'ordre donné par le souverain Pontife (3). Dans la fameuse séance du 10 mai 1894, M. Spuller prétendait qu'il était temps de faire prévaloir en matière religieuse, « un véritable esprit de tolérance éclairée, humaine, supérieure, la tolérance qui a son principe non seulement dans la liberté d'esprit, mais aussi dans la liberté du cœur ». Enfin M. Méline, s'adressant aux députés radicaux, ne s'était pas gêné pour déclarer qu'il ne persécuterait personne. Sans doute, les actes ne répondaient pas toujours au libéralisme et à la générosité de ces paroles. Les dispositions du moins étaient excellentes ; on pouvait entrevoir une ère d'apaisement et de concorde, dont la perspective exaspérait les amis du désordre.

Tout à coup cette pacification qui s'annonçait fut arrêtée par une affaire maudite dont l'influence fut désastreuse et qui amena chez nous une irritante division, presque la guerre civile. De cette affaire Dreyfus, pour l'appeler par son nom, est né, selon les paroles de Francis Charmes, « un esprit détestable qui continue d'agir en dehors d'elle. Il est fait de radicalisme, de jacobinisme, de socialisme, de préjugés violents contre l'esprit militaire et de passions haineuses contre l'es-

(1) Extrait d'un discours prononcé par Jules Ferry en prenant possession du fauteuil de la présidence du Sénat, développé quelque temps après dans un discours prononcé devant l'Association républicaine en 1889.

(2) Discours prononcé à Bordeaux le 21 mai 1893.

(3) Discours prononcé à Toulouse, le 4 juin, 1893.

prit religieux » (1). Cet esprit se hissa au pouvoir avec M. Waldeck-Rousseau. A son avènement, les divisions entre les mêmes concitoyens s'accentuèrent. La lutte devint irreligieuse. Ce fut alors une suite ininterrompue de lois, de circulaires, de décrets hostiles au catholicisme. La loi de scolarité qui imposait un stage de trois ans, dans les lycées et collèges de l'État, à tout aspirant aux fonctions publiques et aux écoles du gouvernement, est venue la première, puis la loi sur les associations, puis la loi contre les ministres du culte assez hardis pour critiquer les actes du gouvernement. Peu de temps après, les Assomptionistes étaient conduits en police correctionnelle et le 24 décembre 1899 condamnés à 16 fr. d'amende et à la dissolution. Les traitements de plusieurs évêques qui avaient témoigné leur sympathie aux religieux persécutés furent supprimés. Les élèves de Jersey furent empêchés de se présenter à l'école navale. Le 4 avril 1900, les évêques furent invités à « faire cesser les missions et prédications extraordinaires données par des membres des congations non autorisées ». Le 13 avril de la même année, les manifestations de deuil en usage depuis des siècles dans les ports, le vendredi saint, furent interdites. Enfin le 11 décembre 1900, la messe du Saint-Esprit pour la rentrée des tribunaux fut supprimée par 254 voix contre 252 voix. Les incendiaires et les pillards des églises d'Aubervilliers et de Saint-Joseph avaient été amnistiés.

Pourtant tout cela n'était que le commencement des représailles et de la guerre. La lutte religieuse prit un caractère encore plus marqué et plus violent après les votes de la loi des associations. M. de Mun l'avait prédit dans son langage indigné d'une fière éloquence. A juste titre, il avait reproché au Président du Conseil, d'avoir favorisé les divisions dont son ministère vivait, d'avoir, froidement, délibérément, allumé dans le pays la guerre religieuse et d'avoir réveillé des passions et des colères assoupies. S'il avait fallu d'autres preuves,

(1) *Revue des Deux-Mondes*, Chronique politique, 1er janvier 1901.

le ministère se chargeait de les donner par la multiplicité
des suppressions de traitements infligés à de pauvres prêtres,
par ses circulaires qui suivirent la loi et qui révélaient la façon
tyrannique dont elle devait être appliquée.

Alors à la fin de la législature passa sur la Chambre une
folie persécutrice. Elle accueillait toutes les motions et leur
donnait avec une vraie frénésie son adhésion pourvu qu'elles
se présentassent avec la note antireligieuse. Elle ne craignait
pas de se déjuger. Oubliant qu'elle avait défendu la liberté
d'enseignement, elle vota une motion en faveur de l'abrogation
de la loi de Falloux. En même temps, les grèves se multipliaient.
Des déficits s'enregistraient à chaque moment. Les budgets
n'étaient plus en équilibre. Il y avait dans le pays de l'agitation, du malaise, de l'inquiétude, de la défiance. Certes on
sentait qu'il avait un vague désir de débarrasser la France
des hommes néfastes qui n'avaient su semer que le désordre
et entasser des ruines. Mais, parce qu'il n'avait pas été visiblement atteint dans ses intérêts matériels par une politique
qui jusqu'ici avait troublé surtout ses intérêts moraux, parce
que sa liberté était enchaînée par une puissante pression,
aurait-il le courage de secouer son indifférence et son inertie, et d'opérer l'œuvre d'assainissement qui était nécessaire?
On se le demandait. Au premier tour de scrutin, on en eut l'espoir. On crut même à la délivrance obtenue. C'était se réjouir
trop vite. Au second tour, le gouvernement avait reconquis sa
majorité. Elle s'était probablement augmentée. Par conséquent, M. Waldeck-Rousseau aurait pu continuer de gouverner la France. Il préféra se retirer avec les honneurs de la
guerre et laisser à un autre le soin d'appliquer les lois qu'il
avait forgées, de mener jusqu'au bout les combats qu'il avait
soulevés, et d'engager la Chambre un peu plus avant dans
les voies du radicalisme et du socialisme où il l'avait conduite
à l'aventure. M. Combes fut l'homme choisi pour cette détestable besogne. Bien que sa déclaration ministérielle fut assez
confuse, fuyante et évasive, il se montra immédiatement digne
d'un tel choix. On comprit qu'avec lui la lutte religieuse se

poursuivrait non plus habile, dissimulée, insidieuse, mais âprement violente et franchement brutale. Il commença par prendre un ton menaçant dans le discours qu'il prononça pour expliquer la politique qu'il allait embrasser (1). Bientôt les faits suivirent : 135 établissements religieux furent fermés d'un seul coup, sous prétexte que c'étaient des établissements nouveaux et qu'aucune autorisation n'avait été demandée pour eux. Ce n'était pas encore suffisant et il y avait apparence de légalité ! Il fallait montrer plus d'audace. C'est pourquoi, avant la fin de l'année scolaire, sans avertissement préalable, sans mise en demeure d'avoir à se conformer à la loi dans les vues où le gouvernement l'interprétait, sans ménagements d'aucune sorte, deux mille cinq cents établissements furent fermés. L'indignation et la réprobation furent générales et la révolte (2) éclata dans la Bretagne catholique.

Toutefois pendant ces années de luttes incessantes, l'Eglise s'est gardée d'envenimer les débats, de favoriser la division et la rébellion. Malgré les cris de guerre qu'elle entendait, les actes d'hostilité qu'elle voyait, elle demeurait calme, sagement mesurée, et souhaitant toujours l'apaisement. N'était-ce point la pensée dominante que Léon XIII, le vigilant gardien de l'Eglise, développait dans sa lettre du 23 décembre 1900, écrite à Son Éminence le cardinal Richard pour la défense des Congrégations religieuses avant la discussion de la loi sur les associations? Avec une émotion d'autant plus pénétrante qu'elle était surveillée et contenue, il disait la tristesse qu'il éprouvait en face des dangers que couraient les Ordres religieux en France; il rappelait que les Ordres faisaient partie intégrante de l'Eglise et qu'ils coopéraient grandement à son action; il racontait les services qu'ils avaient rendus à la société et le prestige qu'ils avaient valu à la France. Loin

(1) Discours du 12 juin 1902.
(2) Chronique politique de Francis Charmes, *Revue des Deux-Mondes*, 1er août 1902.

d'empiéter sur la juridiction des évêques, ils étaient des auxiliaires très dévoués et très utiles. C'est pourquoi il adjurait le gouvernement français, avec une touchante condescendance, de ne point se risquer sur le chemin de la persécution, mais plutôt de s'entendre avec lui sur cette grave question. L'épiscopat français tout entier se fit l'écho de la voix du Souverain Pontife. Il usa de la même modération, de la même dignité de langage, en soutenant la cause de l'Eglise qui se confondait avec celle du droit et celle de la liberté. Si l'impression fut profonde dans le pays, néanmoins elle ne put désarmer la haine de ceux qui avaient juré la perte des Congrégations.

Dans le Parlement, une majorité se forma pour voter la loi des associations. A nouveau, les évêques firent entendre leurs protestations, empreintes de la plus vive douleur et qui contenaient avec force, mais sans acrimonie et sans colère, les légitimes réclamations et les compréhensibles alarmes des catholiques. Et lorsque les deux Chambres furent à la veille d'exécuter la loi et de se prononcer sur l'autorisation que sollicitaient les Congrégations, soixante-quatorze d'entre eux usant de leurs droits de citoyens, s'adressèrent, sous forme de pétition, aux députés et sénateurs pour plaider devant eux la cause des religieux et des religieuses et faire appel à leurs sentiments de loyauté, de patriotisme et de concorde. Cette pétition qui reçut l'adhésion unanime de tous les bons Français, était conçue et écrite avec une haute élévation et une grande largeur de vues, avec une intelligence remarquable des besoins, des aspirations et des intérêts du pays et surtout dans un esprit de parfaite conciliation. Pour tout esprit non prévenu, elle faisait bien voir que le refus de l'autorisation serait une menace pour toutes les libertés qu'il léserait, beaucoup d'intérêts privés et compromettrait notre puissance nationale. Elle rappelait, faisant allusion aux paroles de Léon XIII dans sa lettre du 23 décembre 1900 au cardinal Richard, qu'un terrain d'entente demeurait, le Concordat qui « restait ouvert et pouvait garder la paix religieuse à condition qu'il fut loyalement interprété et appliqué ».

Il n'y eut que cinq membres de l'Episcopat qui s'abstinrent d'apposer leur nom au bas de cet important document. En donnant les raisons qui avaient inspiré leur conduite, ces prélats approuvèrent les idées qui étaient exposées et les sentiments de pacification qui étaient exprimés. On devinait qu'ils professaient le même respect pour le Concordat et le même désir d'arriver par son maintien, son observation à l'apaisement du conflit qui divisait et troublait la France. Celui qui, parmi eux, occupait la situation la plus importante, Mgr Fuzet, archevêque de Rouen, avait depuis longtemps développé les idées sur le Concordat « qui formaient les conclusions définitives et pacificatrices de la pétition ». « Le centenaire du Concordat, avait-il dit, nous rappellera bientôt que dans les questions les plus difficiles, dans les crises les plus aiguës, on peut, par de loyales négociations, arriver à une entente qui sauvegarde à la fois les intérêts de la religion et les droits de la société civile. Puisse un Concordat pour les ordres religieux inaugurer un nouveau siècle et lui apporter les bienfaits dont le Concordat pour le clergé séculier a doté le siècle qui vient de finir. Ces vœux ne sont au-dessus ni du patriotisme prévoyant du gouvernement d'une grande nation, ni du génie politique d'un grand Pape, et nous ne voyons que dans leur réalisation, l'espérance d'une paix durable, digne des deux puissances, indispensable au bien public ». Un seul évêque, Mgr Le Camus (1), dans une lettre précédemment écrite à ses prêtres *sur la situation faite à l'église de France*, faisait quelques réserves sur l'opportunité du maintien du Concordat. Il n'était pas loin de se prononcer pour la rupture « qui, si elle semble encore hésitante dans les faits, risque d'être radicalement accomplie dans les actes ». Quoi qu'il en soit, à part cette exception, Léon XIII. avec tous les membres de l'Episcopat français, indiquaient encore, même au milieu des tourmentes de la lutte, leur dessein de ne pas rompre l'accord qui avait été contracté

(1) Lettre publiée après les décrets du 25 juillet, du 1er août 1902. Mgr Le Camus a encore publié dans ce sens une nouvelle lettre.

avec l'Etat par le Concordat. Malgré la persécution qui commençait, ils recherchaient l'harmonie et demandaient l'apaisement.

Comme on a méconnu leurs désirs sincères de pacification religieuse! Comme on a mal répondu à leurs paroles si pleinement conciliantes! On les a traités comme des ennemis. Les 74 évêques signataires de la *pétition adressée à MM. les Sénateurs et Députés en faveur de la demande d'autorisation faite par les Congrégations*, ont été déférés au Conseil d'État et condamnés comme d'abus. Quatre prélats eurent leur traitement supprimé, étant réputés avoir joué un rôle actif dans la signature de la pétition. La même peine avait été infligée précédemment à Mgr Perraud qui s'était permis de rapporter une phrase indignée de Mgr Dupanloup contre les ministères oppresseurs. Plus tard l'indemnité concordataire fut enlevée à Mgr Delamaire, pour avoir défendu dans son mandement de carême les Congrégations religieuses et à Mgr Turinaz, pour avoir autorisé publiquement à un jésuite sécularisé l'exercice de la prédication dans sa cathédrale. La suppression du traitement pour les prêtres est devenue un fait journalier. L'on ne compte plus le nombre de fermetures d'écoles. On montre bien à l'Episcopat français qu'on méprise ses conseils et qu'on ne veut point de l'apaisement.

Au contraire, plus que jamais on désire entretenir la guerre religieuse. Ne l'a-t-on pas prouvé en aggravant la loi des associations par les menaces de nouvelles pénalités que l'on réserve aux trangresseurs de la loi et par les pouvoirs étendus que l'on accorde aux tribunaux liquidateurs des biens de communautés, en votant l'urgence d'une proposition de M. Rabier abrogant les lois qui attribuent aux fabriques des églises le monopole des inhumations et le conférant aux communes? Ne l'a-t-on pas prouvé encore dans la nomination de la Commission chargée de préparer les débats sur les demandes d'autorisations sollicitées de la part des ordres religieux? Elle fut composée exclusivement de radicaux et de socialistes. A peine formée, elle s'empressa d'adopter la

proposition de M. Paul Meunier, en vertu de laquelle les
membres des congrégations dissoutes ne pouvaient désormais
faire aucun acte des fonctions religieuses, ni entrer dans le
clergé paroissial sans l'autorisation expresse du ministère des
cultes, et à charge de justifier préalablement qu'ils ne sont
plus attachés par aucun lien à ces congrégations. Ah ! maintenant sans crainte, M. Combes pouvait déposer à la Chambre
des députés et au Sénat, ses projets de loi, haineux, mécham-
ment et lourdement sectaires. Sûrement la Commission le
dépasserait en violence, et la Chambre l'approuverait. De
fait, M. Rabier, le rapporteur, a écrit un réquisitoire encore
plus brutal et plus partial contre les Congrégations d'hommes,
divisées en trois catégories, les Congrégations enseignantes,
prédicantes et les Chartreux. La Chambre est allée encore
plus loin que M. le Président du Conseil dans la mécon-
naissance du droit et de la liberté et même de la légalité. Ce
qui ne s'est jamais vu dans l'histoire, des victimes ont
été condamnées, étranglées, au mépris de la constitution,
d'après M. Wallon, sans que leurs défenseurs aient pu se faire
entendre. Impitoyablement la Chambre a refusé à trois
reprises le passage à la discussion des différents articles du
projet de loi, c'est-à-dire à l'examen de chacune des demandes
des Congrégations. Elle les a supprimés toutes en bloc, selon
un mot à l'ordre du jour. Évidemment M. Combes devait
inventer quelques tracasseries nouvelles, pour se grandir à
la taille de la majorité antireligieuse dont il n'est que le serviteur. Par un trait de génie admirable, il a adressé à NN. SS.
les évêques deux circulaires leur interdisant de laisser prêcher
les religieux dans les églises et ordonnant la fermeture des
chapelles privées non autorisées par décret. Autrement le
Concordat serait violé. Quel vigilant gardien du Concordat !

M. Combes s'est plu à s'arroger ce titre, il s'est déclaré
grand partisan de la politique concordataire. Ce mot devenu
presque fatidique dans sa bouche, revient fréquemment sur
ses lèvres et sous sa plume. Il est rare qu'il ne se trouve pas
dans ses décrets, dans ses circulaires, dans ses projets qu'il

a multipliés sans se fatiguer, dans les divers discours qu'il a prononcés dans le pays pour expliquer sa manière de gouverner, notamment à Matha. Même le Concordat lui donna un jour l'occasion de faire preuve de courage et d'exposer des idées saines sur le rôle de la religion. Selon l'habitude, à l'occasion de la discussion du budget des cultes qui eut lieu le 26 janvier 1903, on s'attaqua pour la millième fois au Concordat. M. Combes énergiquement et explicitement refusa de se prêter à cette œuvre de démolition. Les traditions de notre histoire « qui ne s'effacent pas d'un trait de plume », les besoins du pays qui ne saurait « se contenter de simples idées morales telles qu'on les donne actuellement dans l'enseignement superficiel et borné de nos écoles primaires »(1), lui en faisaient une obligation. Devant ces déclarations imprévues, la gauche entra dans une stupéfaction furieuse Elle l'obligea à se rétracter quelques temps après dans un débat sur le budget de l'instruction publique. Probablement, par ce seul fait, elle ralentit le zèle concordataire de M. le Président du Conseil. Les difficultés pendantes avec Rome au sujet de la fameuse formule du *Nobis nominavit* employée dans les bulles qui accordent aux évêques l'investiture canonique et au sujet des dernières nominations épiscopales faites sans entente préalable, y contribuèrent également pour beaucoup. Son langage fut bien différent au Sénat quand vint la discussion du budget des cultes (2). Il annonça comme prochaine la séparation de l'Église et de l'État, accusa le Saint-Siège et l'épiscopat de transgresser les clauses du Concordat, attaqua vivement le clergé actuel pour son attitude politique et déclara qu'il n'acceptera jamais l'entente préalable pour les nominations aux évêchés, et que le Conseil d'État n'enregistrera plus aucune bulle pontificale contenant la formule *Nobis nominavit*. A ce discours menaçant, presque insultant pour l'Église, assez insidieux à certains endroits, qui reçut les honneurs de l'affichage, M. de Lamarzelle fit une

----

(1) Chambre des députés. Séance du 26 janvier, discours de M. Combes.
(2) Sénat, séance du 21 mars.

noble et convaincante réponse. Il montra que la formule
attaquée du *Nobis nominavit* a été en usage depuis un temps
immémorial et que cette formule fut adoptée à peu près dans
l'universalité des cas depuis le Concordat (1). Facilement
aussi il prouva que l'entente préalable était nécessaire si on
ne voulait pas faire du Pape le collateur forcé de l'investiture canonique. Surtout il se permit de manifester son étonnement à M. Combes, à cause de l'imprudence de son langage, quand il agitait, en des termes impardonnables dans
la bouche d'un homme d'Etat (2), la menace de la dénonciation du Concordat. De telles paroles d'un accent si comminatoire devaient être exploitées par les partis avancés. M. Clémenceau (3) s'est empressé de demander, avec une ironie de
bonne guerre, la suppression de notre ambassadeur au
Vatican qui naturellement a été repoussée par le ministre
des Affaires étrangères et rejetée par le Sénat. La veille des
vacances parlementaires de Pâques M. de Pressensé a déposé
sur le bureau de la Chambre une proposition relative à la
séparation des Eglises et de l'Etat adoptée par le groupe
socialiste et portant, outre la signature du promoteur, celle
de 56 députés. Quelques temps après M. Hubbard avertissait
M. Combes qu'il l'interpellerait dans le dessein d'amener la
rupture du Concordat « *initiée* » par les manifestations récentes
des évêques.

La discussion a eu lieu (4). Elle n'a pas été aussi redoutable qu'on aurait pu le croire. Le gouvernement a montré
une certaine timidité, une certaine hésitation. Ce qui ne l'a
point amené à changer sa manière de gouverner. Il se laisse
toujours conduire par le parti qui traite l'Eglise en ennemie,
et qui s'impose trop ouvertement aux pouvoirs publics. Il
obéit aux ordres dictés par cette Presse de bas étage, qui
semble avoir d'autant plus d'influence sur les affaires géné-

(1) Sénat, séance du 21 mars, discours de M. Lamarzelle.
(2) Article du *Temps*, 25 mai 1902.
(3) Sénat. Séance du 24 mai 1903.
(1) Nous nous proposons de revenir à ce débat d'une façon plus étendue.

rales du pays que ses attaques sont plus violentes et son langage plus grossier et plus insultant. Il ne veut pas comprendre les conséquences toujours funestes d'une politique antireligieuse (1). Des faits assez nombreux et tristement instructifs sont pourtant là à l'appui. M. Chaumié (2) a été obligé d'avouer que 15 millions avaient dû être déjà fournis à cause de la fermeture des écoles. M. Denys Cochin dans un article du *Figaro* (3) a fait connaître ce que la persécution religieuse coûtera à la France. La somme sera au moins de 68 millions. Est-ce le moment de dilapider la fortune publique après les critiques sévères de M. Antonin Dubost, rapporteur au Sénat ? Malgré les expédients d'habile financier, M. Rouvier (4) n'arrive pas à combler le déficit de 1901 et de 1902 qui s'élève à 313 millions (5). Aussi par défiance pour les communes qui n'auraient point voulu s'associer à ce gaspillage antipatriotique, on leur a enlevé leurs droits pour la construction de maisons d'école. Le préfet est devenu le maître. A la session d'avril plusieurs Conseils généraux se sont plaints de cette violation des droits des communes. D'autres ont blâmé ouvertement la politique gouvernementale. Cette fois, au lieu des cinquante Conseils généraux qui, à la session d'août, avaient manifesté en faveur du ministère, on n'en compte plus qu'à peu près vingt-huit. Le pays commence à sortir de sa torpeur. Sur tous les points où on a procédé au crochetage, à l'expulsion, à l'emprisonnement des religieux, les masses sont accourues et ont montré leur dessin de garder leurs bienfaiteurs. Elles n'ont point caché leur mécontentement contre ceux qui proscrivaient les meilleurs enfants de la France.

Ah! il est temps que la persécution cesse. Il est temps que les

(1) L'étude des nouvelles mesures antireligieuses se trouve au chapitre : *Craintes de la dénonciation du Concordat.*

(2) Chambre des députés, séance du 18 février.

(3) 3 juin 1903. M. Chaumié, devant la Commission d'enseignement, a reconnu la justesse des calculs de M. Denys Cochin.

(4) Chambre des députés, séance du 26 février 1903.

(5) Ces aveux ont été faits à plusieurs reprises. En particulier M. Gauthier de Clagny a révélé au pays ce grave danger.

conseils de NN. SS. les Evêques qui prêchent encore la paix en adressant leurs adieux émouvants aux communautés et en protestant contre des dernières circulaires de M. Combes, soient mis à exécution. Il faut en revenir au Concordat « auquel, comme le disait le cardinal Labouré, demeure attachée l'immense majorité des Français, qu'ils soient indifférents ou pratiquants ». Mais lui-même, ce pacte séculaire, sera-t-il à l'abri des coups ? On se le demande avec angoisse, bien qu'encore le 15 mars Léon XIII recevait, en audience solennelle, l'ambassadeur de France M. Nisard, accrédité auprès de Sa Saintcté par le gouvernement français comme envoyé extraordinaire à l'occasion du jubilé pontifical. L'avenir est menaçant. Après Mgr Perraud, l'on peut appliquer à la physionomie qu'offrent les premiers mois de la présente année l'avertissement donné un jour par le Sauveur à ceux qui l'entouraient : « Il y a au ciel des nuages rouges et terribles : La tempête n'est pas loin. *Hodie tempestas ; rutilat enim triste cœlum* ». Dieu veuille qu'elle soit écartée et que la Concorde soit conservée !

LE TEXTE DU CONCORDAT

I

L'ÉNONCÉ ET LE COMMENTAIRE

L'on parle beaucoup du Concordat : on le discute, on le
loue, on le blâme et la plupart du temps on n'a de ce fameux
traité qu'une connaissance vague et superficielle. L'on n'a
pas pris toujours la précaution élémentaire et facile de
lire en entier son texte d'une brièveté sans pareille. Il ne faut
pas s'en étonner. C'est le sort réservé d'ordinaire aux questions fondamentales qui occupent et passionnent les esprits,
sur lesquelles roulent de perpétuels débats. Par une étrange
contradiction, pour étudier ces questions, l'on n'a pas le courage d'apporter les efforts que l'on fournit volontiers, sans y
prendre garde, pour des points très secondaires. S'il fallait
des exemples, ne suffit-il pas de se rappeler qu'en politique
et dans l'histoire des peuples, les constitutions et les principes qui inspirent la législation, sont les parties les plus
négligées ; qu'en religion, l'Evangile est l'ouvrage le moins
médité ; qu'en littérature les classiques sont les auteurs que
l'on ouvre le plus rarement ? A cause d'une insouciance
impardonnable quand on y réfléchit et peut-être d'une
paresse non moins inexcusable, l'on se borne, en ces matières
capitales à embrasser les opinions que l'on trouve autour de
soi complètement formées. L'on va répétant des mots qui ont
séduit, sans en approfondir le sens et sans en savoir toute leur
portée. Voilà pourquoi il y a de par le monde tant d'igno-
rances cachées sous une science apparente ; tant de fausses
interprétations sur les choses les plus nettes, les plus claires ;

tant d'aveuglements opiniâtres en des points qui devraient entraîner l'adhésion générale des intelligences. Pour éviter ces défauts, un esprit sérieux, prudent procédera autrement. Il ira droit à la question qu'il se pose. Il l'envisagera lui-même. S'il s'agit d'un traité, d'une loi, il se reportera au texte qui au préalable lui sera d'un plus grand secours que les plus savantes explications. Par conséquent, pour parler sagement et intelligemment du Concordat, avant tout il faut en revenir au texte. Le simple énoncé, que l'on devrait lire et relire sans se fatiguer jamais, en sera le plus instructif et le plus lumineux commentaire. Le voici tel qu'il fut transcrit dans les documents officiels après sa pénible élaboration :

Convention souscrite par les Plénipotentiaires à Paris le 15 juillet 1801, désigné sous le titre de : Concordat entre Pie VII et le Premier Consul.

Sanctitas Sua Summus Pontifex Puis VII, atque Primus Consul Gallicae Republicae, in suos respective Plenipotentiaros nominarunt :

Sanctitas Sua, Emum Dominum Herculem Consalvi S. R. E. Cardinalem Diaconum S. Agathae ad Suburram, suum a Secretis Status, Josephum Spina Archiepiscopum Corinthi, S. S. Praelatum Domesticum, ac Pontificio Solio assistentem, et Patrem Caselli Theologum Consultorum S. S... pariter munitos facultatibus in bona et debita forma.

Primus Consul, Cives Josephum Bonaparte Consiliarum Status, Cretet consiliarium pariter Status, ac Bernierium Doctorem in S. Theologia Parochum S. Laud Andegavensis, plenis facultatibus munitos.

Qui post sibi mutuo tradito respectivae Plenipotentiae Instrumenta, de iis quae sequuntur convenerunt.

Sa Sainteté le Souverain Pontife Pie VII et le Premier Consul de la République Française ont nommé pour leurs Plénipotentiaires respectifs :

Sa Sainteté, Son Eminence Monseigneur Hercule Consalvi, Cardinal de la Sainte Eglise Romaine, Diacre de Sainte-Agathe ad Suburram, son Secrétaire d'Etat ; Joseph Spina Archevêque de Corinthe, Prélat Domestique de Sa Sainteté, assistant du trône Pontifical, et le Père Caselli, Théologien Consultant de Sa Sainteté pareillement, munis des pouvoirs en bonne et due forme.

Le Premier Consul, les Citoyens Joseph Bonaparte Conseiller d'Etat, Cretet Conseiller d'Etat et Bernier, Docteur en Théologie, Curé de Saint-Laud d'Angers, munis des pleins pouvoirs.

Lesquels après l'échange des pleins pouvoirs respectifs ont arrêté la Convention suivante.

Conventio inter Summum Pontificem Pium VII et Gubernium Gallicanum.

Gubernium Reipublicae recognoscit Religionem Catholicam Apostolicam Romanam, eam esse Religionem quam longe maxima pars Civium Gallicanae Reipublicae profitetur.

Summus Pontifex pari modo recognoscit eamdem Religionem maximam utilitatem, maximumque decus percepisse, et hoc quoque tempore praestolari ex Catholico cultu in Gallia constituta, nec non ex peculiari eius professione quam faciunt Reipublicae Consules.

Haec cum ita sint, atque utrinque recognita, ad Religionis bonum internaeque tranquillitatis conservationem, ea quae sequuntur inter ipsos conventa sunt.

Convention entre Sa Sainteté Pie VII et le Gouvernement Français.

Le Gouvernement de la République reconnaît que la Religion Catholique Apostolique et Romaine est la religion de la grande majorité des Citoyens Français.

Sa Sainteté reconnaît également que cette même Religion a retiré et attend encore en ce moment le plus grand bien et le plus grand éclat de l'établissement du culte Catholique en France, et de la Profession particulière qu'en font les Consuls de la République.

En conséquence, d'après cette reconnaissance mutuelle, tant pour le bien de la religion que pour le maintien de la tranquillité intérieure, ils sont convenus de ce qui suit.

Art. 1

Religio Catholica Apostolica Romana libere in Gallia exercebitur. Cultus publicus erit, habita tamen ratione Ordinationum quoad politiam, quas Gubernium pro publica tranquillitate necessarias existimabit.

La Religion Catholique, Apostolique et Romaine sera librement exercée en France; son culte sera public, en se conformant aux règlements de Police que le Gouvernement jugera nécessaires pour la tranquillité publique.

Art. 2

Ab Apostolica Sede, collatis cum Gallico Gubernio consiliis, novis finibus Galliarum Dioeceses circumscribentur.

Il sera fait par le Saint-Siège de concert avec le gouvernement une nouvelle circonscription des diocèses français.

Art. 3

Summus Pontifex Titularibus Gallicarum Ecclesiarum Episcopis significabit se ab iis pro bono pacis et Unitatis, omnia Sacrificia firma fiducia expectare, eo non excepto quod ipsas suas Episcopales Sedes resignent.

Hac hortatione praemissa si huic sacrificio quod Ecclesiae bonum exigit renuere ipsi vellent (fieri id autem posse Summus Pontifex suo non reputat animo) Gubernationibus Gallicarum Ecclesiarum novae circumscriptionis de novis Titularibus providebitur eo qui sequitur modo.

Sa Sainteté déclarera aux titulaires des évêchés français qu'elle attend d'eux avec une ferme confiance, pour le bien de la paix et de l'unité, toute espèce de sacrifice, même celui de leurs Sièges.

D'après cette exhortation, s'il se refusaient à ce sacrifice commandé par le bien de l'Eglise (refus néanmoins auquel Sa Sainteté ne s'attend pas); il sera pourvu par de nouveaux titulaires au gouvernement des Evêchés de la circonscription nouvelle de la manière suivante.

Art. 4

Consul Primus Gallicanae Reipublicae intra tres menses, qui promulgationem Constitutionis Apostolicae consequentur, Archiepiscopos et Episcopos novae circonscriptionis Dioecesibus praeficiendos nominabit. Summus Pontifex Institutionem Canonicam dabit, juxta formas relate ad Gallicis ante Regiminis commutationem statutas.

Le Premier Consul de la République nommera dans les trois mois qui suivront la publication de la bulle de Sa Sainteté aux archevêchés et évêchés de la circonscription nouvelle. Sa Sainteté confèrera l'Institution canonique suivant les formes établies par rapport à la France avant le changement du gouvernement.

ART. 5

Item Consul Primus ad Episcopales Sedes quae in posterum vacaverint novos Antistites nominabit, iisque ut in articulo praecedenti constitutum est, Apostolica Sedes Canonicam dabit Institutionem.

Les nominations aux évêchés qui vaqueront dans la suite seront également faites par le Premier Consul, et l'Institution canonique sera donnée par le Saint-Siège en conformité de l'article précédent.

ART. 6

Episcopi antequam munus suum gerendum suscipiant, coram Primo Consule juramentum fidelitatis emittent, quod erat in more ante regiminis commutationem, sequentibus verbis expressum :

« Ego juro et promitto ad Sancta Dei Evangelia obedientiam, et « fidelitatem Gubernio per constitutionem Gallicanae Reipublicae « statuto. Item promitto me nullam communicationem habiturum, « nullo consilio interfuturum, nullamque suspecta munionem, neque « intra, neque extra conservaturum, quae tranquillitati publicae « et noceat si tam in Diocesi mea, quam alibi, noverim, aliquid in « Status damnum tractari : Gubernio manifestabo.

Les évêques avant d'entrer en fonction prêteront directement entre les mains du Premier Consul le serment de fidélité, qui était en usage avant le changement de gouvernement, exprimé dans les termes suivants :

« Je jure et promets à Dieu sur les saints Évangiles de garder « obéissance et fidélité au gouvernement, établi par la Constitution « de la République française. Je promets aussi de n'avoir aucune « intelligence, de n'assister à aucun conseil, de n'entretenir aucune « ligue, soit au dedans, soit au dehors, qui soit contraire à la tran- « quillité publique, et si dans mon diocèse ou ailleurs, j'apprends « qu'il se trame quelque chose au préjudice de l'Etat, je le ferai savoir au gouvernement.

ART. 7

Ecclesiastici secundi ordinis idem juramentum emittent coram Auctoritatibus Civilibus a Gallicano Gubernio designatis.

Les ecclésiastiques du second ordre prêteront le même serment entre les mains des autorités civiles désignées par le gouvernement.

Art. 8

Post Divina Officia in omnibus Catholicis Galliae Templis sic orabitur :

« Domine salvum fac Rempublicam.

« Domine salvos fac Consules.

La formule de prière suivante sera récité à la fin de l'Office divin dans toutes les églises catholiques de France.

« Domine, etc.

Art. 9

Episcopi in sua quisque Diocesi novas Parochias circumscribent; quae circumscriptio suum non sortietur effectum nisi postquam Gubernii consensus accesserit.

Les évêques feront une nouvelle circonscription des paroisses de leurs diocèses, qui n'aura d'effet que d'après le consentement du gouvernement.

Art. 10

Idem Episcopi ad Parochias nominabunt, nec Personas eligent nisi Gubernio acceptas.

Les évêques nommeront aux cures. Leur choix ne pourra tomber que sur des personnes agréées par le gouvernement.

Art. 11

Poterunt iidem Episcopi habere unum Capitulum in Cathedrali Ecclesia, atque unum Seminarium in sua quisque Diocesi sine Dotationis obligatione ex parte Gubernii.

Les évêques peuvent avoir un chapitre dans leur cathédrale et un séminaire pour leur diocèse sans que le gouvernement s'oblige à les doter.

Art. 12

Omnia templa Metropolitana, Cathedralia, Parochialia, atque alia quae non alienata sunt, cultui necessaria, Episcoporum dispositioni tradentur.

Toutes les Eglises Métropolitaines, Cathédrales, Paroissiales et autres non aliénées nécessaires au culte seront mises à la disposition des évêques.

Art. 13

Sanctitas Sua pro pacis bono felicique Religionis restitutione, declarat eis qui bona Ecclesiae alienata acquisiverint, molestiam ullam habituros neque a se, neque a Romanis Pontificibus successoribus suis, ac consequenter proprietas eorumdem bonorum, redditus et juras iis inhaerentia immutabilia penes ipsis erunt, atque ab ipsis causam habentes.

Sa Sainteté pour le bien de la paix et l'heureux rétablissement de la religion catholique, déclare que ni Elle, ni ses successeurs ne troubleront en aucune manière les acquéreurs des biens ecclésiastiques aliénés, et qu'en conséquence la propriété de ces mêmes biens, les droits, et revenus y attachés demeureront incommutables entre leurs mains, ou celles de leurs ayants cause.

Art. 14

Gubernium Gallicanae Reipublicae in se recipiet tum Episcoporum, tum Parochorum, quorum Dioceses atque Parochias nova circumscriptio complectitur, sustentationem, quae cujusque statum deceat.

Le gouvernement assurera un traitement convenable aux évêques et aux curés dont les diocèses et les cures seront compris dans la circonscription nouvelle.

Art. 15

Idem Gubernium curabit ut Catholicis in Gallia liberum sit, si libuerit, Ecclesiis consulere novis fundationibus.

Le gouvernement prendra également des mesures pour que les catholiques français peuvent, s'ils le veulent, faire en faveur des églises des fondations.

Art. 16

Sanctitas Sua recognoscit in Primo Consule Gallicanae Reipublicae eadem jura ac privilegia quibus apud Sanctum Sedem fruebatur antiquum Regimen.

Sa Sainteté reconnaît dans le Premier Consul de la République Française les mêmes droits, et prérogatives dont jouissait près d'elle l'ancien gouvernement.

Art. 17

Utrique conventum est : Quod in casu quo aliquis ex successoribus hodierni Primi Consulis Catholicam Religionem non profi-
teretur, super juribus ac privilegiis in superiori articulo com-
memoratis, necnon super nominatione ad Archiepiscopatus et
Episcopatus, respectu ipsius, nova conventio fiet.

Ratificationem mutua traditios Parisiis fiet quadraginta dierum
spatio.

Il est convenu entre les parties contractantes, que dans le cas
où quelqu'un des successeurs du Premier Consul actuel ne serait
pas catholique, les droits et prérogatives mentionnés dans l'article
cy-dessus, et la nomination aux évêchés seront réglés par rapport
à lui par une nouvelle Convention.

Les ratifications seront échangées à Paris dans l'espace de
quarante jours.

Autour de ces dix-sept articles qui forment le Concordat,
les commentateurs n'ont pas manqué. Les hommes de la
Presse, fatalement voués par leur situation à la hardiesse et à
la précipitation dans leurs jugements, et les hommes de la
politique (1), subissant toujours l'influence du parti auxquels
ils appartiennent, se sont plu les uns et les autres, à toutes
les époques de l'histoire contemporaine, à multiplier leurs
interprétations parfois fantaisistes. Les hommes d'étude n'ont
pas dédaigné non plus cette convention qui, en France, relie
ensemble l'Eglise et l'Etat. Ils ont travaillé sur son texte et
ont essayé de l'éclaircir par leurs savantes et consciencieuses
explications. Afin d'en faire comprendre promptement l'importance et d'en laisser voir plus facilement le contenu, les
uns ont cru bon de grouper les divers articles, sans tenir
compte de l'ordre dans lequel ils étaient formulés, autour de
quelques idées mères qui dominent tout le traité. A cette
catégorie de commentateurs appartiennent Émile Ollivier (2)

(1) Pour ne citer qu'un exemple, que l'on se rappelle le discours de Camille
Pelletan : Séance du 13 décembre et 16 décembre 1901.

(2) *L'Eglise et l'État au concile du Vatican*, tome 1er. Rapports de l'Eglise et
de l'Etat. Manuel du droit ecclésiastique, 1e partie, Commentaires.

qui divise le Concordat en deux parties distinctes : l'une se
rapportant au passé, l'autre réglant l'avenir, Georges
Goyau (1) qui se propose plutôt de montrer les concessions
faites par l'Eglise à l'Etat et les avantages retirés par elle de
la puissance civile. Les autres se sont contentés de suivre
pas à pas pour ainsi dire toutes les clauses du Concordat. Ils
se sont emparés de chacune des expressions du traité, les ont
pressées et en ont extrait tout le sens qu'elles renfermaient :
C'est le procédé suivi d'ordinaire par les historiens et spécialement par les nombreux auteurs ecclésiastiques qui se sont
occupés de cette matière (2).

Ce n'est pas le lieu de discuter la valeur de ces méthodes.
Elles ont d'ailleurs toutes les deux des avantages. La première
est de nature à satisfaire davantage l'esprit qui a des préférences marquées pour l'unité, les idées générales et les vues
d'ensemble. L'autre donne une explication plus minutieuse,
plus impartiale, moins systématique. L'idéal sans doute, si la
chose était possible, serait de les combiner l'une et l'autre. En
tout cas, on aurait déjà une connaissance suffisante du texte
du Concordat, si on s'était précisé nettement les idées con-
tenues dans chaque article, si on les avait rapprochées de la
doctrine catholique qui en demeure l'interprète le plus autorisé, des affirmations de négociateurs qui se sont chargés de
l'expliquer, des paroles des hommes d'Etat qui dans la suite
les ont discutées et ont voulu les appliquer. Ce serait le but
que nous serions heureux d'atteindre.

Ce qui doit tout d'abord retenir notre attention, c'est le
préambule. Certes à ne le considérer que rapidement, on
pourrait être mal impressionné par sa sécheresse et sa
froideur et se demander si sous sa brièveté presque exagérée, se cachent des déclarations qui méritent réellement
examen. Si on cédait à ce premier mouvement, on aurait

(1) *Le Vatican, la papauté et la civilisation.* Goyau, Peraté Fabre.
(2) Abbé Joly, *Étude historique et juridique du Concordat;* abbé Verdier, *Le
texte du Concordat de 1801;* surtout cardinal Mathieu : *Correspondant,* 25 février
1903.

grandement tort. Qu'on le relise plus attentivement. L'impression pénible disparaît. Sa forme concise s'anime et prend un caractère imposant. L'on songe tout à coup à ce style lapidaire dont les Romains aimaient à se servir pour placer sur leurs monuments des inscriptions immortelles. L'on est porté à examiner de plus près les moindres expressions de ce préambule dont l'importance apparaît bientôt.

Sous les noms des plénipotentiaires, l'on voit se dresser deux puissances : l'Église et la République française ; l'Église, la société immense des âmes, parfaitement organisée par le Christ qui l'a fondée, indépendante de tout pouvoir humain, et ayant toujours à sa tête le Souverain Pontife, indéfectible comme elle ; la République française sortie du chaos de la Révolution et représentée par le Premier Consul. Ces deux puissances, par l'intermédiaire de leurs délégués dûment autorisés, concluent entre elles une convention qui est une sorte contrat. Portalis l'a affirmé expressément devant le corps législatif (1). « La convention avec le Pape, dit-il, participe à la nature des traités diplomatiques, c'est-à-dire d'un véritable contrat ». Talleyrand lui-même l'avait avoué dans sa réponse au cardinal légat, réponse qui fut acceptée par le Conseil d'État, après une longue discussion. « Le Concordat, affirmait-il, est le résultat de la volonté de deux puissances contractantes ». Ce point ne fait point de doute pour M. Thiers, l'historien du Consulat et de l'Empire. Aussi on ne s'explique pas que M. Fallières (2), garde des sceaux et ministre des cultes, ait osé soutenir « que le Concordat n'avait pas été conclu entre deux puissances souveraines l'une et l'autre, et que ce serait plutôt un acte de bon plaisir dû à la seule initiative de la République française ». Cette thèse paradoxale est contraire aux termes du préambule du Concordat. Bien plus ce qui ressort encore de ce simple texte, c'est que l'Église est une puissance supérieure à l'État. Les plénipotentiaires viennent

(1) Discours au Corps législatif, 25 germinal an X.
(2) Discussion concordataire des 9, 11, 12 décembre 1891 au Sénat et à la Chambre des députés.

en première ligne. Est-ce à dire que le Concordat n'est qu'un privilège, un indult accordé par le Souverain Pontife. Évidemment dans l'acte en question, il n'est fait nulle allusion à ce problème qui fut naguère débattu entre MM. de Bonald et Mgr Turinaz (1). Toutefois le préambule indique bien qu'une convention a été passée entre l'Église et la France, qu'un traité de pacification fut signé par elles. Et nous entrevoyons quelque chose de la nature de ce contrat, à cause de la supériorité de l'Église nettement affirmée.

Deux grands faits historiques sont ensuite évoqués. Le premier vise le présent. Il est constaté que « la religion catholique apostolique et romaine est la religion de la grande majorité des citoyens français ». Sans doute il aurait été préférable que le catholicisme fut déclaré religion d'État, comme le réclamait le Saint-Siège fort de ses droits et comme le portait le premier projet du Concordat, soucieux des véritables obligations d'un gouvernement logique et sage. Cependant cette constatation a son importance, elle fut mise en relief par M. l'abbé Bernier (2). « Par ce titre aussi simple que vrai, observa-t-il, la religion acquiert le droit à une protection ouverte et spéciale, parce qu'un gouvernement représentatif doit se conformer au vœu de la majorité de ceux qu'il représente. Elle est même en ce sens la religion légale et dominante parce que dans une République organisée comme l'est aujourd'hui la France, le fondement de toutes les lois est l'avis du plus grand nombre, et le vœu dominant est celui de la majorité. » Le second fait se rapporte au passé. D'un mot très élogieux (3), est retracé le rôle historique de la

(1) Tout le monde connaît ce grave débat. M. de Bonald prétend que les concordats ne sont que des privilèges accordés par les Souverains Pontifes qui ne sont tenus à les exécuter que par certaines convenances d'honnêteté, la fidélité; Mgr. Turinaz affirme que les concordats sont des contrats ayant des caractères spéciaux mais imposant une obligation rigoureuse de justice aux deux parties contractantes. M. Combes y a fait allusion dans son discours au Sénat du 21 mars 1903.

(2) Voir Cardinal Mathieu et Theiner, corps de l'ouvrage et appendice, page 72.

(3) Le cardinal Mathieu signale avec fierté cet hommage rendu à la France. *Correspondant*, 25 décembre 1902.

France, qui apporta « un grand éclat au catholicisme »,
qui se fit perpétuellement le soldat et l'apôtre de l'Église
et mérite d'être appelée sa fille aînée. Aussi à cause du
passé, « à cause de la profession particulière que font du
catholicisme les Consuls de la République », le Saint-Père ne
craint point de parler, au nom de l'Église, de ses espérances
et de prononcer au lendemain de la Révolution le nom de
la paix.

Ce mot fixait le but que poursuivrait le Concordat et qui
lui est commun avec toutes les conventions de ce genre. Dans
cette humanité toujours bouleversée et déchirée par la lutte,
la paix est un bien vers laquelle elle soupire sans cesse. De
sa poitrine haletante elle la demande avec ardeur, comme le
disait éloquemment le cardinal Perraud à l'occasion de la
mort et des funérailles de Pasteur : « Oh! Messieurs! la paix,
l'union, la concorde entre les frères! Mais la paix dans la
vérité, dans la justice, dans le respect des lois, des droits et
de toutes les libertés respectables. » Elle était surtout nécessaire cette paix, après la Révolution qui enfanta tant d'agitations, tant de révoltes, tant de désordres, tant de persécutions, tant de tyrannies. Il était temps que « la tranquillité
intérieure revînt dans le pays ». Pour l'assurer, il fallait
traiter avec l'Église qui fut si violemment persécutée, elle
qui est la source de la paix et de la concorde. Dans cet
accord sur quel principe s'appuyer? Par quels moyens obtien-
dra-t-on la paix religieuse qui est avant tout nécessaire?

Dans sa première partie, le premier article donnait à cette
question une réponse excellente. Usant d'un mot dont la fas-
cination devait être si grande plus tard et qui devait susciter
des luttes incessantes, il promettait pour l'Église, la liberté,
la liberté sans aucune restriction, la liberté absolue indéfinie,
complète. Car il était formellement stipulé « que la religion
catholique, apostolique et romaine serait librement exercée
en France ». Pour faire ressortir la portée de cette clause
capitale dans laquelle est résumée l'esprit du Concordat,
qui est un esprit de liberté, il est bon d'avoir une juste

notion de l'Église, de savoir ce qui est de l'essence du catholicisme, ce qui lui est nécessaire pour son plein développement. Par là on se rendra compte de l'étendue de la liberté qui est reconnue à l'Église, et non pas donnée, parce qu'elle ne tient ses droits que du Christ et non pas des concordats, comme certains le prétendent (1).

Qu'est-ce donc que l'Église? D'après le concile du Vatican (2) qui a admirablement exposé et défini la doctrine traditionnelle, l'Église est une société parfaite, indépendante, divinement instituée par Jésus-Christ pour conduire l'humanité à sa fin surnaturelle et éternelle, par les moyens que son divin fondateur a mis à sa disposition. A ce titre (3) essentiellement, elle jouit des droits souverains d'enseigner partout la vérité religieuse; de régler par ses lois les mœurs chrétiennes; de veiller à l'intégrité de la foi et à la pureté de la morale catholique; de pousser les âmes à la pratique des conseils évangéliques et d'organiser la vie parfaite, d'administrer les choses sacrées où Dieu a mis sa grâce et d'ordonner le culte divin; de pourvoir à la dignité, à l'ordre, au recrutement, à la perpétuité de la hiérarchie; d'acquérir et de posséder les biens temporels nécessaires à l'accomplissement de sa mission. Par conséquent, quand on reconnaît pour l'Église la liberté pleine et entière, on affirme tous ses droits, on affirme la liberté de son enseignement, la liberté de sa législation, la liberté de ses assemblées conciliaires et synodales, la liberté de ses jugements et de ses répressions, la liberté de son administration des sacrements et de son gouvernement des personnes, la liberté de ses corporations religieuses et de sa hiérarchie, la liberté de ses propriétés.

(1) Duballet, *Cours complet de Droit canonique*, tome III, Tit. 6e, Des Concordats. Le savant auteur réfute cette opinion qui est, dit-il très commune en France. On s'est habitué à considérer le traité de 1801 comme la somme de tous les droits de l'Église dans sa vie extérieure et de représenter tout autre droit comme purement archéologique.

(2) *Concile du Vatican*, chap. III.

(3) Le P. de Monsabré a parfaitement analysé la notion de l'Église et tiré de cette notion tous les droits qu'elle possède. *Dogme catholique*, Le gouvernement de Jésus-Christ. 5e vol., L'Église et la société humaine.

Naturellement ses enfants, les simples fidèles participent eux aussi à cette liberté. Selon la remarque de M. l'abbé Lemire (1) « depuis le plus haut fonctionnaire jusqu'au plus humble, depuis le président de la République jusqu'au dernier facteur rural, le Concordat, par la première stipulation de son premier article, garantit à chacun la pratique publique de la religion catholique... Le gouvernement manquerait totalement à son devoir s'il excluait d'un poste, d'une situation quelconque sous le prétexte qu'il pratique sa religion ».

Évidemment sont brisés par là même tous les obstacles qui s'opposent à la liberté de l'Église. Ainsi furent condamnées les fausses libertés de l'Église Gallicane, le placet, l'appel comme d'abus et autres mille entraves mises à la juridiction ecclésiastique par l'ancien régime (2). Également furent révoqués et annulés tous les décrets et lois de la Révolution ayant un caractère antireligieux, en particulier les lois de 1790 et de 1792. Bien plus, les lois, les décrets, les arrêts subséquents, hostiles au catholicisme sont frappés de nullité d'avance. Tout cela résulte de l'histoire des négociations. Ces conséquences n'ont pas échappé aux plénipotentiaires soit du Saint-Siège, soit du gouvernement français. Portalis (3) le reconnut au Corps législatif : « Quand on admet ou que l'on conserve une religion, disait-il, il faut la régir d'après ses principes ». C'est ce que devait affirmer plus tard et expliquer Guizot : « Une Église quelle qu'elle soit ne jouit pas de la liberté, observait-il, si elle ne peut se développer-conformément à son esprit et à son histoire ». Aussi Consalvi a eu la sage précaution de mettre cette clause importante en avant, de la placer à part de toutes les autres ; surtout il a pris soin de séparer dans la rédaction du premier article la *liberté de la religion* et la *publicité du culte*, de

---

(4) Séance du 13 décembre 1901, Chambre des députés.

(2) Émile Ollivier en a donné un excellent résumé dans l'*Église et l'État au concile du Vatican*, tome Ier, Rapport de l'Église et de l'État, page 103.

(3) Discours au Corps législatif, 1802.

manière qu'elle restât entière et absolue même si la seconde subissait quelque restriction.

Sans doute de ce que la liberté générale, était accordée à l'Église il s'en suivait que l'on reconnaissait son droit évident à la publicité du culte. Rome voulut cependant qu'elle lui fut explicitement assurée afin d'enlever pour l'avenir toute cause de querelle. Le gouvernement français n'y mit pas d'opposition. Mais il laissa voir son désir de restreindre les droits de l'Église. Il exigeait que cette publicité du culte « se conformât aux règlements de police que l'État jugerait nécessaires ». Quelle fâcheuse restriction ! C'était la subordination de l'Église à la police. Il y eut sur ce point entre les plénipotentiaires de longues discussions. Bernier avait beau préciser d'une façon rassurante les prétentions du gouvernement. Dans une déclaration officielle (1), il affirmait que les restrictions à la publicité du culte ne porteraient que sur les cérémonies extérieures, qu'elles avaient pour but la sécurité publique et ne s'étendaient pas à autre chose, qu'elles tenaient aux circonstances et qu'elles cesseraient un jour. N'importe, Consalvi n'était point sans inquiétude. Il voulut limiter le champ d'action de la police à un cas unique et bien déterminé et ne point livrer tout le culte à l'exigence du gouvernement. Dans ce but il réclama qu'on ajoutât ces mots significatifs : « Pour la tranquillité publique ». Tout d'abord, les plénipotentiaires prétextèrent que l'addition était inutile parce que la chose allait de soi-même et s'expliquait suffisamment, par le mot de police, la police étant uniquement destinée à assurer la tranquillité publique et ne pouvant intervenir dans les affaires de la religion. Consalvi bien inspiré répliqua (2) : « Quelle difficulté et quel mal y a-t-il à le dire avec plus de clarté pour empêcher toute interprétation préjudiciable à la liberté de l'Église ? Si vous êtes de bonne foi, acceptez mes restrictions. Si vous les refusez, c'est que vous n'êtes pas de

____

(1) Ce document a été publié pour la première fois par le cardinal Mathieu. *Correspondant*, 25 décembre 1902, page 1021.

(2) *Mémoires de Consalvi*, tome Iᵉʳ, page 396.

bonne foi ». La force de ce dilemme lui valut l'avantage d'obtenir gain de cause. Ainsi furent réglés par ce premier article les principes généraux qui devaient dans la suite régler en France les rapports de l'Église et de l'État. Il s'agissait maintenant de les appliquer à des cas particuliers sur lesquels il était bon que Rome et le gouvernement s'entendent pour faire disparaître les difficultés pendantes à cette heure.

Mgr Spina, dès le début des négociations, se heurta à l'une d'entre elles. La Révolution avait tout bouleversé. Elle avait dispersé et exilé les évêques qui gouvernaient la France. Elle avait modifié les anciennes divisions de ce royaume. Bonaparte songea à régulariser ces remaniements et à rétablir en France, même au point de vue ecclésiastique, un ordre nouveau. Quand il fit part au cardinal Martiana de ses desseins de traiter avec l'Église, il demandait déjà de renouveler l'épiscopat « de créer une église gallicane vierge », de changer les circonscriptions ecclésiastiques et de réduire le nombre des diocèses. Ces graves questions furent réglées par les articles 2, 3 et 4. Le Saint-Siège consentait « à faire de concert avec le gouvernement une nouvelle circonscription des diocèses français ». Il anéantit toutes les églises alors existant en France, c'est-à-dire, les 136 sièges épiscopaux avec tous leurs droits, privilèges et coutumes. En vertu de son droit d'établir et de limiter les diocèses qui lui appartient en propre, il créa 60 nouveaux sièges partagés en 10 métropoles. Dans cette réduction des sièges épiscopaux, on était passé d'un excès à l'autre. Au lieu de trop petits diocèses, comme il en existait sous l'ancien régime, il y en eut de trop grands, comme celui de Nancy qui comprenait les trois départements de la Meurthe, de la Meuse et des Vosges. Dans le cours du XIXe siècle on en a augmenté le nombre, principalement sous la Restauration. Ces évêchés sont évidemment aussi concordataires que ceux qui furent érigés immédiatement après le Concordat. Le gouvernement ne pouvait prétendre que jamais l'on ne modifierait la nouvelle circonscription ecclésiastique. Il reconnaissait lui-même dans les négociations — car le nombre des fidèles peut augmenter — l'absurdité de cette prétention. Il demandait seulement que pour l'érection de nouveaux évêchés, le Saint-Siège voulût bien s'entendre avec lui. C'est ce qui s'est toujours produit. Tous les évêchés sont donc concordataires. Ainsi l'ont pensé les divers ministres des cultes, qui ont eu à donner leur avis sur ce point. Entre autres, en 1832, M. Montalivet (1), en 1891, M. Fallières (2), en 1899, M. Waldeck-Rousseau (3) l'ont clairement affirmé.

Si ce remaniement autorisé par le second article du Concordat peut paraître hardi, bien plus audacieux nous apparaît l'acte que le Saint-Père promet d'accomplir dans le 3e article. « Il demandera aux anciens évêques le sacrifice de leurs sièges. S'ils s'y refusent, il les destituera et leur enlèvera toute juridiction. » Quelle souveraineté ! Quelle plénitude de pouvoir ! Quoiqu'en disent les tenants du gallicanisme qui reçut ce jour-là un coup mortel, comme le remarque Émile Ollivier, le Souverain Pontife possédait cette suprême autorité (4). Il avait cependant hésité à l'exercer. Comment déposséder de leurs pouvoirs, ces évêques qui furent si vaillants devant l'épreuve ! N'y aurait-il point des récalcitrants ? Toutes ces raisons bien présentes à l'esprit du Saint-Père ne l'arrêtèrent point. Guidé par le bien de l'Église, il accomplit en vertu de la bulle *Qui Christi* du 29 novembre 1801, cet acte mémorable d'autorité, unique dans les fastes de l'histoire ecclésiastique. Son cœur si bon fut affligé par l'indocilité de quelques évêques et la naissance du schisme de la petite Église qui s'est éteint de nos jours, ayant perdu, il y a fort longtemps son dernier prêtre, et tout récemment ses derniers chefs laïques convertis par Léon XIII.

L'ancien épiscopat français avait perdu sa juridiction. Il fallait donc en former un nouveau. Le 4e article du Concordat

(1) Séance du 5 février 1832.
(2) Séance de la Chambre des députés, 11 décembre 1891.
(3) Séance de la Chambre des députés, 7 décembre 1899.
(4) *L'Église et l'État au Concile du Vatican.*

pourvut à cette nécessité. « Dans les trois mois qui suivront la publication de la bulle de Sa Sainteté, le Premier Consul nommera aux archevêchés et aux évêchés de la circonscription nouvelle. Sa Sainteté conférera l'institution canonique suivant les formes établies par rapport à la France avant le changement de gouvernement ». Il n'y a pas à rappeler les douleurs qui étaient réservées au Saint-Père. Il avait espéré que les évêques constitutionnels seraient écartés. Douze d'entre eux furent proposés et nommés. Ce qui est à noter, c'est que Pie VII exerça ses droits par l'intermédiaire de son légat le cardinal Caprara. Tout se passa donc d'une façon exceptionnelle, comme le commandaient les circonstances. Dans ces conditions on ne saurait en tirer des règles définitives pour les nominations épiscopales. M. de Lamarzelle (1) le remarquait avec beaucoup de sagesse dans son discours au Sénat. C'est pourquoi, bien que, pour sauvegarder les principes, il eût été prudemment déterminé que « pour l'investiture canonique, l'on suivrait les formes établies par rapport à la France avant le changement de gouvernement », nous réservons nos explications sur ce sujet redevenu actuel, à l'article suivant, l article 5, qui conférait d'une façon définitive au chef du gouvernement français le droit de nommer aux évêchés vacants.

Il ne sera peut-être pas inutile de rappeler les droits exacts de l'Eglise dans la création des évêques. Evidemment à elle seule appartient le pouvoir de former, de faire un évêque. Elle seule peut en principe le choisir, le nommer (2) ; c'est un droit naturel, inamissible, indiscutable qui découle de sa constitution même, de sa nature de société parfaite et qui lui fut confié expressément par Jésus-Christ. Elle seule, peut lui conférer la plénitude du sacerdoce avec le caractère épiscopal. Elle seule, peut lui communiquer la juridiction sur une église particulière ; c'est l'évidence absolue. De ces deux

_(1) Séance du 22 mars 1903.

(2) Thomassin, *Discipline de l'Église,* 3ᵉ partie, chap. II. André, *Cours de droit canonique,* art. Nomination.

derniers droits, il lui est impossible de se dépouiller. Au contraire, il ne lui est pas défendu d'abandonner à d'autres le choix des personnes qui seront investies de l'épiscopat. Elle (1) l'a fait à tous les siècles de son histoire. Primitivement, elle octroya cette faveur au peuple chrétien qui avait une part prépondérante dans l'élection de son pasteur. Les fidèles se virent bientôt peu à peu écartés par les clercs auxquels ne tardèrent pas à se substituer les Chapitres. Les chanoines à leur tour furent dépouillés de tout ou en partie de leurs prérogatives par le pouvoir civil qui s'est, de bonne heure, immiscé sous une forme ou une autre dans les élections épiscopales. L'Eglise, au moment de l'apparition des concordats, finit, pour couper court à toutes les brigues scandaleuses, par concéder à quelques Etats le droit de nomination aux évêchés vacants : ce qui demeurait un privilège gratuit appelé en termes canoniques le patronage et ce qu'il serait injuste de considérer avec Rosmini (2) « comme une des cinq plaies de l'Eglise ».

Cette faveur avait été accordée à la France dès 1516 par le Concordat conclu entre François Iᵉʳ et Léon X. Elle lui était renouvelée par l'article 5° du Concordat de 1801 qu'il est nécessaire de bien comprendre. Deux points frappent dans l'énoncé de l'article. En premier lieu, le droit de nomination, qui est donné au gouvernement français est subordonné complètement à l'institution canonique donnée par le Pape, de telle sorte qu'il ne peut y avoir d'évêque ayant les pouvoirs spirituels nécessaires pour l'administration d'un diocèse sans l'assentiment du Saint-Siège. Le Pape reste donc le maître. Il pourra accepter ou refuser les candidats qui lui seront proposés, comme il le jugera à propos. Autrement il ne serait plus libre , son droit serait subordonné à celui de de l'Etat : ce qui est contraire au texte du Concordat, aux

(1) A lire sur la matière les articles de Crépon. *Correspondant*, 25 février 1903, 15 mars 1903. Ces articles sont maintenant publiés en brochure.

(2) Rosmini a été condamné et il s'est rétracté. Le marquis de Ségur, dans un opuscule sur le Concordat et les Articles organiques, montre les avantages de cette concession de l'Eglise.

principes théologiques, au simple bon sens. M. Emile Ollivier qui ne devait point être porté à restreindre les droits de l'État, l'a reconnu formellement en commentant cet article 5°. « La nomination ne vaut pas sans l'institution canonique, et le Pape peut la refuser quand il lui plaît, sans donner même de motifs. » Cette conclusion déjà évidente est fortifiée par le second point que nous avons à noter.

En outre, ce qui est indiqué par cet article, c'est que l'on revient tout simplement, en cet objet, au Concordat de 1816. « L'institution canonique, est-il dit, en propres termes, sera donnée en conformité avec l'article précédent, c'est-à-dire suivant les formes établies par rapport à la France avant le changement de gouvernement ». Il faut donc s'en référer à ce qui était en vigueur en France avant la Révolution et à ce que l'on pensait du droit du Pape. Unanimement, on estimait qu'il fallait au futur évêque, selon les règles canoniques, (1) les qualités qui le rendaient le plus apte à instruire, à défendre, à gouverner pacifiquement un diocèse et dont seul le Pape pouvait être juge ; et on était amené à reconnaître au Saint-Père le droit d'accepter les candidats et le droit de les refuser. C'est ce que fit remarquer Consalvi (2) à Portalis, quand celui-ci voulut faire du Pape le collateur forcé de l'investiture canonique. « Le Concordat de Léon X et de François Ier auxquels se reportent l'article 4 et l'article 5 de la convention, admet évidemment au Pape la liberté de refuser l'investiture canonique. Il suffit de lire le titre III. Des exemples sous Innocent XI, Alexandre VIII et Innocent II prouvent la même chose ». Il serait facile d'appuyer cette thèse sur les paroles de tous les commentateurs du Concordat de 1516 (3) et sur les exemples célèbres de refus de l'investiture canonique que

(1) Saint Thomas, 2, 2 qu. 183, art. — *Corpus, Juris.* — Concile de Trente, S. 24, chap. 1 de Refér.

(2) Note ministérielle de 1801. V. Theiner, Appendice, page 199.

(3) On peut s'en convaincre en lisant le commentaire du célèbre canoniste gallican Héricourt.

nous offre l'histoire de l'ancienne monarchie (1). Le droit du Pape est donc solidement établi. Nous allons conclure encore avec Émile Ollivier (2) : « Le Pape conserve sous sa responsabilité, devant Dieu et devant l'Église, le droit d'accorder ou de refuser l'institution canonique sans donner d'autres motifs de sa résolution qu'un *non possumus* non motivé. Sans cela son droit de gouvernement serait paralysé dans sa manifestation la plus importante. »

Il importait de bien indiquer que le Pape a le droit de refuser les candidats qui ne lui agréent pas. De là résulte presque la nécessité de l'entente préalable. Elle excluera l'éventualité d'un refus qui serait une offense et pour les intéressés et pour le gouvernement lui-même, et qui pourrait amener des conflits très graves. Elle maintiendra la bonne harmonie. Voilà pourquoi le gouvernement français et tous les gouvernements qui ont avec le Saint-Siège un Concordat sous une forme ou une autre, ont adopté la pratique de ne publier les nominations épiscopales qu'après avoir reçu l'assurance du Saint-Siège qu'elles ne seront pas écartées. Emile Ollivier (3) a bien montré la sagesse de cette méthode : « En cas de conflit, déclare-t-il, le dernier mot doit rester au Souverain Pontife. C'est pour cela que le gouvernement se fait toujours un devoir, avant de procéder à une nomination officielle, de consulter officieusement sur le mérite canonique des futurs évêques ». On pourrait même dire avec Boudinhon que cette « méthode (4) si raisonnable, observée particulière-

---

(1) Nous nous contenterons de citer quelques exemples. Sous Henri IV l'investiture canonique fut refusée à André Benoît nommé à l'évêché d'Auxerre, dont la vacance dura douze ans. Louis XIII éprouva un semblable refus dans la personne de Marco qu'il avait choisi pour l'évêché de Conserans. Les faits les plus connus se sont passés sous le règne de Louis XIV. Les bulles furent refusées par le Saint-Siège à douze ecclésiastiques qui avaient fait partie de la députation du second ordre dans l'assemblée de 1682 et qui avaient souscrit la fameuse déclaration. Le conflit se prolongea et le nombre des églises veuves s'éleva à trente-cinq. Louis XIV fut obligé de capituler.

(2) *L'Église et l'État au concile du Vatican*, page 115.

(3) *L'Église et l'État au Concile du Vatican*, page 115.

(4) Boudinhon, *Revue du clergé français*, 1er mars 1803.

ment dans notre pays, a acquis, sinon une force légale, du moins consuétudinaire. »

Cette question paraissait avoir été tranchée pendant l'ambassade du marquis de Gabriac (1). Le gouvernement français avait approuvé les déclarations du Saint-Siège qui lui étaient rapportées par l'organe officiel de son ambassadeur. Or voici ce qu'il était affirmé. « L'entente préalable entre le ministre des cultes et la nonciature pour la nomination des évêques, pratique suivie constamment pendant ces dernières années, est la seule qui ne présente pas d'inconvénients..... Cette entente du gouvernement avec la nonciature, n'affaiblit, du reste, en rien les droits du gouvernement puisqu'il reste le maître du choix de ses candidats ». En tout cas, ce qui est certain, c'est que l'entente préalable d'une façon générale est impliquée en quelque sorte dans le texte du Concordat. Elle est conforme à l'esprit de cette convention, attendu qu'elle est le seul moyen de maintenir la paix entre l'Eglise et l'Etat et qu'elle permet au pape de jouir de la liberté de l'investiture canonique, sur laquelle il n'y a pas de doute. Un gouvernement aurait donc tort de la détruire complètement. Il se tromperait étrangement s'il croyait ainsi appliquer le Concordat plus parfaitement. Au contraire il le fausserait et dépasserait le droit qui lui fut concédé par le Saint-Siège.

L'État commettrait une erreur à peu près semblable en voulant enlever, par respect pour la lettre du Concordat, à la fameuse formule *Nobis nominavit* des bulles le mot *nobis*. Sans doute, ce mot ne se trouve pas dans le texte du Concordat de 1801, tandis qu'il est exprimé en toute lettre dans le Concordat de 1516. Mais il n'a point été à dessein retranché par les négociateurs qui ne se sont nullement inquiétés de la formule que devait employer le Saint-Siège dans la bulle d'investiture canonique. Au reste ce datif qui offusque nos gouvernants et le Conseil d'Etat plein de

(1) Souvenirs d'une ambassade, M. de Gabriac, *Revue des Deux-Mondes*, 1er janvier 1901, 15 janvier 1901.

complaisance pour le pouvoir est réclamé non seulement
par la saine doctrine catholique mais encore par la bonne
latinité (1). Il a été employé dans l'universalité des cas. On
ne cite que quelques exceptions justifiées par des circonstances particulières. Napoléon lui-même l'a laissé passer à
maintes reprises. Comment aurait-il permis cet emploi, si le
texte du Concordat s'y était opposé, lui qui cherchait toujours l'occasion de faire valoir sa souveraineté? Non, le Concordat ne réclame nullement le retranchement de la formule
traditionnelle qui s'est toujours trouvée dans les bulles et
« qui ne peut préjudicier en rien aux droits du gouvernement » comme on en est convenu en 1872 par un décret qui
est à lire en entier. En résumé, tout en accordant au gouver-
ment le droit de nomination aux évêchés vacants, le cinquième
article du Concordat, respecte le droit d'investiture canonique,
réservé au Souverain Pontife, lui laisse sa liberté complète en
cette matière et suppose de cette façon l'existence de l'entente
préalable. Telle est, loyalement interprétée et nettement précisée, une des clauses les plus importantes qui fut conclue par
le Souverain Pontife avec le gouvernement français.

Par cette concession, l'Eglise se montrait confiante avec
l'Etat. Ce n'était pas suffisant pour Bonaparte qui multipliait
ses revendications. Il voulut attacher davantage le clergé à
l'autorité constituée, l'obliger à se lier à elle par un serment.
L'Eglise se plia de bonne grâce à cette volonté parce qu'elle
ne considère (2) pas le serment comme une acceptation antici-
pée de toute loi qu'il plaira au législateur de promulguer. Elle
promit par l'article 6 que les évêques, avant d'entrer en fonction
« prêterait serment entre les mains du Premier Consul, et
par l'article 7 que les ecclésiastiques du second ordre prête-
raient le même serment entre les mains des autorités civiles

<hr>

(1) Nous ne faisons que signaler les arguments que l'on pourrait invoquer pour
défendre la légimité de la formule *Nobis nominavit.* L'argument philologique
n'est pas sans valeur.

(2) Duballet, *Cours de Droit canonique.* — *Vic de M. Émery par Mgr Méric,*
la question du serment est longuement discutée à l'occasion des décisions du sage
Sulpicien.

désignées par le gouvernement. Cet acte n'était pas contraire à sa doctrine. L'Eglise n'est hostile à aucun gouvernement ; elle les approuve tous : empires et républiques, monarchies, électives et héréditaires, oligarchies et démocraties ; elle est prête à leur promettre l'obéissance quand ils sont définitivement établis. Elle réclame et commande pour eux la docilité. Cet acte n'était pas non plus contraire à ses traditions. Dans une lettre d'Yves de Chartres au pape Pascal II, on voit que le serment de fidélité des évêques de France fait au roi existait déjà depuis longtemps. Et le serment prescrit par le Concordat de 1801 était en substance le même que celui qui était en usage depuis François I⁰ʳ. Il avait seulement le tort « de pécher par excès » comme le reconnaissait Talleyrand (1) et surtout de laisser entendre que les ministres de l'Eglise seraient des dénonciateurs. Pour les ecclésiastiques du second ordre, le serment ordonné tomba vite en désuétude. Il n'était déjà plus observé sous le Premier Empire. Le serment dura plus longtemps pour les évêques. Il disparut quand le serment politique fut aboli par le décret du 5 septembre 1870. L'Eglise n'avait point mis d'opposition à exécuter cette clause qu'elle avait acceptée.

Avec plus d'empressement elle avait pris, par l'article 8 du Concordat, l'engagement de prier pour le gouvernement à l'office divin. Elle sait l'importance et l'efficacité de la prière dans la direction des événements d'ici-bas. Elle n'avait pas oublié que saint Paul (2) au premier jour de son histoire recommandait « de prier pour les rois et tous ceux qui sont en dignité. Et bien probablement elle n'avait pas attendu la circulaire du 14 janvier 1813 pour comprendre que l'on désignait la Messe par office divin ». Facilement elle varia ses formules selon le changement de nos divers gouvernements. Il n'y eut qu'une difficulté en 1830, dans les départements

(1) Lettre de Talleyrand du 29 avril 1801, citée par le cardinal Mathieu 25 février 1903, pages 634.
(2) Saint Paul, tome. II-3.

de l'Ouest, où dans beaucoup de paroisses, le clergé s'obstinait à garder *Carolum* au lieu de *Ludovicum Philippum*. Grégoire XVI intervint et trancha la difficulté. Sans doute il y avait bien une anomalie « à voir l'Etat régler les paroles liturgiques » (1). L'Eglise fermait bienveillamment les yeux sur ces prétentions : Elle accordait les prières qui étaient nécessaires et contribueraient plus que toutes les mesures humaines à rétablir l'ordre.

En effet, après la révolution, la perturbation était générale. Tout avait été bouleversé. Il avait fallu remanier les circonscriptions diocésaines. La même nécessité s'imposait pour les paroisses. Ce soin fut confié par l'article 9 aux évêques, « auxquels a toujours appartenu l'érection des cures (2) ». Après qu'ils se seront acquittés de cette tâche, dans la plénitude de leur liberté, ils devront soumettre la nouvelle circonscription au gouvernement, qui donnera « son consentement. » A la tête de ces paroisses seront placés des pasteurs, des curés. L'art. 10 régla la manière de les nommer. Ce droit sera réservé aux évêques ; le gouvernement se contentera de les agréer. Ces deux articles indiquent les droits des évêques et délimitent ceux du gouvernement qui, dans un cas, ne peut donner que son consentement, et dans l'autre son agrément. Ils ne touchent nullement à l'inamovibilité des curés, et ne mettent aucune distinction entre eux. Pour le Concordat, il n'y a point de desservants ; il n'y a que des curés. Les desservants sont une invention des articles organiques, qui n'ont aucune autorité au point de vue canonique (3). Par conséquent, comme le disait le cardinal de Belloy, archevêque de Paris, dès le 30 mai 1803, dans une lettre qui fut approuvée par Portalis

(1) Mgr Parasis. *Des empiétements,* page 40.

2) Portalis.

(3) On sait que la question des desservants a été tranchée plus tard et on connaît dans quel sens elle l'a été : Le régime des paroisses succursales introduit illégitimement par les articles organiques est devenu légitime et obligatoire, à cause de l'usage et de l'approbation explicite des Souverains Pontifes. On peut citer l'approbation de Grégoire XVI en 1845 renouvelée par Pie IX en 1864 et 1866.

et regardée par lui comme fidèle commentaire des lois organiques en cette matière, comme le défendra plus tard le
2 juin 1845 le cardinal Guibert, alors evêque de Viviers, les
desservants sont, dans leurs paroisses, « pasteurs ordinaires,
propres prêtres et véritables curés. » Enfin ces articles n'a-
brogent pas la loi du concours que Pie V plaçait si haut
dans sa bulle *in conferendis* (août 1757). L'abbé Bouix a établi
doctement que les termes de l'art. 10 n'ont nullement abrogé
cette loi et que cette loi n'a pas davantage été détruite par
une coutume contraire (1).

Mais dans un diocèse, il n'y a point que des paroisses.
Depuis la plus haute antiquité, l'Eglise a placé près de
l'évêque, le Chapitre qui est son conseil, chargé de l'aider et de le suppléer dans le gouvernement de son trou-
peau et d'élire un vicaire capitulaire dans les huit jours qui
suivent la vacance du siège. Tout près de l'évêque se
dressent aussi d'ordinaire de grandes maisons, à l'aspect
sévère dont les fenêtres discrètes ne laissent échapper aucun
bruit et dont les portes sont fidèlement gardées contre les
invasions du monde. Ce sont les séminaires qui furent établis
et réglés par le Concile de Trente, là où les jeunes lévites
forment leur vie d'après la vie typique du divin Prêtre dont
ils doivent être un jour les collaborateurs. L'on devine assez
l'importance de ces deux institutions. L'Eglise les a considérées
toujours comme des rouages essentiels à son organisation.
Elle a voulu par l'art. 11 que l'Etat reconnut le droit des
évêques « d'avoir un Chapitre pour leur cathédrale et un séminaire pour leur diocèse » et de ne mettre aucun obstacle à
ce droit. C'est que, à cette époque, il était de mode parmi les
canonistes parlementaires et schismatiques, de regarder, contrairement à toutes les traditions et à la pratique constante de
tous les siècles, les Chapitres comme un hors-d'œuvre dans
l'Eglise. La constitution civile du clergé les avait supprimés

(1) Bouix, *De Parocho*, III, art. 1, cap. IV. L'abbé André, *Lois de l'Eglise.*

comme inutiles. Quant aux séminaires, l'Eglise, en mère dévouée, n'a jamais cessé de les entourer de sa plus vive sollicitude, et de dépenser pour eux, la meilleure de ses énergies. Quand elle fut assurée que l'Etat reconnaissait le droit à l'existence des Chapitres et des séminaires, elle se déclara satisfaite et ne l'obligea pas à les doter. Pendant quelque temps l'Etat fut plus généreux qu'il ne l'avait promis. Il versa aux séminaires des allocations et les chanoines ont touché un traitement dont la suppression a été votée en 1885. Après tout, cette générosité n'est pas étonnante. L'Etat ne s'était-il pas emparé des richesses de l'Eglise ? Il était juste qu'il eut pour celle qu'il avait appauvrie des libéralités.

Nous abordons maintenant une grave question qui occupa longtemps les négociateurs, la question des biens ecclésiastiques. L'Eglise a le droit de posséder des biens, parce qu'elle a reçu ce droit du Christ et parce que ces biens la mettent au-dessus de ces servitudes nuisibles à la liberté dont elle doit jouir pour l'accomplissement de sa mission et l'exercice de ses pouvoirs. Le peuple chrétien l'avait bien compris. Guidé par le désir de procurer la gloire de Dieu, d'obtenir des prières, de soulager les pauvres auprès desquels l'Église était considérée comme la principale représentante de la charité publique, elle lui a donné abondamment. Les richesses se sont amassées. Elles ont excité la cupidité de la Révolution qui s'est jetée sur elles avec rapacité. Tout à la fois traitreusement et honteusement, la Révolution a spolié l'Eglise. En ce point, le bouleversement fut complet.

Cependant il y avait encore des biens qui n'étaient pas aliénés, parce que l'emploi en était difficile : c'étaient les églises métropolitaines, cathédrales et paroissiales. Qu'en faire ? Ne devait-on pas les restituer au plus vite au légitime propriétaire. La solution s'imposait et l'art. 12 opéra cette restitution. Du moins il mit ces églises « à la disposition du clergé »? On s'est demandé ce qu'il faut entendre par ces mots « mettre à la disposition ». Les uns parmi lesquels se trouvent les auteurs ecclésiastiques et M. Emile Ollivier (1), prétendent que ces mots sont synonymes « de rendre la propriété ». Les raisons ne manquent pas. En 1790, la Constituante les a employés dans ce sens. Les autres ne veulent pas admettre cette signification. Ils s'appuient sur le langage courant. Tel est l'avis de M. Villefroy dans son Traité sur l'administration des cultes (2). En réalité, de droit ces biens revenaient à l'Eglise. En dehors de ces titres légitimes, la seule générosité de l'État aurait dû lui commander cette nécessaire restitution.

Quant aux autres biens, par amour de la paix, l'Église s'engagea dans l'article 13 à ne point inquiéter les acquéreurs actuels. Cet article est important. De la part de l'Église il est un signe évident d'une grande magnanimité, d'une complète abnégation qui ne peuvent être inspirées que par Dieu. De la part de l'Etat, il constitue une affirmation du droit de propriété de l'Eglise et renferme la meilleure réfutation de la thèse socialiste et césarienne de Mirabeau. Autrement, pourquoi aurait-il senti le besoin de demander à l'Eglise de sanctionner sa spoliation et de réclamer l'abandon de ses biens ? En retour, il contracta envers elle une dette qui était déjà reconnue par le décret du 27 novembre 1789. Comment s'en acquitta-t-il ? L'article 14 nous apprend l'expédient auquel a eu recours le gouvernement. « L'Etat assurera, dit-il, un traitement convenable aux évêques et aux curés dont les diocèses et les cures seront compris dans la circonscription nouvelle ». Il voulait ainsi placer sous sa dépendance les évêques et les curés en leur assignant un traitement annuel sur le trésor public. L'Eglise apercevait les inconvénients de ce système. Elle l'avait condamné par la bouche de Pie VI dans le bref du 10 mars 1791. Elle se résigna difficilement à l'accepter. Elle espérait au moins que l'Etat

(1) *Nouveau manuel du droit ecclésiastique.* Commentaire, p. 511.

(2) Pour cette question consulter Dalloz, *Culte.* André, *Législation civile ecclésiastique.* Presbytère. Mgr Affre, *Traité de l'administration temporelle des paroisses.* Selon les cas la cour de Cassation s'est prononcée en faveur des fabriques et le Conseil d'Etat en faveur des communes.

accomplirait loyalement sa promesse et que, lié par un engagement rigoureusement contracté, il donnerait à ses ministres
un traitement vraiment convenable qui s'élèverait selon les
circonstances économiques du temps (1). Cela était d'autant
plus nécessaire que le mot latin *sustentationem* traduit par
traitement convenable est plus énergique et moins spécial que
traitement. Traitement n'implique pas le logement; or Portalis, adoptant l'opinion des canonistes, a reconnu qu'on le
doit aussi bien que les aliments. De plus, traitement implique une idée de fonction et de paiement en argent : or, le
prêtre n'occupe pas une fonction, il remplit un ministère.
Enfin, la subsistance du clergé pouvait aussi bien être assurée
par la constitution d'un capital en immeubles ou en rentes
perpétuelles, que par la prestation annuelle d'une somme d'argent. Telle est la force, d'après Émile Ollivier (2), du texte latin.
L'Etat devrait y prendre garde. Au moins on n'aurait jamais cru
qu'il eut l'idée de supprimer un traitement qui est dû en justice. Cette suppression est tout simplement un vol. L'avis du
Conseil d'Etat du 26 avril 1883 (3) n'excuse pas cet injustice.
D'ailleurs, ni dans le latin, ni dans le français, il n'est dit que
le gouvernement pourra supprimer ce traitement arbitrairement et que les ecclésiastiques seront les seuls citoyens français privés de garanties qui assurent aux autres leurs propriétés, les seuls exposés à la confiscation sans jugement. Ce
traitement ne fut pas la seule compensation que l'Eglise obtint
à cause de l'aliénation de ses biens. Dans l'article 15, il fut
conclu que l'Eglise pourrait recevoir des fondations faites par
les fidèles en sa faveur. Au besoin l'Etat donnerait l'appui de
sa propre puissance pour défendre ce droit et cette liberté
de l'Eglise. Ici encore que les faits ont mal répondu aux promesses ! Pourtant l'Eglise, particulièrement en ce point, avait

(1) Emile Ollivier, *L'Eglise et l'Etat*, tome 1er, page 161. Mgr Guilbert, *La
question du budget des cultes*, 1877. Cardinal Mathieu, *Correspondant*, 10 août
1902, page 403.
(2) *Manuel du droit ecclésiastique*, II, Commentaires
(3) Voir observations de Mgr Freppel sur cet avis. *Discours polémiques*, Ve série.

été loin dans les concessions. Elle s'était contentée de quelques compensations très restreintes. Mais l'Etat est porté à diminuer ses engagements et à élargir les droits qu'il a reçus. L'article suivant en est une preuve.

Dans cet article qui est le 16e, le Saint-Siège « reconnaît dans le Premier Consul de la République française les mêmes droits et prérogatives dont jouissait près de lui l'ancien gouvernement ». Ces droits sont donc bien précisés. Ils sont encore déterminés et restreints par l'article 17. Sûrement, il ne peut être question là des prérogatives de l'ancien régime contre lesquels ont toujours protesté les Souverains Pontifes. Si on voulait donner à cet article ce sens, on serait obligé d'ajouter quelques mots ou d'en retrancher : ce qui modifierait le texte. M. Flourens (1), ministre des cultes, employa l'un de ces procédés quand il voulut se servir de cet article pour défendre l'avis du Conseil d'Etat de 1883. Mgr Freppel (2) releva l'interpolation et rétablit l'article dans sa pureté primitive. Les droits qu'il accorde sont circonscrits dans le domaine international diplomatique. Ce sont le droit d'ambassade, le droit de préséance, le droit de patronage des établissements français à Rome, le droit d'intervention dans la promotion des cardinaux, le droit de la couronne, de nomination d'un auditeur français au tribunal de la Rote, le droit de poste et de juridiction sur les nationaux, etc. De plus, dans cette catégorie de prérogatives rentrent des privilèges personnels accordés aux rois. Ils avaient le droit d'avoir un autel portatif et une chapelle exempte de la juridiction de l'Ordinaire, d'être absous par leurs confesseurs de cas réservés au Pape, d'entrer avec quelques personnes dans tous les monastères, de ne pouvoir être excommuniés sans autorisation spéciale du Saint-Siège, d'être chanoine de Saint-Jean de Latran (3). Il est encore de coutume que le chapitre de Saint-

<hr>

(1) Sénat, séance du 5 mai 1883.
(2) Notes de Mgr Freppel sur l'interprétation de l'article 16 du Concordat. *Discours polémiques*, Ve série.
(3) Cardinal Mathieu. *Correspondant*, 25 février 1903., page 631.

Jean de Latran écrive vers la fête de Noël au président de la République. En retour cette année même, le chapitre a reçu une lettre de M. Loubet, transmise par l'ambassade : Napoléon III offrait à l'occasion de riches présents.

Nous arrivons enfin au dernier article, l'article 17° : « Il est convenu entre les parties contractantes que dans le cas où quelqu'un des successeurs du Premier Consul actuel ne serait pas catholique, les droits et prérogatives mentionnés dans l'article ci-dessus et la nomination aux évêchés seront réglés par rapport à lui par une nouvelle convention ». Bonaparte méconnaissait l'utilité de cet article. Il prétendait que jamais en France le souverain ne pourrait être autre chose que catholique. Plus prévoyante, l'Eglise ne tint pas compte de cette affirmation. Elle avait d'ailleurs des principes à sauvegarder concernant la nomination des évêques. Il est de toute nécessité que le chef de l'Etat qui nomme les évêques soit catholique. Mgr Spina rappela ces principes dans les négociations : « Le privilège de nommer les évêques indiquant une espèce de patronat, disait-il, en se servant du rapport de M. Di Pietro, n'a jamais été accordé par le Saint-Siège qu'au souverain catholique d'une nation catholique ». Heureusement ces principes ont triomphé et ont été consacrés dans l'article final du Concordat.

Après cet énoncé et ce commentaire du texte du Concordat, nous pourrions peut-être nous prononcer sans témérité sur la valeur de cet important traité de pacification religieuse, en ayant soin de nous appuyer sur l'avis des hommes éminents qui l'ont étudié avec tant de compétence et d'autorité. Mais la pensée des autres Concordats que l'Eglise a conclus se présente immédiatement à l'esprit, et l'on est porté à les mettre en parallèle avec la célèbre convention française signée par Pie VII et Bonaparte. D'avance l'on devine que cette comparaison nous fournira une appréciation plus juste. C'est pourquoi nous la tenterons et en attendant nous réserverons notre jugement.

II

LA COMPARAISON AVEC LES AUTRES CONCORDATS

Dans le cours des siècles, l'Eglise a été fatalement amenée à conclure des concordats très nombreux dans le but de mettre fin aux luttes qui de tous les pays ont été dirigées contre elle pour ébranler son autorité et amoindrir ses droits, et qui partout où elles se manifestaient entraînaient la division et la guerre. Toutefois elle ne commença à signer de semblables traités avec les nations que vers le XII° siècle. La raison en est simple. Au début de son histoire, elle ne pouvait songer à s'entendre avec le pouvoir civil. Pleine de confiance dans les promesses de son divin fondateur, elle venait, en entreprenant la conquête du monde, renverser ce qui avait existé jusqu'alors; établir la distinction du pouvoir temporel et du pouvoir spirituel (1), soustraire à la coercition de l'Etat le sanctuaire de la conscience et affranchir les âmes, dire à l'autorité qui a la force à son service, qu'il y a toute une région de l'être humain, la plus haute et la plus secrète, où il ne peut pénétrer avec ses exigences; qu'il lui appartient seulement de défendre le sol, de lever l'impôt, de juger le délit ou le crime en un mot de promouvoir les intérêts temporels de la nation. A elle seule, de par l'ordre de Dieu, incombe la fonction d'enseigner la vérité religieuse, de diriger les consciences, de juger la moralité.

Devant une telle révolution, l'Etat en tout temps jaloux

---

(1) Mgr D'Hulst. *Conférences de Notre-Dame*, carême 1895, 4° conférence, L'Eglise et l'Etat.

de sa souveraineté et désireux spécialement à cette époque d'asservir la liberté puisqu'il s'appelait l'Empire Romain, ne devait point rester indifférent. Il crut étouffer dans le sang la puissance qui se dressait devant lui, et qui délimitait ainsi son pouvoir. Il fut vaincu par elle. En son nom, un de ses empereurs, Constantin, miraculeusement converti, fit amende honorable envers l'Eglise et dans le célèbre édit de Milan reconnut tous ses droits, sans qu'elle eut besoin de réclamer cet acte qui s'impose à toute nation catholique. Plus tard, lorsque l'Empire Romain épuisé eut disparu sous les coups des barbares, elle se trouva en présence de peuples jeunes qu'elle se chargea d'instruire, d'adoucir, de civiliser et de christianiser. Elle prit sur eux un empire souverain. Elle les pénétra de son esprit et les forma à son image. En retour, ces peuples aimaient l'Eglise comme la bienfaitrice la plus dévouée, la vénéraient comme la mère la plus tendre, la suivaient comme la conseillère la plus sage. Ils s'abandonnaient totalement à sa salutaire influence. Ah ! la concorde régnait pleinement sans le secours des traités qui n'étaient nullement nécessaires. Elle apparaissait dans toutes les manifestations de la vie sociale, les mœurs, les lois et les institutions.

Cette admirable union de l'Eglise et de l'État qui caractérisa le moyen âge et qui permit l'organisation d'œuvres durables et imposantes comme les basiliques et les cathédrales que l'on bâtissait alors, fut d'abord troublée en Allemagne. Une lutte fameuse s'engagea entre l'empereur et le Pape à propos des investitures canoniques. Pour la terminer il fallut une convention. Ce furent Henri V et le nouveau Pontife Callixte qui la signèrent en 1122 à Worms. L'empereur renonçait à donner l'investiture des bénéfices ecclésiastiques par la crosse et l'anneau ; le Pape l'autorisait à la donner par le sceptre et lui concédait le droit de régale. L'Eglise avait signé son premier Concordat. Trois siècles plus tard, en 1467, elle en concluait un nouveau, appelé le *Concordat Ger-*

manique parce que tous les princes d'Allemagne y accédèrent. Il maintint la liberté des élections par les religieux pour les monastères, par les chanoines pour les églises métropolitaines et les cathédrales et réserva au Pape la confirmation des élus. Les deux signataires furent le Pape Nicolas V et l'empereur Frédéric III.

Pendant ce temps, en France, il y avait bien aussi parfois des signes évidents d'indocilité envers l'Eglise et de défiance vis-à-vis du Saint-Siège. Les Souverains Pontifes qui eurent toujours pour notre patrie un amour de prédilection et se plaisaient à lui faciliter l'accomplissement de sa mission providentielle, s'en inquiétèrent. L'un d'entre eux, Pascal II, en 1106, dans un voyage en France, tenta vainement de négocier avec Philippe Ier sur différents points de la discipline ecclésiastiques. Peut-être si ces négociations avaient abouti, elles auraient empêché la formation de ces antiques coutumes qui ont fondé les libertés de l'Eglise gallicane. Nos rois n'auraient pas eu la fâcheuse manie de porter des édits par lesquels ils réglaient de leur propre autorité des matières religieuses. Le plus connu de ces édits — car maintenant la pragmatique sanction (1) attribuée à saint Louis est regardée à juste titre comme apocryphe par tous les historiens — le plus connu de ces édits est la pragmatique sanction de Charles VII qui parut en 1438. Elle reconnaissait aux chapitres des cathédrales le droit d'élire les évêques, interdisait les annates, sortes d'impôts perçus par le pape sur les églises, affirmait la suprématie des conciles sur le Souverain Pontife, soumettait les bulles pontificales et les canons des conciles à l'approbation du roi.

Ces dispositions, dont quelques-unes avaient été inspirées par les décrets du concile de Bâle excitèrent de vives réclamations de la part de la cour de Rome. Les Papes ne se lassèrent point de réclamer leur abrogation. Volontiers Louis XI

---

(1) André, *Droit canon.*, V.

aurait obtempérer à leur désir. Un accord avait été ébauché entre lui et le Saint-Siège en 1472. Le Parlement parvint à rompre les négociations. Elles furent reprises par François Ier et Léon X. Les bases d'un Concordat (1) furent arrêtées en 1596 à Bologne où le roi, qui se trouvait en Italie, vint avec toute sa suite pour présenter ses hommages au Saint-Père. Cette convention, comprenant 36 articles, donnait satisfaction aux droits de la papauté. Elle enlevait aux chapitres le droit d'élire les évêques et conférait au roi celui de les nommer, réservant l'institution canonique au Saint-Siège. Les annates et les appels à Rome étaient rétablis. Le clergé français, l'Université de Paris n'acceptèrent ce Concordat qu'avec répugnance. Le Parlement s'y montra opposé N'importe, le roi en ordonna l'enregistrement par des lettres de jussion en date du 15 mars 1519. Et il fut appliqué jusqu'à la Révolution. Par ailleurs l'Eglise avait signé six ou sept autres Concordats, parmi lesquels on remarque celui qu'elle conclu avec l'Espagne en 1751. A ce moment l'Eglise avait à sa tête le savant Pape Benoît XIV et l'Espagne était gouvernée par le roi Ferdinand VI.

Jusqu'alors, les Concordats n'avaient point été fort nombreux. Il était réservé au xixe siècle de les voir se multiplier. C'est que cette époque a été l'ère des révolutions. Partout depuis 1789, non seulement en France mais en Europe, non seulement dans l'ancien continent, mais aussi dans le nouveau, l'ordre civil constitutionnel, politique, social et territorial a été incessamment bouleversé. Après les changements opérés, les pouvoirs nouveaux ou transformés se sentaient poussés à demander à l'Eglise toujours immuable et jeune le principe d'une vraie stabilité et en arrivaient à conclure avec elle des traités indispensables. De son côté l'Eglise, ayant toujours l'intelligence des temps qu'elle traverse, sachant se plier aux événements auxquels sa vie est mêlée et se prému-

(1) André, *Droit canon*, II.

nir contre les dangers qu'elle aperçoit avec sa divine perspicacité, s'empressait d'entamer les négociations qui lui étaient offertes. Dans les conventions qui en étaient le résultat, elle voyait un nouveau moyen de défendre ses droits, de les assurer en ces jours de folles discussions, de licencieuses indépendances, de violentes attaques. Voilà pourquoi, tandis que pendant dix-huit siècles de son histoire elle n'avait signé que dix Concordats, elle ne craignait point d'en conclure 40 pendant le xixe siècle, et même de les modifier quant aux stipulations qu'ils renfermaient et à la forme qu'ils contenaient. Ce sont ces Concordats que nous allons maintenant analyser et comparer avec celui qui fut le premier parmi eux et qui au moins peut se vanter d'une longévité surprenante, le Concordat français de 1801.

Bonaparte eut encore l'avantage de contribuer à la conclusion du second Concordat du xixe siècle. Il fut signé en **1803** entre le Saint-Siège représenté par le cardinal Caprara et la république italienne sous la domination de la France. Il ne comptait que 13 articles (1). La religion catholique y était déclarée religion d'État ; ses ministres étaient dispensés du service militaire ; l'évêque avait le droit d'emprisonnement sur les clercs, la liberté des communications avec le Saint-Siège était garantie.

A quelques années de distance, en 1817, un autre Concordat fut signé avec la Bavière. Ce pays semblait avoir été l'objet d'une assistance providentielle pendant les années si agitées du début du xixe siècle. L'Église, presque partout ailleurs persécutée, avait conservé sa souveraineté. Le roi Maximilien-Joseph, pour maintenir cet ordre et cette paix, proposa la conclusion d'un Concordat et choisit comme plénipotentiaire Mgr Hæffelin. Le Saint-Siège, très satisfait de la bienveillance qu'on lui témoignait, se prêta à ces négociations qui furent dirigées par le cardinal Consalvi. La con-

(1) Theim, les *Deux Concordats*, tome II.

vention fut signée le 15 juin 1817. Les dix-neuf articles (1), dont elle se composait, étaient très favorables à l'Église. Par eux le catholicisme avait le droit de se gouverner librement d'après ses propres lois (art. 1er), les circonscriptions des diocèses réunies sous deux métropoles et comprenant six évêchés étaient définitivement réglées (art. 2); l'organisation des chapitres était indiquée avec leurs dignités et leurs différents membres (art. 3). Les menses archiépiscopales et épiscopales étaient établies en biens-fonds stables, qui étaient laissés à la libre administration des prélats (art. 4); les séminaires étaient dotés et se trouvaient sous l'unique surveillance des évêques. « Comme le devoir des évêques est de veiller sur la foi et sur la doctrine des mœurs, ils ne seront pas gênés dans l'exercice de ce devoir même à l'égard des écoles publiques » (art. 5). Les prêtres âgés ou infirmes étaient secourus (art. 6). Les Ordres religieux étaient reconnus d'utilité publique. « Considérant de plus quels avantages l'Église et l'État ont retirés et peuvent retirer à l'avenir des Ordres religieux et voulant montrer envers le Saint-Siège une bonne volonté, le roi aura soin de faire établir avec une dotation suffisante et de concert avec le Saint-Siège quelques monastères des deux sexes pour former la jeunesse dans la religion et les lettres, aider les pasteurs et soigner les malades» (art. 7). Une grande facilité d'acquérir était accordée à l'Église (art. 8). Le choix de nommer les évêques était concédé au roi, et l'institution canonique était réservée au Souverain Pontife (art. 9). Des règles étaient données pour la nomination aux dignités du chapitre (art. 10) et aux cures (art. 11). Les derniers articles promettaient la protection pour l'Église, l'abrogation de toute loi hostile à la religion, la prohibition des publications interdites par les évêques.

Le Concordat espagnol de 1851 fut rédigé dans le même esprit. Il venait réparer tous les maux dont avait souffert

____

(1) André, *Droit canon.*, I, p. 373.

8

cette malheureuse nation agitée et épuisée par l'esprit révolutionnaire. Mgr Brunelli, secrétaire de la Propagande, nommé par le pape Grégoire XVI délégat apostolique près du gouvernement de Madrid, avait eu l'habileté de placer dans ses 21 articles tous les remèdes dont elle avait besoin. Du moins Pie IX l'attestait en exprimant sa reconnaissance à la reine Isabelle II dans son allocution consistoriale du 5 septembre 1841 et dans les lettres apostoliques par lesquelles il confirmait à la même époque la convention du 16 mars. Qu'on en juge par ses clauses principales. La doctrine catholique demeurait le seul culte autorisé en Espagne (art. 1er). L'Église était reconnue maîtresse de l'école. « En conséquence l'instruction, dans les universités, collèges, séminaires, écoles publiques ou privées de quelque classe que ce soit sera entièrement conforme à la doctrine de la religion catholique et les évêques et autres prélats diocésains, chargés par leur ministère de veiller sur la pureté de la doctrine, de la foi, et des mœurs sur l'éducation religieuse de la jeunesse ne voulaient jamais d'obstacle dans l'exercice de cette surveillance même dans les écoles publiques » (art. 2) (1). Une protection énergique était promise aux représentants de la religion (art. 3), la circonscription des diocèses était modifiée (art. 5, 6, 7, 8). Les conditions des ordres militaires étaient réglées (art. 9). Certaines exemptions et quelques privilèges étaient établis (art. 11). La juridiction des évêques était facilitée (art. 10). Les lois canoniques étaient maintenues sur tous les points que le Concordat ne touchait pas (art. 18). Les autres articles concernaient les intérêts des églises d'Espagne ; les biens ecclésiastiques qui n'étaient pas encore vendus devaient leur être immédiatement restitués. Comme plusieurs de ces biens auraient produit une charge plutôt qu'un avantage à cause du mauvais état et des difficultés de leur administration, il était convenu qu'ils seraient convertis, au nom de l'Eglise

(1) André, *Droit canon.*, III, page 12.

en rentes du trésor public qui ne pourraient jamais être aliénées à aucun titre. D'un autre côté, les acquéreurs des biens vendus ne devaient jamais être inquiétés et la propriété leur en était assurée. Pendant quelque temps, ce Concordat produisit les meilleurs résultats dans la catholique Espagne, réveilla l'esprit de foi et donna de l'éclat au règne d'Isabelle II.

Il était une autre nation catholique qui avait besoin d'être favorisée d'un semblable bienfait à cause des erreurs et des fautes d'un de ses princes, elle semblait avoir perdu la vraie notion du catholicisme. C'était l'Autriche, travaillée pendant longtemps par le joséphisme qui avait des points de contact avec le gallicanisme. Comme le Concordat de 1801 avait frappé à mort cette pernicieuse erreur, de même le joséphisme fut anéanti par le Concordat de 1855. Préparé à Vienne, il fut signé par le cardinal Viale Prela, nonce apostolique plénipotentiaire du Saint-Siège et par Mgr Olhmar de Rauscher, archevêque de Vienne, plénipotentiaire de l'Autriche. Les articles qui formaient un contraste absolu avec les tendances, les principes et la conduite du gouvernement plus ou moins esclave des théories révolutionnaires, constituent une sorte de défi jeté à ce qu'on appelle prétentieusement l'esprit moderne.

Les prérogatives de l'Eglise étaient sauvegardées (art. 1er). La communication avec le Souverain Pontife était entièrement libre (art. 3). L'enseignement de la jeunesse était tout entier conforme à la religion catholique. Les évêques dirigeront l'instruction religieuse dans toutes les écoles publiques et privées, veilleront à ce qu'il n'y ait rien dans l'instruction qui puisse offenser la religion et les mœurs. Nul n'enseignera en quelque école que ce soit, la théorie ou la doctrine religieuse s'il n'est nommé par l'évêque qui peut le révoquer. Celui-ci nommera la moitié du jury qui examinera les candidats du doctorat en théologie (art. 7 à 12). Par les autres articles, une grande liberté était accordée

pour la communication des évêques avec leur clergé, pour
la publication des actes épiscopaux, pour les ordinations,
les nominations aux charges ecclésiastiques, les institutions
des bénéfices et des paroisses, le règlement du culte et pour
la célébration des conciles provinciaux ou des synodes. L'indépendance était laissée au juge ecclésiastique pour toutes
les causes qui lui appartenaient par leur caractère religieux.
Pour les matières civiles, les clercs devaient comparaître
devant les tribunaux de l'empire qui suivaient une procédure
spéciale, devaient avoir certains égards et ne pouvaient condamner qu'à une réclusion dans un monastère ou dans une
autre maison ecclésiastique. Le respect de la religion et de
ses ministres était garanti. L'existence des séminaires était
assurée et laissée à la libre direction des évêques. Le Saint-
Siège pouvait modifier les circonscriptions diocésaines, sauf à
s'entendre avec le gouvernement impérial. L'empereur s'engageait à prendre l'avis des évêques pour le choix des sujets
en faveur desquels il aurait à demander l'institution épiscopale. Les évêques prêteront serment à Sa Majesté impériale.
Les canonicats et les paroisses seront donnés au concours. Il
sera pourvu à l'entretien des paroisses nécessiteuses. La
liberté des ordres religieux était affirmée. Il en était de même
du droit que l'Église a naturellement de posséder, d'acquérir
et d'administrer ses biens.

Mais la sollicitude vigilante du Souverain Pontife ne s'étendait pas seulement sur les pays d'Europe. Elle dépassait les
mers, se préoccupait du sort des États de l'Amérique. Car là
aussi la Révolution avait pénétré et semé la désunion. Elle
avait brisé la confédération des cinq États républicains qui
composaient l'Amérique-Australe et avait laissé bien des
traces de désordre à effacer. Carrera, président de Guatémala,
et Mora, président de Costa-Rica, accréditèrent simultané-
ment, auprès du Saint-Siège le marquis de Belmont et Ferdinand Lorenzana. Le cardinal Antonelli fut chargé de suivre
les négociations au nom du gouvernement pontifical. Deux

conventions presque identiques furent conclues avec les deux républiques le 7 octobre 1852. La lettre confirmative fut donnée pour Costa-Rica au mois de mai et pour Guatémala au mois d'août de l'année suivante. De crainte de rédites toujours fastidieuses, il nous suffira de signaler ce qui était particulier à ces Concordats. Les dîmes étaient abolies à Costa-Rica et remplacées par une dotation du trésor. A Guatémala, on les maintenait ; mais comme elles étaient insuffisantes, le gouvernement s'engageait à y ajouter une dotation annuelle. Il permettrait également de fournir des secours nécessaires pour la propagation de la foi parmi les infidèles. Tous les droits, toutes les libertés, toutes les prérogatives de l'Église étaient explicitement reconnus.

Cependant l'Église allait bientôt signer dans cette Amérique un Concordat encore plus avantageux. Nous n'en serons pas étonnés quand nous aurons prononcé le nom de celui qui en fut l'initiateur, Garcia Moreno, président de la République de l'Équateur. Après des négociations faciles entre D. Synacio Ordinez, archiprêtre de Cuença, représentant de l'Équateur et le cardinal Antonnelli, ministre d'État de Pie IX, la convention fut conclue et signée le 26 octobre 1862. C'est probablement le document du xix° siècle qui affirme le plus catégoriquement et le plus hardiment les droits de l'Église. Il fermait la porte de l'Équateur à tous les cultes dissidents et à toutes les sectes condamnées par l'Église. Il autorisait l'Église à donner au pays l'instruction à tous les degrés. En pleine liberté, le Souverain Pontife pouvait correspondre avec ses fidèles, et les évêques ne devaient être nullement inquiétés dans l'administration des diocèses. Les tribunaux ecclésiastiques étaient rétablis pour les causes des clercs et le droit pour l'Eglise de posséder et d'administrer ses biens n'était soumis à aucune entrave (1). Des déclarations aussi claires qui établissaient vraiment le gouvernement

(1) *Vie de Garcia Moreno*, par le R. P. Berthe, Rédemptoriste. Le Concordat, le texte du Concordat, El Nacional, 22 avril 1863.

de Dieu dans l'Equateur, méritaient une mention spéciale. Quant aux autres Concordats d'Amérique qui sont de moindre importance, nous nous contenterons de les énumérer. Ce furent : en 1860 le Concordat d'Haïti, en 1861 le Concordat d'Honduras, en 1862 le Concordat de Vénézuéla, Nicaragua de Salvador, en 1886 le Concordat de Montenégro, en 1887 le Concordat de la Colombie, en 1890 le Concordat de l'Equateur par rapport aux dîmes.

Cette simple énumération laisse supposer qu'il y eut aussi en Europe d'autres Concordâts en dehors de ceux que nous avons déjà étudiés. Cette supposition n'est que conforme à la réalité. L'Eglise en effet a conclu des traités presque avec toutes les nations européennes. Quand l'intérêt de ses enfants était en jeu, elle ne refusait pas de s'entendre avec des hérétiques et des schismatiques. N'a-t-elle pas, en 1821, en 1824 et en 1827, après des accords préalables avec la Prusse, les Pays-Bas et le Hanovre, réglé les affaires ecclésiastiques qui étaient pendantes dans ces Etats par des bulles qu'on désigne sous le nom de bulles de circonscription? N'a-t-elle pas accepté en 1848 le négociateur de la Russie, le comte Bloudoff, bien qu'il fut zélé défenseur de l'Eglise gréco-russe et qu'en qualité de ministre de l'intérieur il eut à son passif bien des mesures odieuses prises contre l'Eglise latine? Et n'a-t-elle pas signé avec lui un Concordat le 3 août 1847 qui fut publié le 3 juillet 1848 et par lequel furent organisés les évêchés en Pologne et fut sauvegardée la liberté de tous les catholiques de la nation si atrocement persécutée? Bien plus, grâce au libéralisme tolérant ou à l'indifférence constitutionnelle des gouvernements, il lui est arrivé parfois de statuer à elle seule, notamment en Hollande, en Irlande, en Angleterre, au Canada, aux Etats-Unis, pour diviser le pays en circonscriptions ecclésiastiques, pour y ériger de nouveaux sièges, pour y régler à demeure, la hiérarchie, la discipline, les moyens de subsistance et le recrutement du clergé.

Cependant de préférence, l'Eglise aime à traiter avec les

nations catholiques. Elle le laissait voir en 1818 lors de ses accords avec les Deux-Siciles. Elle le montra à nouveau quand elle conclut en 1851 avec le grand-duc de Toscane Léopol II, un Concordat, qui obligeait le prince à mettre sa législation en harmonie avec les lois ecclésiastiques, à protéger le droit de censure que possèdent les évêques à l'égard des écrits et des livres qui traitent de la religion, et surtout à suivre dans les procès existants entre les clercs une procédure respectueuse minutieusement détaillée (art. 10 ou 14) (1). La même bienveillance (2) réapparaissait dans les négociations avec les grands duchés de Bade et de Wurtemberg. Pour cette dernière principauté, la convention fut signée à Rome, le 8 avril 1857, par le cardinal de Reisach, plénipotentiaire du pape et par le baron d'Ow, représentant du roi de Wurtemberg. Les pourparlers avec le grand-duché de Bade durèrent plus longtemps. Commencés, au nom du Saint-Siège par le cardinal Brunelli, ils furent aussi continués et menés à bonne fin par le cardinal de Reisach, le délégué badois. Brunner, étant venu à mourir, fut remplacé par le baron Berckheim et le docteur Roszhirt. Le Concordat fut signé le 28 juin 1859 et confirmé par des lettres apostoliques le 19 octobre suivant. Sauf quelques points de détail réglés par de simples notes, ces deux Concordats se ressemblaient. La liberté totale était laissée à l'Eglise. La faculté de théologie était soumise à l'évêque. Il avait aussi un droit efficace de surveillance à l'égard de l'enseignement religieux, dans tous les gymnases et désignait les livres et les catéchismes dont on devait se servir pour l'étude de ces matières. Le Saint-Siège autorisait la création d'une commission mixte chargée d'administrer les revenus des bénéfices vacants consacrés aux besoins

(1) André, *Droit canonique*, t. V, p. 250. Le texte du Concordat est donné. D'ailleurs on peut faire cette remarque pour tous les concordats passés jusqu'en 1855. Ils sont rapportés intégralement par le savant canoniste.

(2) Nous devons faire aussi mention du Concordat du Portugal signé le 21 février 1857 et ayant pour objet de régler l'exercice du droit de patronage, concédé à la royauté portugaise dans l'Inde et dans la Chine.

généraux de l'Eglise. Cette commission, dans le grand duché de Bade, était investie d'un droit de haute surveillance sur l'administration de tous les fonds ecclésiastiques, etc., etc.

Comme on peut en juger, tous ces Concordats conclus par l'Eglise au XIX° siècle, présentent les clauses les plus avantageuses. Il est vrai qu'ils ne furent pas toujours loyalement appliqués. Quelques-uns furent odieusement violés et en partie déchirés; d'autres même furent abrogés, sans respect des promesses contractées. C'est ainsi que dans le duché de Bade, quoique revêtu des ratifications authentiques. le Concordat, par suite de l'opposition des Chambres, fut anéanti par un décret du grand duc qui rabaissait l'Eglise au rang d'une association ordinaire. Dans la Bavière même, si attachée à l'Eglise, certaines parties de la constitution se sont trouvées en opposition avec son Concordat. En Espagne, malgré les stipulations formelles sur ce point, on ordonna la vente des biens ecclésiastiques; plusieurs évêques furent arrachés violemment de leurs diocèses; et divers décrets défendirent aux évêques de conférer les ordres sacrés, aux religieux de recevoir des novices dans leur propre institut et sécularisèrent complètement les chapellenies laïques ainsi que d'autres pieuses institutions. Enfin, en Autriche, vers 1875, furent votées et sanctionnées par l'empereur, les lois confessionnelles. La première abolit le Concordat. La seconde subordonna l'existence des Ordres religieux au bon plaisir du pouvoir civil. La troisième frappa d'un impôt tous les bénéfices ecclésiastiques. La quatrième accorda une égale tolérance à tous les cultes qui n'auront rien de contraire aux lois et à la morale. Ces faits regrettables ne sauraient être déniés. Il était bon d'y faire allusion. Mais, remarquons-le, nous n'avons pas à nous préoccuper de savoir quelles furent les destinées des divers Concordats que nous avons examinés et analysés (1).

---

(1) Cette question a été traité avec beaucoup de savoir par Raoul Bompard dans deux articles parus dans la *Revue Politique Parlementaire* du 10 avril et du 10 juin 1903. La conclusion et l'abrogation des Concordats.

Nous nous proposions de bien connaître leur texte, et maintenant il nous sera facile de les placer dans une vue d'ensemble vis-à-vis de notre Concordat, afin de l'apprécier à sa juste valeur.

Que résulte-t-il d'abord des Concordats que nous avons étudiés? D'après la généralité, la religion catholique a une situation franchement privilégiée. Elle est déclarée religion officielle de l'Etat. Le pouvoir civil lui garantit « les droits dont elle doit jouir conformément à la loi de Dieu et aux canons », les autres cultes sont interdits (1). Les sectes condamnées par l'Eglise sont bannies (2). La liberté du Pape pour communiquer avec les fidèles est absolue. Le zèle des missionnaires est encouragé (3). Elle est protégée contre les mauvais livres qui sont sévèrement prohibés (4). Ses ministres sont à l'abri de tout outrage et les immunités auxquelles ils ont droit sont reconnues (5). En ces matières, le Concordat français se contente de déclarer que la religion catholique est la religion de la majorité de la nation. Il n'a aucune garantie explicite. Il n'a, dans son premier article, que des promesses vagues de pleine liberté aussitôt restreinte, quant à la publicité du culte par des règlements de police.

Si nous poursuivions notre comparaison, nous remarquerions en outre que quelques-uns des Concordats reconnaissent le droit de *juridiction de l'Eglise*. Ils lui laissent ses tribunaux, lui accordent de grandes facilités pour ses jugements, sont d'avis que l'Eglise punisse, comme bon lui semble, ses clercs coupables, en matière religieuse, il va sans dire, et même parfois dans des causes purement civiles (6). Ils affirment hautement la compétence exclusive de ses tribunaux et dans les questions relatives à la validité du mariage et à ses conséquences. S'ils demandent que les prévenus ecclé-

(1) Concordat espagnol.
(2) Concordat de l'Equateur.
(3) Concordat du Vénézuéla.
(4) Concordat de l'Autriche.
(5) Concordat italien.
(6) Concordat de l'Autriche, de la Bavière, des Deux-Siciles.

siastiques soient déférés aux tribunaux ordinaires en matière civile, ils s'engagent à user de précautions spéciales par respect pour la dignité sacerdotale (1). Qu'on n'attende point de semblables déclarations du Concordat français. Il semble ignorer que l'Eglise, étant une société parfaite, possède le pouvoir judiciaire et le pouvoir coercitif. Aucune allusion n'est faite à l'exercice de ce double pouvoir. Il ne songe point à promettre des égards aux ecclésiastiques qui comparaîtront devant les tribunaux de l'Etat.

Peut-être au moins se rappellera-t-il que l'Eglise ayant reçu la mission de répandre à pleines mains et sur tous les territoires la vérité religieuse, a toujours un grand souci de la *question de l'enseignement*. En ce point surtout, les autres Concordats lui ont assuré des droits qui ont dû réjouir son cœur maternel. Selon leurs stipulations, elle est libre d'établir des séminaires, qui sont dotés par l'Etat, d'en régler le fonctionnement selon le Concile de Trente, sous la seule autorité des évêques. Elle a le droit de pénétrer dans les écoles et de contrôler l'enseignement qui y est donné, le personnel qui instruit, le but que l'on atteint. Il faut que les matières enseignées portent l'empreinte du catholicisme. Il faut que les professeurs soient catholiques ; il faut que les études servent à la religion en dernier ressort (2). L Eglise est absolument maîtresse de l'école. A la place de cette série de principes concernant les droits de l'Eglise sur l'enseignement, le Concordat français n'a qu'un mot, dépourvu d'explications, jeté pour ainsi dire par pitié : « L Etat autorise la fondation des séminaires », accompagné d'une remarque qui aurait des tendances à être désobligeante : « mais il ne le dotera pas ».

Dans ces conditions, on ne peut espérer que *les Ordres religieux* soient par lui déclarés d'utilité publique. On trouve pourtant cette affirmation dans le Concordat de Bavière. D'autres

(1) Concordat de la Toscane.
(2) Concordats de Bavière, Espagne, de Costa-Rica, de l'Equateur, de l'Autriche, de Bade, de Colombie.

déclarations plus longues encore, stipulent que des monastères peuvent être librement créés, que le recrutement des ordres religieux ne doit pas être empêché, que les membres des congrégations ne relèvent que de leurs supérieurs et de Rome, la juridiction de l'évêque s'exerçant seulement dans les limites prescrites par le Concile de Trente. Les Concordats de 1851 pour l'Espagne et de 1818 pour les Deux-Siciles fixent des traitements annuels qui devront être payés aux chefs de certains ordres. Le Concordat français de 1801 garde sur les Ordres religieux un dédaigneux silence Sans vouloir leur mort, il ne veut nullement encourager leur établissement et leur développement et se garde bien de leur donner, par une approbation officielle, un caractère d'utilité publique et sociale.

Au moins il sera obligé de traiter la question des *biens ecclésiastiques*. Là encore, il trouve le moyen d'être inférieur aux autres Concordats. Ceux-ci se divisent en deux groupes. Les premiers créent au profit de l'Église des dotations en biens-fonds ou en rentes sur l'État. Ce sont les plus nombreux. L'on doit citer notamment les Concordats pour la Bavière, l'Espagne, la Prusse, le Wurtemberg, Costa-Rica, etc. Dans ce cas, d'ordinaire des dotations sont réservées en faveur des principales institutions de l'Église, chapitres, séminaires, etc. Les seconds, outre les dotations, permettent au clergé de percevoir des impôts de dîmes notamment. Les Concordats des républiques américaines conservent cette sorte de rétribution. Elle a fait l'objet de la récente convention avec l'Équateur du 8 novembre 1890. Le Concordat français ne permet qu'un « traitement annuel convenable » à payer par le trésor public et la liberté de recevoir des fondations.

Par conséquent, de cette comparaison avec les autres Concordats, notre Concordat français sort diminué. Quelle timidité dans la revendication des droits de l'Église! Les déclarations favorables au catholicisme sont écartées, réduites à leur plus simple expression, accompagnées de restrictions dangereuses. Beaucoup de points importants sont passés sous le silence. Vraiment M. l'abbé Gayraud a eu raison de dire que le Concordat était loin d'être notre idéal historique et dogmatique (1). Nous serions même poussés à embrasser l'opinion de M. d'Haussonville sur le Concordat qu'il juge en ces termes : « Il est facile d'apercevoir tout ce que le pouvoir civil a gagné à la transaction de 1801. Celui qui le représentait alors, avec un éclat incomparable s'y est incontestablement attribué la part du lion. Les bénéfices que l'Église s'y est ménagés nous semblent plus douteux. Elle y a fait, il est vrai, reconnaître son existence officielle ; elle y a stipulé pour ses dignitaires les plus élevés, comme pour tous les membres inférieurs de la hiérarchie ecclésiastique, une situation honorifique convenable et des traitements a peu près suffisants, mais voilà à peu près tout ». Une fois aventurés dans cette voie, nous irions peut-être jusqu'à employer les expressions énergiques et imagées de M. Taine : « Cette nouvelle alliance que l'État a conclue en 1802 avec l'Église n'est pas un mariage religieux, un serment solennel par lequel autrefois elle et lui, se promettaient de vivre ensemble et d'accord dans la même foi mais un simple contrat civil, plus exactement le règlement légal d'un divorce définitif et motivé ». Mais pour nous empêcher de formuler ce jugement trop sévère, véritablement injuste, nous n'aurons qu'à examiner un instant ce qu'on pourrait appeler la contrefaçon du Concordat : les articles organiques. De cette nouvelle comparaison qui s'impose, ressortira la valeur réelle de notre Convention française avec la Papauté.

(1) Séance du 9 décembre 1899. Chambre des députés.

III

LA COMPARAISON AVEC LES ARTICLES ORGANIQUES

Les articles organiques sont au Concordat ce que les hérésies sont aux vérités dogmatiques. Par un résultat inattendu,
en essayant de déformer et de ruiner la saine doctrine, les
hérésies contribuent à sa glorification et à son progrès, suivant cette grande loi qui veut (1) que tout mal particulier
aboutisse au bien général. En effet, de ce que les défenseurs
de la vérité sont alors obligés de l'enfermer dans des formules
plus nettes qui indiquent ses vraies limites et précisent ses
contours, il en résulte qu'elle apparaît avec son éblouissante
évidence, avec son inaltérable beauté, sa souveraine efficacité
et que ces qualités qu'elle possède sont encore mises en relief
par l'erreur adverse, comme les ténèbres font ressortir
l'éclat de la lumière, et la laideur du mal, la noblesse du
bien. Or, les articles organiques ont rendu au Concordat un
service à peu près semblable. Par eux on avait voulu enlever
à l'Église les avantages qu'elle pouvait espérer de l'observation du traité qu'elle avait signé et on avait manifestement
cherché son asservissement au pouvoir civil. Qu'est-il arrivé?
Cette laborieuse élucubration, frappée de caducité avant
d'apparaître, a révélé d'une façon étonnante la liberté qui
circule dans les articles du Concordat, la sagesse qu'il ren-

_____

(1) Voir saint Paul, 1re aux Corinthiens, XI. — Tertullien. *Des persécutions,
III, Sur les rôles providentiels des hérésies.*

ferme, et l'adaptation de son esprit et de ses principes aux besoins et aux aspirations de la société nouvelle : autant de caractères qui lui promettaient une longue durée et une profonde influence.

Déjà quelle diversité dans leurs origines ! Le Concordat a été élaboré par les autorités compétentes dans des négociations ouvertes et a été conclu officiellement par elles. Les auteurs des articles organiques ont travaillé dans le secret. Ils avaient peur du grand jour. Quand leur œuvre fut terminée, ils la cachèrent sous le couvert du Concordat, l'abritèrent à son ombre et présentèrent ensemble au Tribunat, au Corps législatif, au public, ces deux parties absolument opposées comme ne formant qu'un tout indissoluble (1). Ils osèrent l'assimiler (2) à un véritable traité, lorsque Rome était dans l'ignorance complète de ce qui s'était passé. Aussi on s'est demandé si ces articles avaient une valeur, non pas au point de vue ecclésiastique, ce qui ne comporte pas de discussion, mais même au point de vue civil. On n'a pas suivi dans le vote les formalités prescrites par la constitution et les votants ont pu être trompés et se croire en présence d'un véritable traité (3). Laissons à de plus habiles la solution de ce problème. Ce qui est hors de controverse, c'est que Rome n'a nullement concouru à la formation de ces articles. Elle les a continuellement désapprouvés et a formellement protesté contre cette violation du Concordat. Pie VII ne s'est point lassé de multiplier ces blâmes énergiquement exprimés. Dès le 27 mai 1802, dans son allocution consistoriale, il les faisait entendre et, par l'intermédiaire de Caprara, les faisait parvenir jusqu'à Bonaparte. A l'occasion du sacre de l'Empereur, il demandait l'abrogation des articles organiques et l'avait

(1) Voir discussion aux séances du 15 germinal an X. Discours de Siméon, comte de Jaucourt, Lucien Bonaparte.

(2) Même discussion, Rapport de Portalis.

(3) Hebrard, *Articles organiques devant l'histoire et le droit et la discipline de l'Église*. — Deuxième partie, chapitre II. Les articles organiques sont-ils une loi de l'État ?

espérée. Dans la bulle d'excommunication en 1807, il rappelait ces paroles de condamnation. Lorsque, sous la Restauration, il s'agit de conclure un nouveau Concordat, il réclama avant tout la destruction de ces articles. De tout temps, l'Épiscopat français et les catholiques, dignes de ce nom, se sont appropriés la manière de voir du Souverain Pontife. Il serait trop long d'énumérer leurs unanimes réprobations résumées par une phrase indignée que Montalembert prononça sous le gouvernement de Juillet, en 1844. « Les articles organiques sont pour nous une violation du Concordat », ou encore par une sage réflexion d'Emile Ollivier. (1) « Les articles organiques sont une plante parasite poussée au pied du Concordat et qu'il faut arracher ».

Dans ce langage nulle exagération déclamatoire ne s'est glissée. Une rapide analyse du texte nous le prouvera. Il comprend sous 4 titres 77 articles qui déterminent le régime de l'Église catholique dans ses rapports généraux avec les droits et la police de l'Etat, la condition des ministres du culte, l'exercice même du culte et ce qui concerne les circonscriptions diocésaines et paroissiales et les édifices sacrés. Dans le premier titre, il était d'abord établi qu'aucune bulle, bref ou écrit quelconque du Saint-Siège, ne pourrait être publié en France sans l'autorisation du gouvernement (art. 1er), qu'aucun délégué quelque fût son caractère, ne sera admis sans la même autorisation, à exercer sur le sol français ni ailleurs aucune fonction relative aux affaires de l'Eglise gallicane (art. 2) ; que, sans l'examen du gouvernement, les décrets des conciles ne pourraient être publiés (art. 3) ; que sans sa permission expresse aucune assemblée ecclésiastique délibérante n'aura lieu (art. 4). Ils décrètent la gratuité des fonctions ecclésiastiques et affirment devoir régler les oblations autorisées (art. 5). Ils menacent du recours au Conseil d'Etat les supérieurs et autres personnes ecclésiastiques dans les cas d'abus, dont les princi-

____

(1) *L'Église et l'État au Concile du Vatican.*

paux sont l'excès de pouvoir, la contravention aux lois de la République, l'infraction des règles consacrées par les canons reçus en France, l'attentat aux libertés, franchises et coutumes de l'Eglise gallicane (art. 6). En retour, le Conseil d'Etat sera chargé de protéger le culte (art. 7). En ce cas il suivra la procédure qui lui est tracée (art. 8). Telles sont les dispositions renfermées dans le titre premier.

Le titre second, divisé en cinq sections, se rapporte aux ministres des cultes et détermine leurs pouvoirs. La direction du culte catholique appartient dans les diocèses aux évêques et archevêques, dans les paroisses aux curés (art. 9). Les exemptions sont abolies (art. 10). En dehors des séminaires et des chapitres qui ne peuvent être fondés sans l'autorisation du gouvernement, tous les établissements ecclésiastiques sont supprimés (art. 11). On ne doit ajouter aux noms des archevêques et évêques que le titre de citoyen ou de Monsieur (art. 12). Quant aux archevêques ils ont le droit de consacrer et d'installer leurs suffragants (art. 13), de veiller au maintien de la loi et de la discipline dans les diocèses dépendant de leur métropole (art. 14), de connaître les plaintes portées contre leurs suffragants (art. 15). Pour être nommé évêque, il faut être âgé de trente ans, être français d'origine (art. 16), avoir été examiné par une commission organisée par le Premier Consul (art. 17). Ces conditions remplies, la nomination ayant été portée, les futurs évêques feront les diligences pour obtenir l'institution canonique; puis ils prêteront serment; ils pourront alors exercer les fonctions épiscopales (art. 18), ils résideront dans leurs diocèses et n'en sortiront pas sans la permission du Premier Consul (art. 20). Ils pourront avoir deux vicaires généraux. Les archevêques en auront trois (art. 21), chaque année ils visiteront une partie de leur diocèse, en cinq ans ils le visiteront en entier (art. 22). Ils organiseront leur séminaire et soumettront le règlement au gouvernement (art. 23). Les professeurs chargés d'instruire dans les séminaires souscriront la déclaration de 1682 et promettront

de l'enseigner (art. 24). Le gouvernement connaîtra le nom
de tous les clercs (art. 25), réglera le nombre des ordinands et
exige que le sujet ordonné soit âgé de vingt-cinq ans et possède un revenu annuel de trois cents francs (art. 26). L'Etat
ne se désintéresse pas non plus des curés. Il leur demande
de prêter serment entre les mains du préfet (art. 27). Mis en
possession par le curé ou le prêtre désigné par l'évêque
(art. 28), ils résideront dans leurs paroisses (art. 29), seront
soumis aux évêques dans l'exercice de leurs fonctions (art. 30),
auront à surveiller et à diriger les vicaires et les desservants
nommés par l'évêque et révocables par lui (art. 31). Sans
permission du gouvernement tout étranger (art. 32), et bien
plus tout prêtre n'appartenant à aucun diocèse (art. 33), sont
regardés comme inaptes à remplir les fonctions ecclésiastiques. Et s'il n'a obtenu l'autorisation de son évêque, un
prêtre ne pourra quitter son diocèse pour aller desservir dans
un autre (art. 34). Bien que les chapitres soient reconnus par
le Concordat, le gouvernement veut encore intervenir pour
leur établissement et désire connaître les noms des membres qui le composent (art. 35). De sa propre autorité, il
décide que le métropolitain pourvoira au gouvernement des
diocèses pendant la vacance du siège et qu'alors les vicaires
généraux continueront leurs fonctions (art. 36). Il exige qu'il
soit mis au courant des mesures prises dans un diocèse après
la mort d'un évêque (art. 37) et qu'il n'y ait en ce moment
aucune innovation (art. 38). Par ces articles sont fixés les
pouvoirs des ministres du culte. Les prétentions du gouvernement ne sont point encore satisfaites. Il lui reste le culte à
organiser. C'est le but qu'il se propose tout simplement dans
le titre troisième.

Rien n'est oublié, ni le catéchisme ni la liturgie dont l'unicité
est déclarée obligatoire (art. 39) ni les prières publiques qui
ne seront permises que par l'évêque (art. 40), ni les fêtes qui
ne seront établies qu'après la permission du Gouvernement
(art. 41), ni les ornements ecclésiastiques qui doivent être con-

venables et distinctifs pour chaque degré de la hiérarchie (art. 42), ni les habits des prêtres et des évêques qui seront vêtus à la française et en noir (art. 43), ni les chapelles pour l'établissement desquelles une autorisation gouvernementale sera nécessaire (art. 44). Par ailleurs, il est déterminé que les cérémonies religieuses ne pourront être publiques extérieures dans des villes contenant des temples d'une autre religion (art. 45), que le même temple ne sera consacré qu'à un seul culte (art. 46), qu'il y aura dans les églises une place réservée pour les personnages officiels catholiques (art. 47). Il y aura entente de l'évêque et du préfet pour régler le son de la cloche (art. 48), pour fixer les prières publiques ordonnées par le Gouvernement (art. 49). La prédication et spécialement les stations de l'Avent et du Carême seront données par des prêtres autorisés par l'évêque (art. 50). Au prône des prières seront faites pour l'Etat et ses représentants (art. 51); aucune critique de l'autorité et de ses actes (art. 52), aucune publication étrangère au culte (art. 53) ne seront permises. La bénédiction nuptiale ne sera accordée qu'à ceux qui justifieront avoir contracté mariage devant le pouvoir civil (art. 54). Le calendrier républicain modifié par le calendrier grégorien est de rigueur (art. 56) et le dimanche est le jour de repos fixé pour les fonctionnaires. Le titre troisième s'achève par ce dernier article.

Le titre quatrième ayant trait aux circonscriptions des évêchés, des paroisses, aux traitements ecclésiastiques et aux édifices sacrés comprend quatre sections. La première établit qu'il y aura désormais (art. 58) dix archevêchés et cinquante évêchés et en donne le tableau (art. 59). La seconde section s'occupe des paroisses : il y en aura au moins une dans chaque justice de paix (art. 60); les succursales qui seront multipliées autant que le besoin pourra l'exiger, seront érigées de concert avec le préfet par l'évêque (art. 61) et jamais sans le consentement du gouvernement (art. 62). Elles seront desservies par des prêtres nommés par l'évêque (art. 63).

Dans la troisième section se trouve résolue la question des
traitements. Les archevêques recevront 15.000 fr. (art. 64),
les évêques, 10.000 fr. (art. 65), les curés de première classe
1.500 fr., les curés de seconde classe 1.000 fr. (art. 66). Les
pensions qui leur furent accordées par l'Assemblée constituante seront précomptées sur leur traitement qui pourra
être augmenté par les Conseils généraux des grandes communes (art. 67). Les vicaires et les desservants n'auront que
leurs pensions (art. 68). Les oblations, qui leur seront en
outre versées par les fidèles pour l'administration des sacrements, seront réglées par l'évêque qui présentera au gouvernement son projet pour le faire autoriser (art. 69). Pour
recevoir la pension de l'Etat, il faut remplir des fonctions
ecclésiastiques (art. 70). En plus du traitement, le logement
sera fourni par les Conseils généraux des départements aux
archevêques et évêques (art. 71). Les communes restitueront
les presbytères et jardins non aliénés aux curés et aux desservants et leur en procureront s'ils font défaut (art. 72). Les
fondations consisteront en rentes sur l'Etat (art. 73). On ne
pourra affecter à des titres ecclésiastiques des immeubles
autres que les édifices destinés au logement et les jardins
attenants (art. 74). Les édifices sacrés seront rendus à raison
d'un édifice par cure et succursale (art. 75). Des fabriques
seront fondées pour veiller à leur entretien (art. 76). Dans
les paroisses où il n'y aura point d'édifice disponible pour le
culte, l'évêque se concertera avec le préfet pour la désigna-
tion d'un édifice convenable (art. 77).

Ce simple énoncé est déjà la condamnation des articles organiques. On le voit, ils contiennent toute une série d'empiétements et d'usurpations sur le pouvoir doctrinal, législatif et
disciplinaire de l'Eglise : C'est une incursion continuelle et oppressive sur le terrain ecclésiastique. C'est une espèce de constitution civile du clergé adoucie et mitigée, selon la remarque
de Mgr Freppel (1). Aussi le pouvoir civil a été obligé de ne

(1) Chambre des députés, séance du 12 décembre 1891.

point tenir compte de cette législation défectueuse. Il fut même dans la nécessité de la réformer parce qu'il s'y rencontrait des articles en contradiction trop évidente avec la doctrine de l'Eglise. En 1810, Napoléon lui-même par le décret du 28 octobre, limita l'article 1er et dispensa de toute nécessité d'*exequatur* les brefs de la Pénitencerie relatifs à des questions individuelles. Par le même acte il abrogea l'article 26 et n'exigea plus pour l'ordination un revenu annuel de 300 fr. et l'âge de vingt-cinq ans. Enfin il rapporta l'article 36 et restitua au Chapitre l'administration du diocèse vacant Plus tard, la loi du 2 janvier 1812 effaça l'article 73 et autorisa les fondations autrement qu'en rentes sur l'Etat.

Cependant, ces modifications bien légères à considérer l'ensemble n'enlèvent pas aux articles organiques leur caractère de notoire opposition avec les règles et la doctrine de l'Eglise. Par eux sa divine constitution est viciée. Dans l'article 9, on insinue que le Pape n'a aucune juridiction sur l'Eglise de France. Portalis, dans son commentaire, l'affirme catégoriquement : « Le Pape n'est point l'évêque universel de tous les fidèles, dit-il, il n'est point l'ordinaire des ordinaires, il ne saurait être non plus le juge souverain et immédiat de l'intérieur de tous les diocèses ». N'est-ce point une contradiction avec l'enseignement de l'Eglise qui a défini au concile du Vatican la primauté de juridiction du Souverain Pontife immédiate et entière sur toute l'Eglise ? L'autorité des archevêques et des évêques est également méconnue toujours d'après le même article. Ils n'ont plus dans leurs diocèses respectifs qu'une autorité de *direction*, qu'un pouvoir de surveillance. Ils sont simplement « des pasteurs médiats par rapport aux fonctions curiales (1) ». Par contre, malgré les prescriptions de l'Eglise, de par l'article 10, ils ne rencontrent plus les exemptions pour limiter leur juridiction et c'est aux arche-

______

(1) Ces paroles sont empruntées au commentaire de Portalis dans lequel il s'efforce de justifier les articles organiques. Il n'a nullement compris la constitution de l'Eglise.

vêques et non plus au Pape que l'on doit faire savoir les
plaintes portées contre leurs suffragants. De même les articles organiques grossissent l'importance des curés. Ils les mettent sur le pied de l'égalité avec les évêques et établissent
entre eux une similitude de pouvoirs. « On croirait, dit
M. Hébrard (1) à leur lecture, que les curés, dans l'administration de leurs paroisses, sont libres et indépendants de toute
autorité et que l'évêque en dehors des fonctions de son ordre
ne peut rien dans une paroisse, si ce n'est du consentement du
curé ». Comme tout cela est contraire à la constitution essentiellement monarchique de l'Eglise qui ne reconnaît pour ses
chefs que le Pape et les évêques et place dans le souverain Pontife la source de toute autorité ! En outre son régime normal est
bouleversé totalement par d'autres dispositions exorbitantes.
On applique la dénomination impropre de succursales à de
véritables paroisses ; on nomme desservants des prêtres qui
ont toutes les qualités d'un curé ; on les oblige à exercer leur
ministère sous la subordination anti-hiérarchique de celui
qu'on appelle à proprement parler le Curé. Et lorsque
l'Eglise enlève aux vicaires généraux d'un évêque défunt tous
leurs pouvoirs, on décide de les leur continuer, jusqu'à ce
qu'on ait fait disparaître cette erreur et ce ne sera qu'en
1810.

Comment alors espérer que le dogme soit respecté ? Il
est altéré dans maints passages. La déclaration de 1682 est
regardée comme la vraie doctrine de l'Eglise devant être
enseignée dans les séminaires (2). D'après l'explication auto-
risée de Portalis il résulte de l'article 54 se rapportant à la
bénédiction nuptiale que le mariage est un contrat essentiellement civil et comme tel qu'il n'appartient qu'à la puissance
séculière de le régler. On oublie donc que le mariage est à vrai
dire un contrat naturel confirmé de droit divin avant toute

(1) Les articles organiques devant la discipline de l'Eglise, page 379. C'est à cet
auteur qu'il faut avoir recours pour l'étude des articles organiques.
(2) Art. 24.

société civile et élevé par Jésus-Christ à la dignité de sacre-
ment. Ainsi à chaque pas nous nous heurtons à de multiples
oppositions avec l'enseignement formel du catholicisme.
Tantôt, c'est une violation de la constitution de l'Eglise, tantôt
c'est un changement complet de son régime disciplinaire.
Parfois c'est une altération importante du dogme. Dans le
Concordat, point de ses témérités ; point de ces attaques
déraisonnables. L'othodoxie ne laisse rien à désirer. Les
droits de l'Eglise, des évêques et du Pape sont au moins sau-
vegardés. Mieux qu'aucun acte, ce traité a reconnu la plénitude du pouvoir spirituel qui réside dans le Souverain Pontife. Ne lui a-t-il pas demandé ce qu'il y a de plus contraire
aux maximes gallicanes, la démission et, en cas de refus, la
dépossession de cent trente-six évêques tous légitimement
élus et sans jugement canonique ? Il n'est pas possible de
rapprocher comme identiques ces deux documents si dispa-
rates, puisque dans l'un fourmillent toutes les erreurs gallicanes, renforcées des propositions les plus étranges, suspectes
d'hérésie, dans l'autre demeure intacte la pure doctrine de
l'Eglise, où ne se trouve même pas la moindre trace de gallicanisme, et de la déclaration de 1682 (1). Il est cependant entre
eux une opposition plus marquée. Les articles organiques
violent directement le Concordat et vont jusqu'à renverser
ses engagements les plus importants.

La première et principale clause de cette convention reconnaissait à l'Eglise sa complète liberté. Avec les articles organiques, cette liberté est diminuée, mutilée, enchaînée à tel
qu'elle point s'évanouit à peu près totalement. Le Pape n'a
plus la liberté suffisante pour correspondre avec les évêques
et les fidèles ; ses nonces, ses légats ne peuvent plus sur le
sol français accomplir leur mission sans avoir été autorisés par
le pouvoir civil (2). Il faut aux évêques la permission du gouvernement pour publier et mettre à exécution les bulles pon-

(1) Emile Ollivier. *Le Concordat et le Gallicanisme*. Discours du 27 avril 1885.
(2) Art. 1.

tificales, les brefs, rescrits, mandats et autres expéditions de
la cour de Rome (1). De même les décrets des conciles étrangers, ceux des conciles généraux ne peuvent être publiés
qu'avec son autorisation (2). Il n'y a plus de conciles, plus de
synodes en France sans le bon plaisir de l'Etat (3). Son intervention est nécessaire pour établir de nouvelles fêtes (4). En
dehors des séminaires et des chapitres, les établissements
ecclésiastiques sont supprimés (5). Toutes ces restrictions qui
lient l'indépendance de l'Eglise, qui étouffent sa vie religieuse,
compriment l'essor de ses institutions et de ses œuvres,
empêchent la réunion de ses assemblées, ne sont-elles pas en
désaccord avec les engagements du premier article du Concordat qui assurait au catholicisme une liberté sans entrave ?
Et pourtant ce n'est pas la seule violation.

L'on serait presque tenté de dire que tous les articles ont
été méconnus. La chose est claire pour l'article 4° et l'article 5° qui règlent le mode de nomination et d'institution
canonique des évêques. Il était stipulé qu'en cette matière
l'on devait suivre les formes établies dans le passé et par
conséquent que le Pape demeurait le juge de la moralité, des
vertus, de la science, de la doctrine de l'élu, et qu'on lui laissait le droit de faire, par lui ou par ses délégués, l'examen
indispensable du candidat à l'épiscopat. Or les articles organiques prétendent que les futurs évêques (6) « seront examinés
sur leur doctrine par un évêque et deux prêtres qui sont
nommés par le Premier Consul ». N'est-ce pas reconnaître
le gouvernement juge de la foi, des mœurs et des capacités
des évêques nommés, puisque c'est lui qui les fait examiner
et qui prononce d'après les résultats de l'examen ? N'est-ce
point la violation de la lettre du Concordat pour les articles 4

(1) Art. 2.
(2) Art. 3.
(3) Art. 4.
(4) Art. 5.
(5) Art. 14.
(6) Art. 17 des articles organiques.

et 5 ? L'on pourrait faire la même remarque pour l'article 9.

D'après les termes de cet article, il n'appartient qu'à l'évêque de faire la nouvelle circonscription des paroisses. Il n'est point question ni du concours des préfets, ni de la participation directe immédiate du gouvernement à l'acte même de l'érection. Le seul droit qui reste au pouvoir, c'est, quand la délimitation a été faite par l'évêque diocésain, d'y donner son consentement. Pourquoi dans ces conditions les articles organiques se permettent-ils de déclarer « qu'il y aura au moins une paroisse dans chaque justice de paix », que par ailleurs « il sera établi autant de succursales que le besoin pourra l'exiger, et que pour le nombre et l'étendue de ces succursales l'évêque se concertera avec le préfet » ? De quel droit s'introduisent-ils, sans mission, sans sujet, dans ce domaine réservé à l'Eglise ? L'article 9 du Concordat s'opposait à cette fâcheuse intrusion de l'Etat. Mais il n'a point été respecté par la législation napoléonienne. L'article 11 n'a pas obtenu plus de faveurs. Cet article garantissait aux évêques le droit d'avoir un chapitre dans leur cathédrale et un séminaire dans leur diocèse. Toute la réserve qui était faite à cette clause c'est que les évêques ne pouvaient exiger de l'Etat aucune dotation. Par contre, évidemment, le pouvoir civil ne devait point exiger qu'une autre autorisation lui soit demandée. Il ne devait point s'immiscer dans la direction de ces institutions qu'il reconnaissait et devait en laisser le libre gouvernement à l'autorité compétente. Il fut loin de suivre cette sage conduite indiquée par les stipulations du Concordat. Il osa réclamer qu'une nouvelle demande d'autorisation lui fut présentée et pour fonder les chapitres (1) et pour établir les séminaires. Il voulut connaître les noms des membres qui composaient les chapitres et avoir une influence dans leur choix (2). Pour les séminaires, les exigences du pouvoir étaient beaucoup plus grandes et moins naturelles. Il prétendait

(1) Art. 11.
(2) Art. 35.

que les règlements de l'organisation des séminaires devaient être soumis à son approbation (1). Il ordonnait à tous les professeurs de souscrire la déclaration de 1682 et de s'engager à enseigner la doctrine qu'elle contient (2). Il obligeait les évêques de lui envoyer tous les ans le nom de tous ceux qui étudiaient dans leurs séminaires et qui se destinaient à l'état ecclésiastique (3) et leur interdisait de faire aucune ordination sans que le nombre de ces personnes à ordonner ait été soumis à son agrément (4). Quel abus criant et quelle exagération révoltante des droits concédés par le Concordat !

Au contraire les obligations qui avaient été acceptées par l'État étaient toujours diminuées. Ainsi il avait promis (5) de restituer toutes les Eglises non aliénées. Il décida (6) qu'on n'accorderait qu'un édifice par cure et succursale. Pourquoi ne pas opérer complétement la restitution et ne pas tenir dans son intégrité la promesse ?

Il s'était engagé à donner un traitement convenable aux ministres des cultes (7). D'abord il se montra d'une odieuse parcimonie en réglant le montant des traitements (8). Puis il eut l'impudence de faire précompter sur ces sommes très mesurées, les pensions dont jouissaient les ecclésiastiques en vertu des lois de l'Assemblée constituante (9). Aux desservants qu'il avait créés il ne réserva qu'une modique pension réglée en raison de leur âge (10). Ces sordides règlements sont-ils vraiment l'application de la clause large et généreuse du Concordat ? Enfin il avait reconnu la nécessité de laisser à

(1) Art. 23.
(2) Art. 24.
(3) Art. 28.
(4) Art. 26.
(5) Art. 12 du Concordat.
(6) Art. 75 des Articles organiques.
(7) Art. 14 du Concordat.
(8) Art. 64, 65, 66. C'est l'avis d'Emile Ollivier.
(9) Art. 67.
(10) Art. 68.

l'Eglise le droit de recevoir des fondations. Il restreignit ce droit et déclara que ces fondations ne pourraient consister qu'en rentes constituées sur l'Etat. Pourquoi autoriser cet empiétement du pouvoir séculier et mettre des entraves à l'indépendance de la charité chrétienne?

Certes les articles organiques ont une étrange manière d'organiser les moyens d'exécution du Concordat. Ils le violent au point qu'on peut dire avec Pie VII (1) qu'ils le détruisent. Au moins, en compensation, cette violation a pour effet de nous montrer l'esprit libéral et sage qui a présidé à la convention signée par le Saint-Siège et la République. On voit mieux comment furent respectés les droits de l'Eglise si odieusement méconnus par les articles organiques. Après tout, en regard de cette tracassière et oppressive législation de l'Etat, qui n'organise que la servitude et ne peut apporter que la souffrance et la discorde, le Concordat de 1801 offre tous les signes d'une transaction honorable et d'une œuvre de pacification sociale et de liberté religieuse. Cette conclusion resortira davantage si l'on étudie les divers caractères de ces deux documents qui ne peuvent manquer d'être encore très dissemblables.

M. Emile Ollivier a flétri les articles organiques d'un mot (2) qui marque bien leur portée néfaste. « Après presque tous, dit-il, on peut placer usurpation, abus de pouvoir. » Sans difficulté, l'éloquent écrivain, à qui on ne saurait, malgré quelques erreurs de doctrine, refuser une remarquable compétence en ces matières, prouve d'une façon irréfutable son assertion. De fait ne commet-il pas une usurpation, l'Etat, quand il s'occupe de l'exemption de la juridiction épiscopale; lorsqu'il précise les droits des archevêques et évêques, prescrit l'établissement d'un seul catéchisme et d'une seule liturgie (3),

(1) Bref du 27 mai 1801.

(2) *Nouveau Manuel du droit ecclésiastique*, II, *Commentaires au concile du Vatican, l'Église et l'État*, tome 1er.

(3) Art. 39.

lorsqu'il légifère sur les prédications du Carême et de
l'Avent (1), lorsqu'il se croit en droit d'ordonner des
prières (2), etc. Toutes ces matières purement spirituelles ne
sont nullement du ressort de l'Etat. Il se fourvoie et se rend
ridicule en les traitant. Cependant les rédacteurs des lois
organiques ne se sont pas privés du plaisir de le faire. Pas un
point de la discipline ecclésiastique ne leur a échappé. Ils des-
cendent dans des détails vraiment minutieux et parfois très
puérils. Ils règlent la qualification par laquelle on désignera
désormais les archevêques et les évêques. Ils déterminent le
costume ecclésiastique, etc. Poussés par cette manie de légiférer, ils rééditent toutes les vieilles ordonnances du passé,
oubliant que l'ancien régime est détruit, que la science et la
civilisation ont fait des progrès (3), que l'humanité a marché
et qu'un nouvel état politique social vient de surgir.

Ils en arrivent « à réglementer l'Eglise comme si elle était
religion d'Etat, et en même temps à lui refuser toute suprématie parce qu'elle n'est que la religion de la grande majorité
des Français, de séculariser l'Etat et à légiférer sur la discipline de l'Eglise (4). » Ah ! vraiment ces incroyables rédacteurs se croient au xvii⁰ siècle. Ils devraient siéger sur les
fleurs de lys avec les longues perruques et les robes solen-
nelles des parlementaires qui parfois envoyaient porter le
Saint-Viatique aux jansénistes entre quatre estafiers : ce sont
des hommes d'ancien régime et des émigrés à l'intérieur, de
vieux légistes, s'improvisant théologiens canonistes n'ayant

(1) Art. 51.
(2) Art. 49.
(3) Camille Pelletan l'a montré d'une façon humoristique dans son discours du
16 et 17 décembre 1901, M. Melchior de Vogüé l'avait fait dans son article *A
propos d'un débat religieux* : « Il n'est plus possible de tenir la gageure des
articles organiques contre le bon sens du public et la gaieté française. On ne les
conçoit désormais qu'illustré par M. Forain. »
(4) Emile Ollivier montre bien l'absurdité de cette prétention. Il est étonnant
que Portalis ne se soit pas rendu compte qu'à une société nouvelle, liée à l'Eglise
par des rapports nouveaux, il fallait une nouvelle législation et non pas la reproduction maladroite de l'ancienne. En ce point, l'Etat agirait sagement en modifiant les articles organiques.

pour autorité que Fleury et quelques échappées du Bossuet de la déclaration de 1682. Les articles qu'ils ont forgés leur ressemblent. Ils sont pour la plupart surannés, d'un archaïsme qui forme un contraste frappant avec l'état de la société actuelle; quelques-uns sont puérils. Tous les autres portent le caractère d'usurpation.

Dans le Concordat on remarque également que le pouvoir civil est insatiable de concession de la part de l'Eglise. Si la vigilance de Rome n'avait pas été aussi active, il se serait permis plus d'un empiètement. Consalvi a déjoué toutes ses ruses et a ramené ses prétentions à de justes limites, acceptables sans que les droits de l'Eglise soient compromis. En tout cas, on ne pourrait lui reprocher de s'être attardé dans des détails multiples. On l'accuserait à tort de puérilité et de vétusté. Il pécherait plutôt par excès de brièveté et négligerait de régler certains points importants. Par une prudence exagérée il craint de se compromettre. Il est marqué sûrement au cachet de la sagesse et de je ne sais quelle austérité qui enveloppe la rédaction de ses articles exprimés dans des formules concises, presque rigides. Cela ne l'empêche pas d'être un document moderne dans toute l'acception du terme. Ceux qui l'ont élaboré ont bien vu les voies nouvelles dans lesquelles s'engageait la société. Ils ont travaillé sans doute en se souvenant du passé, surtout en regardant l'avenir. Presque doués de lueurs prophétiques, ils ont trouvé les principes qui seraient nécessaires pour trancher les grandes questions religieuses d'enseignement et d'association qui devaient être débattues, pour apaiser aussi les querelles religieuses qui devaient se soulever. Il a même prononcé le mot de liberté qui retentira si fièrement, si éloquemment dans la bouche des défenseurs du catholicisme le seul garant de la liberté.

Le Concordat prépare l'avenir et ne craint point de subir l'épreuve du temps qui lui sera favorable. C'est un traité très grave qui gagnerait à être moins défiant de l'Eglise et plus reconnaissant de ses bienfaits. Il a au moins pour ses droits un respect plein de correction.

Irons-nous maintenant, après cette comparaison avec les articles organiques si avantageuse au Concordat, jusqu'à adopter les paroles purement élogieuses d'Emile Ollivier? Pour lui, cette convention a pour ainsi dire atteint l'idéal de ce que l'on pouvait souhaiter. « Le Concordat, dit-il, est le pacte de l'Eglise avec la société nouvelle, la réconciliation du passé et de l'avenir, un gage de paix et de liberté! L'acte est parfait. Il ne contient ni lacune ni empiétement. Que ne s'y est-on rigoureusement attaché! Il n'aurait plus existé de questions religieuses et les troubles d'idées que nous avons traversés nous eussent été épargnés (1) ». Il nous semble que l'auteur a été par trop bienveillant pour le Concordat et qu'il a exagéré sa perfection et son efficacité.

Dom Guéranger en répondant aux attaques du comte d'Haussonville a donné une appréciation plus impartiale et plus juste. Il ne jette pas un voile complaisant sur les imperfections de ce traité de pacification religieuse. Il n'en reconnaît pas moins que « le Concordat demeurera un bienfait réel, comme ayant aboli les lois oppressives de la Révolution, dissous l'Eglise constitutionnelle, rétabli la hiérarchie légitime, pourvu à la perpétuité du sacerdoce et pacifié les consciences par la transaction qui légitimait, de la part de l'Eglise la violation des biens du clergé. » C'est aussi l'avis de Marius Sepet. » Il y a eu mieux dans le passé, et l'avenir pourrait mieux faire, remarque-t-il avec raison ; mais l'histoire doit constater que pour la France du xixe siècle, Bonaparte et Pie VII, là où ils sont réellement tombés d'accord, avaient bien vu et avaient bien fait. C'est à l'ombre du Concordat que s'est accomplie dans notre patrie, en dépit de si pénibles obstacles, cette renaissance religieuse riche d'œuvres de foi, d'apostolat et de cha-

_____

(1) Emile Ollivier, Discours *sur la séparation de l'Eglise et de l'Etat*, 27 mai 1885.

rité, consolation de nos douleurs, espoir de notre avenir, gage et ferment de vie parmi tant de symptômes et de germes de mort » (1). Aussi à notre tour, nous appropriant volontiers ces jugements si autorisés, nous conclurons avec le cardinal Mathieu : « Tout compte fait, malgré les violences de Bonaparte, quoique les procédés qu'on attribue aux Italiens se soient trouvés surtout du côté français, il est impossible de ne pas reconnaître une grande part de vérité dans la parole du chargé d'affaire qui, à Rome, servit très noblement la France, Tacault. « Le Concordat a été l'œuvre d'un héros et d'un saint » (2).

(1) *Un siècle*. L'œuvre et l'influence de Napoléon.
(2) Cardinal Mathieu, *Correspondant*, 25 février 1903, p. 654.

LA DESTINÉE DU CONCORDAT

I

Bien des fois l'on s'est posé cette question importante entre toutes, puisqu'il s'agit de trancher le problème compliqué et toujours débattu des rapports de l'Église et de l'État. Comme il arrive fréquemment selon l'adage à l'apparence paradoxale, les extrêmes se sont rencontrés. La réponse négative a été donnée et maintenant encore est donnée tout à la fois par les ennemis les plus violents et les plus irréductibles de l'Église et par les catholiques les plus ardents. A leur avis la rupture du Concordat s'impose. Comment en effet associer ensemble, disent ceux-là, une société religieuse fondée sur le dogme révélé, et un régime politique, essentiellement démocratique, issu de la révolution, basé sur la science et la philosophie modernes, dépourvu de tout caractère confessionnel et prônant la neutralité en fait de croyances et l'émancipation complète de la raison ? L'antinomie n'est-elle point complète entre ces deux institutions ? N'est-il point logique de briser les liens qui les rattachent l'une à l'autre et les placent mutuellement dans une situation fausse et pleine de regrettables malentendus ! En plus est-il véritablement juste d'obliger tous les citoyens à contribuer, quelles que soient leurs opinions, à l'entretien d'un culte ? N'est-il pas urgent de dénoncer un traité qui viole de cette façon la liberté de conscience ? Sans doute cette mesure, d'une évidente gravité, ne manque point de difficultés et doit être précédée par le vote d'une loi des associations qui règlera pour l'Église comme pour les autres groupements sa place dans l'État. Mais depuis le 1er juillet 1901, la France a l'avantage de posséder cette fameuse loi qui pourrait être excellente avec quelques modifications et parfaite avec une loi habile de police des cultes. Il n'y a donc plus à mettre dans cette réforme un retard coupable, opposé aux intérêts républicains. Au plus vite il faut déchirer le Concordat.

Par un autre chemin, avec moins d'empressement depuis que la loi captieuse des associations a été promulguée et appliquée avec tant de brutalité, les catholiques partisans de la séparation de l'Église et de l'État aboutissent presque à la même conclusion formulée en des termes respectueux du droit, quoique très éloquents et très vigoureux. Eux, non plus, ne veulent point de l'alliance de l'Église avec un État qui se vante d'être antireligieux et de poursuivre la mort du catholicisme. Ils la considèrent comme déshonorante et compromettante. Assez longtemps le clergé a reçu des mains d'un gouvernement dédaigneux et persécuteur, s'écrient-ils avec une fière impétuosité, le traitement qui l'asservissait, le faisait descendre au rang d'un fonctionnaire, bien qu'il ne fut qu'une dette et une faible compensation pour d'immenses spoliations (1). Assez longtemps des ministres qui ne sont pas catholiques, qui peuvent être juifs, athées ou francs-maçons ont nommé les évêques, les premiers pasteurs de l'Église. Que l'on proclame enfin l'indépendance absolue du pouvoir spirituel ! Il y a dans l'histoire et dans certains pays des exemples heureux de cette séparation de l'Église et de l'État devenue indispensable. En Amérique, en Belgique, en Irlande, l'Église est libre et jouit d'un prestige et d'une prospérité incomparables. On peut tenter sans crainte ce qui a été pratiqué avec succès, d'autant plus que désormais le Concordat travesti par le pouvoir « s'est transformé en une sorte de cangue chinoise, destinée à étouffer son prisonnier » (2).

(1) *Avenir*, 15 novembre 1830. 25 novembre 1830,

(2) Melchior de Vogué. *Revue des Deux Mondes*, 1er juin 1894. Autour d'un débat religieux.

Tels sont dans leur impartialité et dans leur force les principaux arguments allégués par les deux classes de ceux qu'on appelle d'un mot très court et un peu barbare « les séparatistes ». Ces arguments fascinateurs prêtent aux développements oratoires. Avant de les examiner et de les dépouiller de leurs artifices trompeurs, arrêtons-nous devant les principes qui doivent dominer tout le débat. Dans les discussions, c'est toujours à eux qu'il faut avoir recours. Par leur concision, ils évitent de longs et de vains raisonnements, par leur clarté ils dissipent les ténèbres amoncelées, par leur calme ils apaisent les esprits échauffés dans la lutte. Par conséquent, que sont exactement l'Église et l'Etat et quels doivent être leurs rapports ? L'Église et l'État sont deux sociétés absolument distinctes, parfaites et complètes, indépendantes dans leur domaine. Il leur est interdit d'empiéter l'une sur l'autre. Elles doivent cependant, parce que Dieu veut l'unité dans ses œuvres, et qu'il est le maître souverain de l'une et de l'autre, marcher de concert, pleinement unies. Toute séparation entre elles est funeste, contraire au plan divin. Dans certaines situations elle peut être un moindre mal. Jamais elle ne saurait être considérée comme un bien. En outre ces deux sociétés doivent être, comme les fins, harmonieusement ordonnées l'une à l'autre, l'inférieure à la supérieure, comme le corps est ordonné à l'âme selon la comparaison familière de ceux qui ont traité cette question *ex professo*. Il s'ensuit que l'Église, étant la société majeure à considérer la nature des intérêts confiés à son gouvernement et la sublime fin qu'Elle se propose d'atteindre, a le droit à la suprême direction. Sans se laisser envahir par elle, l'État a le devoir de se placer sous sa bienfaisante tutelle. Qu'il ne s'en plaigne pas. L'Église lui sera d'un précieux secours. Elle persuadera aux citoyens de se soumettre aux pouvoirs établis par cette obéissance qui va au devant du commandement et qui se détermine non par la contrainte mais par la conscience (1). Elle étouffera tous les germes de divi-

(1) Saint Paul, *Rom.* XIII, 5.

sion et combattra toutes les injustices. Aussi un État, soucieux du bien public, acceptera avec courage cette sage subordination. Ce fut la règle de conduite des puissances séculières au moyen âge, époque de l'apogée du catholicisme qui étendait son influence sur toutes les manifestations de la vie individuelle, sociale et publique.

A vrai dire, il fallait à l'État, toujours prêt à grossir leur pouvoir et à abuser de leur force, de l'abnégation pour se plier sous une puissance supérieure. Il lui arriva de secouer cette dépendance dont il ne comprenait pas suffisamment l'immense profit. Pour maintenir l'union et l'harmonie, l'Eglise consentit dans une maternelle condescendance à traiter avec l'Etat et à signer avec lui des conventions qui mettraient fin à leurs luttes réciproques en les engageant l'un et l'autre. Voilà pourquoi l'Eglise a adopté le régime concordataire et l'a défendu particulièrement de nos jours où l'idée de la séparation du pouvoir spirituel et du pouvoir temporel semble avoir fait du chemin et conquis un grand nombre d'esprits. Le *Syllabus* mettait en garde les catholiques contre cette erreur. Léon XIII, qui a exposé avec une maîtrise souveraine, avec une science indiscutable, avec un art si remarquable des moindres nuances, la question pour ainsi dire insoluble des rapports de l'Eglise et de l'Etat, a condamné la théorie de la séparation dans plusieurs encycliques, notamment dans l'encyclique *Diuturnum* de 1881 sur le principat politique, l'encyclique *Immortale Dei* de 1883 sur la constitution des Etats, l'encyclique *Libertas* de 1888 sur la liberté humaine, l'encyclique *Sapientiæ* de 1890 sur les devoirs des citoyens chrétiens. Quand il a adressé des conseils spéciaux aux catholiques français, « il leur a recommandé de ne pas provoquer de scission sur un sujet dont il appartient au Saint-Siège de s'occuper » (1).

Que penser de cette doctrine catholique sur l'union de l'Eglise et de l'Etat et sur le régime concordataire ? Elle est

____

(1) Lettre encyclique de N. S.-P. le Pape Léon XIII, 16 février 1892, aux archevêques, évêques et aux catholiques de France.

conforme aux vrais principes, c'est le point essentiel. Mais est-
elle réclamée par les faits ? A cause de l'esprit positif qui règne
dans notre société, on se préoccupe beaucoup des faits, on les
étudie et on se base sur eux pour raisonner. La méthode
empirique est la plus suivie. Ne craignons pas d'en user. Bien
qu'elle sente son terre-à-terre et défende les envolées hardies,
elle a son utilité et nous fournira l'argument le plus accessible
et le plus frappant pour les intelligences contemporaines en
faveur du régime concordataire. Que constatons-nous ? L'É-
glise et l'État né peuvent pas s'ignorer et se désintéresser
l'un de l'autre parce qu'ils existent dans une seule et même
société et qu'ils ont les mêmes sujets, fidèles et citoyens tout
à la fois. De là, il y aura pour eux des occasions de chocs, de
conflits. Comment les prévenir si ce n'est par la complète docilité de l'État à l'Église, ou par une transaction entre ces deux
puissances : ce qui est le régime concordataire. Il n'en pourrait être autrement que dans le cas où la religion ne serait
qu'une affaire purement individuelle ne sortant pas de l'inti-
mité de la conscience et dans le cas où l'Église catholique ne
serait qu'une organisation nationale resserrée dans les limites
de l'État, soumise à ses lois. Mais ceci est contraire à la vérité
des faits. « Comme l'observait avec raison Mgr Bardel dans son
mandement de carême de 1903 sur le Concordat, le sentiment
religieux ne peut pas être individuel à ce point qu'il ne
prenne pas une place quelconque dans la vie publique. Son
enceinte est plus grande que le cœur humain. Il n'est pas non
plus cloîtré dans la famille dont le foyer n'est pas assez large
pour contenir ses autels. Il est social, collectif. » De plus l'Eglise
n'est-elle pas une vraie société, débordant les frontières
de tous les peuples, ayant une hiérarchie, une constitution,
un gouvernement, dominant tous les pouvoirs de toute la
hauteur de sa mission ? Ah, vraiment pour elle et pour l'État
il n'y a qu'une solution pour continuer à adoucir au moins
les heurts inévitables ; se lier par un traité de pacification
qui, en déterminant la sphère d'action des deux pouvoirs,

permet d'en mieux établir la nature et donne une notion claire des droits à respecter et des devoirs à remplir. Cette solution s'impose dans nos sociétés actuelles. Elles sont tellement bouleversées qu'il serait imprudent d'ajouter de nouveaux sujets de trouble par la séparation de l'Église et de l'État. « Les États modernes, dit Em. Ollivier, s'ils sont bien inspirés, ne rejetteront pas le régime du Concordat. Ils y auront recours chaque fois qu'une question non prévue sera de nature à devenir une cause de troubles religieux et qu'un désaccord se manifestera entre les dispositions de la loi canonique et celles de loi civile. »

Aussi on trouve le régime concordataire à peu près établi dans tous les États organisés qui se trouvent sur la surface du globe. Un jour ou l'autre ils ont été amenés à traiter directement ou indirectement avec le Saint-Siège. S'ils n'ont pas tous un Concordat écrit ils ont au moins un système d'entente ; une sorte de Concordat tacite. Par exemple, si l'État américain ne s'unit à aucune confession pour les mieux respecter toutes, il ne se désintéresse pas de la religion et surtout il ne s'en montre pas l'ennemi systématique. Bien loin d'être athée, il est religieux, même chrétien, parce qu'il prend pour bases les croyances et les prescriptions fondamentales du christianisme en ce qui touche l'ordre social. Les membres du clergé, en raison de leurs fonctions, sont exempts de la milice. Les ordres religieux et les établissements catholiques jouissent de la plus grande liberté et sont favorisés par des législations particulières qui leur accordent volontiers la capacité civile (2). Les mêmes observations pourraient être faites au sujet de la Belgique. « Ces pays sont accoutumés au respect, dit Anatole Leroy-Beaulieu (3), de toutes les libertés et de toutes les initiatives, possèdent une législation sincèrement tutélaire du droit d'association, reconnaissent les fondations et toutes les formes de propriétés ecclé-

(1) *Le Concordat*, p. 88.
(2) Claudio Janet. *Séparation de l'Église et de l'État aux États-Unis.*
(3) *Les catholiques libéraux en France depuis 1830 jusqu'à nos jours*

siastiques ». L'Église n'a pas alors besoin d'acheter par un traité avec le gouvernement des avantages que lui offre sans conditions la générosité des lois.

N'importe, il est à noter que le régime concordataire tend à prévaloir dans le monde entier. Le président actuel des Etats-Unis, Roosevelt, se rapproche de plus en plus de Rome, ne craint point de traiter avec elle pour une partie du territoire américain. Il semble par sa manière d'agir tenir compte des remarques que Léon XIII signalait à l'attention des archevêques et évêques des Etats-Unis de l'Amérique du Nord dans son encyclique *Longinquæ Oceani* du 5 janvier 1895. « Il faut se garder d'une erreur, observait-il, qu'on n'aille pas conclure que la meilleure situation pour l'Eglise est celle qu'elle a en Amérique ou bien qu'il est toujours permis et utile de séparer, de disjoindre les intérêts de l'Eglise et de l'Etat comme en Amérique ». De même, s'il faut en croire l'étude de M. l'abbé Crouzil, dans les pays scandinaves, en Norvège, en Suède, en Danemark, en Finlande, en Islande, en Hollande dont la majeure partie des habitants professe la religion calviniste où luthérienne, le catholicisme s'est développé d'une façon remarquable en ces derniers temps. Il est parvenu à se créer une situation légale bien plus favorable qu'en France, malgré les entraves qui subsistent encore. L'heure n'est pas éloignée où ces pays, que leur hérésie commune avait isolés dans une citadelle de foi jalouse et intolérante, reviendront vers la papauté pour signer avec elle un pacte de réconciliation. Plus d'une fois des essais de négociation pour un Concordat ont été traités. S'ils n'ont abouti, ils ont du moins affirmé le dessein de ces peuples de vivre en accord avec le catholicisme et de rechercher son alliance.

N'est-ce point le même désir qui se laisse apercevoir chez toutes les puissances européennes ? Que de faits nous pourrions relever, qui ne peuvent être interprétés que dans ce sens ! En Angleterre la haine du papisme s'est éteinte. La

nation anglicane a appris à respecter dans le catholicisme
un élément de l'ordre, elle ne croit plus qu'il la menace,
elle tolère ses évêques, elle a même des rapports avec le
Saint-Siège. En 1890 par une convention elle demandait que
le clergé maltais ne fut pas hostile au régime britannique.
Naguère elle promulguait une loi scolaire très libérale favorable à l'enseignement catholique. Récemment Edouard VII
se rendait au Vatican pour présenter à Léon XIII ses hommages
dans une visite qui a été remarquée. Quelques jours après
l'empereur d'Allemagne Guillaume l'imitait et mettait peut-
être plus d'ostentation dans sa démarche. Cet acte de cour-
toisie, un peu bruyante, indiquait bien que dans ce pays la
lutte antireligieuse qui avait duré huit années et qui fut
dirigée par un homme puissant, Bismarck, était également
terminée. Elle l'est depuis longtemps. En 1902 l'Allemagne
s'adressait à Rome pour régler la question de la faculté de
théologie de Strasbourg. La Russie elle aussi a entamé, à
cause de la Pologne, de nombreuses négociations avec le
Saint-Siège. Elle n'a plus foi dans la violence. Elle est
portée à la tolérance. Le Czar en a donné la meilleure preuve
dans le manifeste qu'il a publié.

Après ces exemples venus de nations hérétiques ou schismatiques, est-il étonnant que les puissances catholiques se
serrent plus que jamais autour de la papauté et se rattachent
plus fortement à elle. L'Autriche secoue les influences
néfastes qui avaient paralysé dans son sein les forces catholiques. Elle voulut par une convention en 1881 s'assurer que
les évêques de Bosnie et d'Herzégovie ne favoriseraient pas
les menées russes et profita de la circonstance pour mettre
en avant sa fidélité au Saint-Siège. Ce qui pourrait paraître
plus étrange, si l'on ne connaissait le génie italien qui a toutes
les audaces dans toutes les souplesses, l'Italie, qui a pris au
Saint-Père ses biens et Rome, aurait parfois la prétention de
se déclarer l'amie de l'Eglise. Elle dispense du service militaire pour les donner à l'armée des missions les jeunes gens

que tente ce ministère, elle les envoie nombreux sur les rives de la Méditerranée dans le pays où nous exerçons notre protectorat, à Tunis, en Syrie, en Palestine. Elle rêve de faire reconnaître son zèle par la papauté, de recevoir des privilèges de la main qu'elle a dépouillée. Avec plus de franchise, le jeune roi d'Espagne pouvait parler, dans son premier discours devant le parlement, de ses sentiments d'union à l'Eglise catholique. Sous ses auspices, un nouveau Concordat depuis longtemps à l'étude, est sur le point d'être conclu. Ainsi partout la sagesse des peuples met fin aux luttes confessionnelles. La paix religieuse se forme et le régime concordataire s'affermit.

A cette règle générale, la France va-t-elle faire exception ? Peut-elle dédaigner les leçons qui lui sont données par toutes nations et se passer de l'alliance avec le catholicisme ? Mais, à cause de son passé qui lui défend de tenter pareille aventure, la France avant tous les autres peuples a le devoir de resserrer les liens qui l'attachent étroitement depuis sa naissance à l'Eglise. Elle lui doit ses origines : elle fut formée et façonnée par elle. Elle lui doit sa longue durée dans l'histoire. Elle reçut d'elle le soutien le plus énergique et le dévouement le plus constant. Elle lui doit ses meilleures qualités et ses gloires les plus pures. N'est-ce point l'Eglise qui a communiqué à la France sa générosité inépuisable, son esprit de prosélytisme, son large amour de l'humanité et sa noble passion de l'idéal et n'est-ce point en combattant pour l'Eglise que la France a conquis son titre de soldat du droit et de la liberté ? Pour toutes ces raisons il y a eu pour ainsi dire compénétration de l'Eglise et de la France. Elles se sont même identifiées l'une et l'autre. « Ce que je constate en fait et dans l'histoire, a dit Brunetière avec sa vigoureuse éloquence, c'est que dans le monde entier, de même que le protestantisme, c'est l'Angleterre, et l'orthodoxie c'est la Russie, pareillement la France c'est le catholicisme... Et ce que j'en conclus enfin, c'est que tout ce que nous faisons, tout ce que nous laisserons faire contre le catholicisme, nous le laisserons faire et nous le ferons au détriment de notre influence dans le monde, au rebours de toute notre histoire, et aux dépens enfin des qualités qui sont celles de « l'âme française » (1). Par conséquent, si nous ne voulons pas amoindrir notre pays, le mutiler dans ce qu'il a de plus essentiel, le conduire fatalement à une déchéance profonde, ne parlons jamais de la séparation de l'Eglise et de la France. Aplanissons plutôt les difficultés pour rendre plus intime et plus forte l'union dont a vécu la France et sans laquelle elle mourrait.

D'ailleurs cette séparation est impossible si l'on considère les caractères de l'Etat français. Il est resté ce qu'il était dans l'esprit des Jacobins de la Révolution faussé par les théories anti-sociales de Jean-Jacques Rousseau et ce qu'il fut en réalité entre les mains despotiques de Napoléon qui l'organisa définitivement. C'est un souverain omnipotent qui exerce à discrétion ses droits illimités sur les personnes et les choses. Il aurait facilement la prétention de régenter la vie privée et le for intérieur, de commander aux pensées, de scruter et de punir les inclinations secrètes. Il s'immisce partout. Il se substitue à toutes les autorités, aux individus, aux familles, aux communes. Excessivement centralisateur, il s'occupe non seulement des intérêts généraux mais des particuliers. Il entend par exemple intervenir dans les conflits entre les ouvriers et les patrons, fixer le temps du travail, le taux du salaire. Il se proclame maître et des intérêts matériels et de la morale et de la philosophie et de la religion. Il ne croit pas éloigné le jour où il envahira la conscience elle-même par le monopole de l'enseignement. Il semble marcher rapidement vers le terme fatal de toute dictature au service d'une démocratie, le socialisme, c'est-à-dire vers un régime ou chaque homme est l'esclave de tous. Sûrement il évite de laisser se développer les initiatives et les libertés compromettantes. On

(1) *Discours de combat*. Les ennemis de l'âme française.

a pu dire (1) « que la France est un pays républicain, qui n'a aucune liberté, et qui a encore moins celle sans laquelle, quand toutes les autres existeraient, elles n'existeraient pas... un des pays les moins libres du monde et les moins libéraux de l'univers ».

Comment alors supposer qu'un État, avec ses habitudes d'empiètement sur le domaine de la liberté et d'exagération de son propre pouvoir, puisse se séparer complètement de l'Eglise, s'en désintéresser, et laisser à cette puissante institution l'absolue indépendance! Ce n'est pas possible. En posant le principe de la séparation, en essayant de l'appliquer, l'Etat français actuel, par la force des circonstances, aboutira à la séparation inconséquente. Il ne pourra renoncer à toute immixtion dans les affaires religieuses, mettre au rebut l'attirail juridique du gallicanisme parlementaire plus vivant qu'on ne le pense puisqu'il inspire la décision de nos ministres et leurs discours concernant la politique religieuse (2). Il n'enlèvera aucune des chaînes sous lesquelles il cherche à étouffer l'Eglise. Au contraire il en aggravera le poids. Au moment où il exclura l'Eglise, il s'introduira avec violence chez elle, lui imposera ses règlements, lui délimitera sa sphère d'action. Nécessairement pour l'accomplissement de ces mesures attentatoires à la vie de l'Eglise, la contrainte interviendra, l'hostilité éclatera violente, aiguë. Elle serait inévitable, quand même l'État serait dirigé par des hommes respectueux du catholicisme. A plus forte raison elle existera puisque malheureusement ceux qui rêvent d'opérer cette séparation sont des ennemis jurés de l'Eglise. Ils tiennent la religion funeste à la république, dégradante pour l'espèce humaine. Ils haïssent l'Eglise. Cette haine est leur foi, leur vertu, leur plaisir, leur gloire, leur profession. Ils désirent

(1) Emile Faguet, *Le libéralisme*. Cet ouvrage très révélateur et très judicieux, bien que ça et là se trouvent quelques exagérations, mérite d'être médité.

(2) Melchior de Vogüé a de curieuses remarques sur ce point dans son article. A propos d'un débat religieux. *Revue des Deux-Mondes*, 1ᵉʳ juin 1894.

tourner contre la religion la force du pouvoir. Voici donc la
marche logique que suivra l'Etat Français quand il voudra
rompre avec l'Eglise. Il ira par une pente insensible du
principe de la séparation inconséquente à l'hostilité complète.

Si quelque doute subsistait encore, pour le dissiper le seul
examen des projets de séparation de l'Église et de l'État suffirait amplement. Ces projets n'ont pas manqué sous la Troisième
République, qui par une vocation imprévue et toute puissante,
s'est sentie entraînée à mettre son patriotisme et sa démocratie
à changer les rapports de l'Église et de l'État. Ceux qui se
vantaient d'être de purs républicains ont multiplié leurs
propositions. M. Charles Boysset en 1882 croyait pouvoir
trancher le problème par deux articles. Le premier abrogeait le Concordat. Le second, qui supposait une décision
d'esprit et un dédain des difficultés pratiques peu ordinaire,
indiquait simplement la date à laquelle devait avoir lieu l'a-
brogation. La proposition de M. Jules Roche qui suivit peu
après était beaucoup plus étendue. Elle entrait dans tous
les détails et prévoyait tous les cas que soulèverait l'application d'une mesure aussi radicale. Somme toute, plus tard,
M. Yves Guyot, Planteau et Michelin, se contentèrent de la
reproduire avec quelques modifications. Les divers articles
contenus dans ces fameuses propositions étaient très osés.
Ils demandaient la suppression de toutes les congrégations
religieuses et des 53 millions du budget des cultes. L'État,
les départements, les communes entraient immédiatement en
pleine possession et jouissance des immeubles affectés au
services des cultes, au logement du clergé et appartenant
aux communautés. De plus la nation s'emparait des biens
mobiliers, et immobiliers des fabriques, des séminaires.
Toutefois, les dons ou valeurs provenant de dons ou legs,
ou fondations ayant une distinction spéciale, revenaient aux
donateurs ou aux héritiers des testateurs jusqu'au sixième
degré exclusivement. Dans le délai de six mois devaient être

vendus les valeurs mobilières, dans le délai de deux ans, les immeubles et le produit devait être versé dans la caisse des écoles. Il était défendu aux départements et aux communes d'acquérir, de recevoir, de prendre ou donner à bail aucun local pour l'exercice d'un culte, d'établir aucune taxe, aucune subvention pour les dépenses d'aucun culte et de fournir le traitement des ministres. L'État ni les communes ne pouvaient prendre part à aucune démonstration d'aucun genre dans les solennités religieuses. L'instruction religieuse et les pratiques officielles d'un culte quelconque étaient prohibées dans tous les lycées, collèges, écoles primaires, hôpitaux et dans tous les établissements appartenant à l'État. Quant à l'avenir, l'Église ne pouvait posséder aucun autre immeuble que ceux strictement nécessaire à l'exercice du culte. Et encore ce n'était point l'Église, en tant qu'Église qui avait le droit de posséder. C'était la paroisse, tout au plus le diocèse. Encore on n'accordait point à ces groupements l'existence légale.

Voilà la liberté que les partisans de la séparation de l'Église et de l'État accordaient à l'Église dans leurs projets. Ils la spoliaient de ses droits anciens de propriété. Ils la morcelaient en une multitude d'associations partielles et brisaient son indispensable unité. Ils la privaient de ses organes essentiels et de toutes ressources et l'empêchaient de rien fonder à perpétuelle demeure. Ils la poursuivaient partout, la chassaient de tous les lieux, la faisaient sortir même de ses temples. Ce n'était point la séparation de l'Église et de l'État. C'était l'asservissement de l'Église par l'État, ou plutôt, ce qui est plus conforme à la vérité, l'anéantissement de l'Église par l'État. En réalité, selon la remarque d'Étienne Lamy (1) qui a parfaitement analysé, résumé et apprécié ces projets, « désormais par la séparation, la puissance publique sera employée à détruire l'Église... ce n'est pas un

____

(1) La politique religieuse et le parti républicain. *Revue des Deux-Mondes*, 15 juin 1887.

genre de vie que la réforme prépare à l'Église, c'est un genre de mort. »

Mais ces projets sont bien vieux. Depuis longtemps ils sont oubliés contrairement à l'espoir de leurs auteurs qui se consolaient de leur insuccès en songeant qu'ils traçaient des règles pour l'avenir. Or de nos jours ceux qui ont repris la vieille question de la séparation de l'Église et de l'État ont semblé les ignorer, les dédaigner. Était-il nécessaire de nous y arrêter et ne valait-il pas mieux aborder au plus vite le projet récent de M. de Pressensé qui sans nul doute formera la base des futures discussions ? Cette question se présente à l'esprit. Cependant est-ce que par cet examen préalable nous ne comprendrons pas mieux le but que se proposent les partisans de la séparation de l'Église et de l'État ? Est-ce que nous ne suivrons pas mieux la pensée irréligieuse et antilibérale qui les anime ? Surtout nous serons à même de juger les progrès qu'ils ont faits pour entraver plus solidement la liberté et étouffer plus sûrement l'Église. Cette digression, si digression il y a, aura son utilité. Elle jettera d'utiles clartés sur le sort réservé à l'Église par la proposition de loi de M. de Pressensé, plus franchement haineuse, plus minutieusement persécutrice que toutes les propositions qui ont paru jusqu'alors en cette matière. Étant moins étrangers aux projets des partisans de la séparation de l'Église et de l'État, nous devinerons plus facilement leurs desseins actuels qui ont augmenté en perfidie vexatoire et sont davantage en désaccord avec la vraie liberté de l'Église.

Le projet de M. de Pressensé est précédé d'un long exposé de motifs, dans lequel il a la prétention de rappeler et de résumer tout ce qui a été dit en faveur de la séparation de l'Église et de l'État : problème placé désormais au-dessus de toute controverse. Sous sa prose diffuse et filandreuse, qui sent le rhéteur par la recherche de la sonorité et de l'amplification et qui, par son aigreur et sa violence révèle l'homme ayant renié ses convictions premières, les arguments perdent de leur vigueur et de leur netteté. Une seule chose est claire. Son projet n'est pas une œuvre de liberté, mais une œuvre de représailles et de haine, un acte de guerre. Il ne s'en cache nullement. C'est pour se venger de l'Eglise catholique, pour la mater, la détruire, qu'il veut la séparer de l'Etat. « Cette vigoureuse offensive (1) aurait dû être faite par la démocratie victorieuse au 16 mai. Il est temps de la mettre à exécution, après les mesures prises contre les congrégations qui ne sont que la préface de la lutte contre l'Eglise. »

Par là on entrevoit le caractère des articles formulés dans la proposition de loi qui, au nombre considérable de 98 et compris sous douze titres, forment une œuvre très touffue et constituent tout un code. Tout d'abord, dans les généralités qui englobent les six premiers articles, la liberté est mise en avant dans de belles déclarations de principes, trop belles pour qu'elles puissent être tenues. Attendons en effet la suite. Immédiatement est expliquée la manière dont doit être entendue la dénonciation du Concordat : ce sera la suppression du budget des cultes et de toutes allocations en faveur de l'Eglise, ce sera la cessation de l'usage gratuit des églises cathédrales et paroissiales et des locaux d'habitation mis à la disposition du ministre du culte (art. 7 à 14). En retour, que fera l'Etat, qui jadis s'appropria les biens ecclésiastiques et contracta une dette réelle ? Transitoirement, il versera aux prêtres remunérés sur les fonds publics qui auront plus de 45 ans d'âge et de 20 ans de ministère, qui seront encore en fonctions et rempliront les formalités voulues, des rentes viagères s'élevant uniformément à 600 francs (art. 15 et 20). Pour le reste, sans remords, l'Etat s'empare de tout ce qui était la propriété de l'Eglise. Toutefois il fera exception pour les biens et les monuments pour lesquels il sera prouvé qu'ils sont le fruit de libéralités exclusives des fidèles. De plus très

---

(1) Termes employés par M. de Pressensé lui-même et qui révèlent bien son but.

bienveillamment il consentira à louer par l'intermédaire du préfet et du maire les anciennes églises dont il est le propriétaire. Il pourra se réserver le droit d'user des édifices loués, soit à des dates fixes, soit tous les dimanches à des heures autres que celles du culte, à l'effet d'y célébrer des fêtes civiques, nationales ou locales » (art. 21 et 25). Dans ces cas il traitera avec les sociétés civiles formées pour l'exercice du culte dans le diocèse ou dans la paroisse. M. de Pressensé a soin d'indiquer comment se formera cette société et de préciser les bornes qu'elle ne pourra pas dépasser. Elle aura le devoir de ne pas modifier les circonscriptions diocésaines, de ne pas augmenter le nombre des églises, de ne posséder que les immeubles qui sont strictement nécessaires à son but religieux, de rendre public le tarif des droits perçus, d'en rendre un compte annuel et de ne point les surélever, finalement de placer toutes leurs valeurs mobilières en titres de rente nominatifs (art. 26 à 32). Que d'entraves à la liberté de l'Eglise ! Que d'obstacles au développement de sa vie et de ses œuvres.

Pourtant nous ne connaissons pas encore « la loi de police des cultes qui est une condition *sine qua non* de la séparation ». L'auteur s'est chargé de la rédiger (titre VII) pour mettre l'État à l'abri des inconvénients que présenterait une trop grande indépendance de l'Église, comme aurait pu le faire un gendarme en collaboration avec un geôlier. Il ne parle que d'amendes et d'emprisonnements. Il défend presque la liberté de la prédication chrétienne, rend très difficile la lecture des encycliques du Souverain Pontife, empêche pour ainsi dire toute procession et toute manifestation extérieure du culte en les faisant dépendre de l'autorisation du maire qui ne peut l'accorder que s'il y a protestation d'un dixième des habitants de la commune ou de plus de cent de ses habitants (art. 34 à 48). Il remet le soin de régler les sonneries des cloches à la municipalité. Bien plus on se demande si par l'article 33, dont le sens est très obscur, il ne veut pas détacher l'Église de France du Saint-Siège. D'après cet article, « il est interdit de rattacher un diocèse ou une portion de diocèse à la juridiction d'un métropolitain ou d'un évêque ayant son siège en pays étranger. » On pourrait croire que le pape est visé, lui qui est précisément un évêque en pays étranger. Ce qui ne fait point de doute, c'est qu'il dépouille l'Église de tous les privilèges qu'un gouvernement simplement sage et tolérant accorderait (titre VII, art. 49 à 70 *bis*). Il va sans dire que les aumôniers sont chassés de tous les établissements de l'État, des garnisons, de la marine, des hôpitaux militaires et maritimes, des hôpitaux civils, des lycées et des collèges, des établissements pénitentiaires (titre VIII, art. 71 et 79). Toute formule spéciale du serment judiciaire est abolie. Aucun signe ou emblème particulier d'un culte ne pourra être érigé dans un lieu public (art. 79 et 79 *bis*). Les cimetières appartiendront aux communes qui seuls en auront la garde, la police et l'entretien. Il est défendu de les bénir par une cérémonie quelconque, d'y élever des emblèmes religieux ayant un caractère symbolique et collectif. Il n'y aura plus de places spéciales pour les suicidés et les personnes non baptisées, etc. (titre X, art. 80 et 85). Les communes seront également chargés d'assurer le service des inhumations (titre XI, art. 86 et 89). Enfin le titre XII contient quelques articles qui se rapportent aux cultes non catholiques.

Jusqu'ici on n'avait jamais osé, en se réclamant impudemment de la liberté, formuler des prétentions aussi exorbitantes contre l'Église. D'après ce projet l'État procède à peu près de cette manière. Il promet traîtreusement de se séparer de l'Église et de lui laisser son indépendance. Il est au-dessus du dogme qu'elle enseigne et méprise l'influence qu'elle exerce. Puis tout-à-coup il revient en maître, en tyran. Il se jette brutalement sur elle, il la garrotte, il la dépouille de tout ce qu'elle possède, il lui ferme la bouche, il la défigure, la mutile, il l'enserre comme dans un étau. Alors il la jette dédaigneusement dans un coin somptueux qu'elle sera obligée de louer et où elle n'aura plus de rapport avec la société. Il ne faut pas qu'elle se mette au grand jour et qu'elle affronte la vie publique. Elle est condamnée à rester là immobile. Elle ne peut plus marcher, conquérir et enseigner. De temps à autre, on lui enlèvera quelques-unes de ses entraves et on lui accordera la liberté d'un seul mouvement, celui de laisser tomber de sa main qu'on espère généreuse le prix de location pour les grandioses édifices qu'elle bâtit avec l'or et la sueur de ses enfants dont on l'aura injustement expropriée. Est-ce possible qu'un cerveau humain conçoive un despotisme aussi insensé ? Est-ce possible qu'on l'appelle le régime de la liberté ? Non, non, la séparation que l'on veut est le régime de la persécution. Le projet de M. de Pressensé le démontre. « Pour cette raison, selon la remarque d'un publiciste éminent franchement républicain, ce projet est une preuve de plus de l'effrayante inopportunité qu'aurait dans notre pays la séparation de l'Église et de l'État... et, ajoute-t-il malicieusement, c'est le principal intérêt de cette proposition. »

En effet, qu'ils ne se trompent pas ceux qui veulent ainsi dénoncer le Concordat, l'Église se dressera quand on viendra lui imposer les chaînes qu'on lui prépare et qu'on lui promet. Elle étonnera par sa résistance énergique et fière, par ses protestations hardies et inébranlables ceux qui s'étaient habitués à la voir pacifique et conciliante au milieu des persécutions qu'elle subissait, ceux-là surtout qui se fient pour réaliser leurs mauvais desseins sur la résignation désarmée des catholiques. Ils oublient que cette résignation, devant le cours du XIX⁰ siècle, a eu pour cause l'existence du Concordat. Tant que l'Église et l'État sont demeurés unis, on s'explique que beaucoup de catholiques se soient illusionnés sur des mesures funestes à la religion et ne soient pas sortis de leur engourdissement et de leur inertie. Ils étaient d'ailleurs dirigés par des chefs sages, modérateurs. Comparant les avantages compromis par la politique d'un jour, avantages assurés d'une façon permanente par le Concordat et ne voulant point de rupture avec l'Etat, ils ne prononçaient point de condamnation sans réserves, quand ils luttaient et défendaient les droits de l'Eglise. Ils cherchaient plutôt à calmer les emportements des luttes religieuses qu'à exciter l'ardeur des combattants. Dans cette œuvre de pacification ils étaient encouragés par le Souverain Pontife toujours le plus disposé à conseiller les concessions, comme il était le plus fort pour vaincre les scrupules qu'elles auraient soulevées. Il n'ignorait pas que le protecteur de l'Eglise, le plus ancien, le plus dévoué, le plus généreux était la France et qu'il importait de vivre en bonne harmonie avec elle.

Brisez le Concordat tout change. Les catholiques ne pourront plus s'illusionner sur les attaques dirigées contre l'Eglise. Les apparences trompeuses qui les dissimulaient tomberont. Eux-mêmes, pour pratiquer leur religion, seront obligés de faire preuve d'initiative, de persévérance, de générosité, de courage Ils se guériront vite de leur torpeur. Ils s'efforceront d'accroître leur puissance et disputeront le pouvoir partout où ils auront à s'en plaindre. Ils deviendront ardents dans la lutte. Leurs chefs seront impuissants à les contenir. Placés davantage sous la dépendance des fidèles, qui leur fourniront leur subsistance et qui auront un rôle important à jouer, ils seront forcés bon gré mal gré de se mettre à leur tête et de marcher en avant : ce seront les plus inflexibles de caractère, les plus enflammés pour le zèle religieux, les plus passionnés je dirais qui deviendront populaires, auront la confiance et le prestige et seront de préférence écoutés et obéis. Par la violence de la situation ils se trouveront portés aux postes les plus élevés. La papauté, toujours guidée par l'amour de la concorde et pénétrée de sagesse, sera entraînée par le courant. La même prudence qui dispose le Saint-Siège a céder beaucoup aux gouvernements dans les pays de Concordats, l'obligera fort à ménager les fidèles dans un pays où l'Eglise est séparée de l'Etat. Le souverain Pontife sera dans la nécessité, par souci de son influence, de sa responsabilité et de l'avenir, de seconder les efforts des catholiques militants et d'applaudir à leurs exploits.

Comme l'Etat ne pourra renoncer à l'idée d'asservir l'Eglise et sera amené à la violenter ; de là surgira la guerre religieuse la plus effroyable dont les persécutions du xix⁰ siècle et du commencement de notre siècle ne peuvent donner une idée. Ces luttes n'étaient que partielles ; elles ne se manifestaient que sur quelques points de la France et n'abordaient que quelques questions. La dénonciation du Concordat conduira à une guerre universelle. Elle pénétrera dans le moindre des villages et dans le plus obscur des foyers. Il s'agira de la vie même de l'Eglise et de la vitalité chrétienne chez l'individu et dans la famille. En plus ces luttes étaient éphémères. Sous la même forme elles ne duraient que quelques années. L'apaisement se produisait. Quand elles renaissaient elles prenaient un autre aspect. La séparation de l'Eglise et de l'Etat établira en France une guerrre permanente. Seule la signature d'un nouveau Concordat y mettra fin (1). Les luttes n'étaient point ouvertes, de part et d'autre on devait se modérer. Quand la rupture sera un fait accompli il n'y aura plus de frein. L'Etat ne connaîtra plus de bornes et ne craindra pas de se servir de la force brutale pour arriver à ses fins. Dans l'Eglise il faut l'avouer, peut-être les passions humaines se mêleront aux vertus chrétiennes. Un souffle de colère emportera tout le monde et la force religieuse tournée en esprit de parti, s'élancera d'un assaut furieux contre l'Etat qui l'aura bravée. Ce sera la guerre civile. Qu'elle sera terrible la tourmente révolutionnaire, puisque l'indépendance est développée outre mesure, puisque les rivalités sont multiples, puisque nous souffrons déjà de la confusion ! Les victimes tomberont en masse, et les ruines s'amoncelleront. Dans

---

(1) S'il en fallait une preuve, la lecture du *Journal d'un évêque* (après le Concordat) d'Yves Le Querdec suffirait. Il est à consulter actuellement.

ce cataclysme la France peut-être périra. En tout cas, après l'épreuve, il faudra refaire la France.

Il n'y a aucune exagération dans le tableau des dangers qui nous menacent, si le Concordat est dénoncé. Déjà dans notre patrie, on a tenté de séparer l'Église de l'État. Sous la Révolution, la Constituante, après avoir dépouillé l'Église de sa fortune territoriale, jeta les linéaments de cette réforme. Elle en admit le principe en repoussant la motion du chartreux D. Gerles qui avait proposé de déclarer la religion catholique dominante, motion reprise par Virieu et l'abbé Maury. C'était un acheminement vers la sécularisation de l'État. Il était même à peu près réglé que la société civile et la société spirituelle vivaient désormais l'une à côté de l'autre, absolument distinctes, absolument indépendantes. Telle était du moins la signification du vote du 13 avril 1790. La Constituante y donna un démenti le 24 avril 1790 en édictant la fameuse Constitution civile du clergé, en opposition si manifeste avec les droits de l'Église « que, le gallican Pithou, affirme Em. Ollivier ne l'aurait pas approuvée, et que d'Aguesseau l'aurait anathématisée ». Quelques mois avaient passé. L'État qui se vantait de s'affranchir de l'Église, qui voulait être absolument laïque, se permettait de bouleverser de fond en comble la discipline ecclésiastique. Il atteignait directement l'autorité spirituelle du pape, il transportait l'élection des évêques à la cohue qui fait les élections politiques. Il décrétait que l'institution canonique ne serait plus donnée que par le métropolitain et qu'on daignerait seulement en avertir le chef de l'Église. Il remettait également la nomination des curés entre les mains d'électeurs politiques et violait ainsi le pouvoir épiscopal comme il avait violé le pouvoir pontifical. Il allait jusqu'à créer des administrateurs à sa guise pour suppléer l'évêque pendant la vacance du siège et jusqu'à modifier les circonscriptions diocésaines. Bien entendu, il n'avait pas pris la précaution, pour tous ces changements, de s'entendre avec l'Église et de demander son consentement. Comme il ne s'agissait que de discipline, il se croyait tout permis et ne se doutait pas qu'il organisait une nouvelle Église et qu'il détruisait en France le catholicisme. Il fut surpris et s'irrita de la résistance qui lui fut opposée par les prêtres et les évêques courageusement fidèles à leur devoir. Il pensa les effrayer par une série de décrets tyranniques et proscripteurs du 29 novembre 1791, du 27 mai 1792. Il mit à exécution ces menaces. Il exila, il emprisonna, il massacra. La terreur était alors déchaînée. Les Églises étaient fermées et transformées en clubs, les cérémonies du culte catholique étaient travesties en des mascarades anti-religieuses dans toute la France, la déesse Raison était fêtée à Notre-Dame. Pendant ce temps le sang coulait à flot sur toutes les places publiques où avaient été dressés des échafauds. Le premier essai de la séparation de l'Église et de l'État avait conduit notre nation à ces extrémités sanglantes et dégradantes (1).

Pourtant une seconde fois, l'État révolutionnaire voulut renouveler l'expérience qui avait été si fatale. Et cette fois il jura de mettre de côté les demi-mesures, les attermoiements, les contradictions, et d'appliquer radicalement et totalement la réforme qui n'avait été que tentée, timidement ébauchée, malheureusement contrariée par la Constitution civile du clergé et les promesses de la Constituante. Il fallait en arriver à la séparation complète. La Convention se chargea de l'inaugurer et de l'organiser (2). Par la loi du deuxième sans-culottide an II (18 septembre 1794), elle déclara que « la République française ne paierait plus les frais ni les salaires d'aucun culte », ne se préoccupant pas qu'elle manquait aux engagements solennels pris le 4 novembre 1789 envers l'Église catholique dépouillée de ses biens. Le 3 ventôse an III (21 février 1795) elle fut plus libérale. Elle était encore sous l'impression d'un discours de l'abbé Grégoire qui s'était fait

---

(1) *Histoire et rapports de l'Église et de l'État*. Debidour, chapitre 1, II, III.
(2) *Études et Leçons sur la Révolution française*, par F. A. Aulard. La séparation de l'Église et de l'État.

l'interprète des réclamations de l'opinion, désireuse, après
la réaction thermidorienne, de voir les églises rouvertes et les
autels restaurés. Elle proclama, non pas la liberté du culte,
mais une certaine et très relative liberté. L'exercice du culte
était très sévèrement réglementé. Les cérémonies de tout
culte (1) étaient interdites hors de l'enceinte choisie pour son
exercice. Aucun ministre du culte ne pouvait paraître en public, avec les habits, ornements et costumes affectés à des
cérémonies religieuses. Tout rassemblement de citoyens pour
l'exercice d'un culte quelconque était soumis à la surveillance
des autorités constituées. Aucun signe particulier à un culte
ne pouvait être placé dans un lieu public, ni extérieurement
de quelque manière que ce fut. Aucune inscription ne pouvait
désigner le lieu qui lui était affecté. Aucune proclamation ni
convocation publique (la sonnerie des cloches par exemple)
ne pouvait être faite pour y inviter les citoyens. Les communes
ou sections de communes en nom collectif n'avaient pas le droit
d'acquérir ni de louer de local pour l'exercice des cultes. Il ne
pouvait être formé aucune dotation perpétuelle ou viagère...
pour en acquitter les dépenses. Quelques mois plus tard, le
30 mai 1795, la Convention, par la loi du 11 prairial an III,
rouvrit dans Paris douze églises et les rendit aux catholiques à
condition de les partager avec les constitutionnels schismatiques ou d'y voir célébrer les cérémonies civiques du culte dé-
cadaire. Elle régla que pour ouvrir des églises à eux, il
fallait les acquérir à titre particulier. Enfin avant de disparaître de la scène, elle rendit deux dernières lois qu'on peut
appeler le testament de sa politique religieuse : la loi du
7 vendémiaire an IV (28 septembre 1795) sur la police des
cultes, qui, sous la menace de la gêne à perpétuité, imposait
au clergé un nouveau serment et soumettait sa parole à la plus
étroite surveillance et la loi du 3 brumaire an IV (25 octobre

(1) *L'Église de Paris pendant la Révolution française* 1789-1801, l'abbé Delarc,
Tome III. — On doit encore consulter *Le culte catholique de la Terreur au Con-
cordat* par l'abbé Gienle, ouvrage présenté au public dans le *Correspondant*, par
M. Pisani. 25 juillet 1903.

1795) qui remettait en vigueur contre les prêtres les lois san-
guinaires de 1792 et 1793.

On le voit, la législation laissée par la Convention pour
régler la séparation de l'Église et de l'État que M. Aulard et
nos modernes législateurs (1) considèrent comme un idéal à
reproduire, est bien confuse, bien contradictoire, bien despotique et tracassière. Son application qui fut entreprise par
le Directoire s'en est ressentie. Ce fut l'incohérence perpétuelle ;
ce fut, sauf des courts intervalles, la persécution pour l'Église.
De nouveau on arrêta les prêtres, on les emprisonna, on les
traduisit devant des commissions militaires, ou même on les
fusilla sommairement sur les routes. Un instant seulement
on crut à la liberté vraie quand aux Anciens les conseils
votèrent la loi de 1797 qui abrogeait les lois de l'an IV et
rétablissait les prêtres dans leur droits de citoyens français.
L'espérance ne fut pas de longue durée. Après le coup d'État
du 18 fructidor, la persécution recommença avec la dernière
violence. Dans la même année en Belgique où tous les prêtres
étaient là, elle se chiffra par 8.225 condamnations ; en France,
995 prêtres furent déportés et 705 emprisonnés et il est à
noter que beaucoup étaient encore exilés et qu'un bien plus
grand nombre se cachaient. La seconde expérience était
aussi désastreuse que la première. Elle aboutissait au même
résultat. Les événements établissaient que la séparation de
l'Église et de l'État ne saurait être une solution dans notre
pays. Quand l'État refuse de s'entendre avec l'Église il faut
qu'il la persécute. C'est ce qui ressort du régime institué
par la Convention, pratiqué par le Directoire. Il est bon de
le faire connaître. Cette constatation permet de juger les
prétentions de ceux qui proposent le rétablissement de ce ré-

(1) Discours de Viviani 1901. — Discours et discussions pour le refus de
demande d'autorisation pour les congrégations enseignantes d'hommes. Cette
époque de la Révolution est très étudiée actuellement. Les travaux de M. Ed. de
Pressensé et de M. Aulard ont beaucoup contribué à la faire connaître. Maintenant
nos modernes Jacobins s'approprient les arguments et les articles de loi de leurs
ancêtres.

gime et laisse deviner les périls vers lesquels ils conduisent la France. A elle seule elle suffirait pour écarter la funeste dénonciation du Concordat.

Mais résumons maintenant toutes les considérations qui militent d'une façon spéciale contre l'application de cette réforme, dans notre France actuelle. Pour qu'elle devînt praticable, il faudrait changer les origines de l'histoire de notre nation, renverser ses traditions, et mutiler son âme. Est-ce possible ? Non n'est-ce pas. Nous n'avons aucune puissance sur les faits qui se sont passés. Ils s'imposent comme les traditions elles-mêmes ; le nier serait une absurdité. Et comment détruire la physionomie d'un peuple sans le détruire lui-même ? De plus il faudrait modifier la conception de l'État dans notre pays, restreindre ses droits qui sont illimités, étendre les libertés qui nous manquent, favoriser davantage les initiatives privées qui sont trop surveillées jusqu'au point d'être étouffées. Qui pourrait prétendre que ce travail puisse se faire en un jour ? Personne, n'est-ce pas. Il faut de longues années pour rétablir de nouveaux principes de gouvernement, Il faudrait encore oublier les desseins des ennemis du catholicisme qui veulent la séparation de l'Église et de l'État et ne tenir aucun compte de leurs projets liberticides. Est-ce également possible ? Non, n'est-ce pas. Agir de cette façon et raisonner de la sorte serait un non sens inconcevable. Il faudrait croire que l'Église est décidée à sacrifier son indépendance, ses œuvres et sa vie ; il faudrait croire qu'elle approche de sa fin. Est-ce possible ? Non n'est-ce pas. Son fondateur l'a assurée de vivre perpétuellement tant que le monde durera. Jamais elle n'a cessé de défendre héroïquement sa liberté et ses enfants ont versé pour elle leur sang. Il faudrait enfin méconnaître les leçons évidentes du passé, ne plus se souvenir que sans succès le régime de la séparation de l'Église et de l'État fut tenté et qu'au contraire il introduisit la guerre civile dans la France, établit la Terreur et la prolongea chez elle. Est-ce possible de perdre la mémoire de ces faits et des enseignements qu'ils dégagent? Non, n'est-ce pas. Nous devons profiter de l'expérience de nos ancêtres et éviter les fautes qu'ils ont commises. Voilà pourquoi, tant que demeurent ces impossibilités, et elles demeureront longtemps, il faudra le maintien du Concordat dans la France actuelle.

Devant elles tous les arguments et les plus subtils et les plus vigoureux qui sont allégués pour la séparation de l'Église et de l'État viennent s'échouer. Nous serions en droit de les négliger, d'autant plus que leur force est encore affaiblie par un fait malheureusement trop réel. Il y a parmi nous une visible agitation religieuse entretenue par les partisans du désordre. Les passions sont excitées ; les colères sont soulevées ; les esprits sont animés. On dirait que la guerre se prépare. Pourquoi ajouter de nouveaux ferments à ce trouble inquiétant et demander la dénonciation du Concordat qui aurait en ce moment le caractère de représailles ?

Comme en conviennent ceux qui sont véritablement convaincus de la nécessité de cette réforme, mais qui ne veulent point s'en servir comme d'une arme, qui sont guidés par le libéralisme et la noblesse, la séparation de l'Eglise et de l'Etat doit être le fruit d'une longue paix religieuse. Elle ne pourrait être décidée que dans le calme et le sang-froid, du consentement de la grande majorité de la nation. Ce n'est que doucement que l'on pourrait désunir les liens qui rattachent l'Église et l'État, de manière à rendre à l'un et à l'autre leur pleine indépendance et leur en assurer l'exercice. Hélas, puisque nous sommes divisés au point de vue religieux, gardons-nous de mettre en avant cette question irritante. Selon nous, d'ici longtemps, sinon toujours, il sera imprudent de la débattre dans notre pays à cause des raisons susdites ; l'aborder actuellement serait une témérité qui ressemblerait à de la folie. Pour mieux nous en convaincre, mettons-nous hardiment en face des arguments qui sont opposés par les séparatistes libres penseurs et catholiques. De loin ils impres-

sionnent peut-être et certains semblent être de nature à
déterminer l'adhésion de l'esprit. Quand nous les aurons examinés de près, nous verrons qu'ils n'ont que l'apparence de
la vérité ou qu'ils supposent pour la société des bases fausses
qui devraient être démolies depuis longtemps pour être remplacées par des soutiens vraiment inébranlables.

Ce qui est mis surtout en avant par la première classe des
adversaires du Concordat, c'est l'antinomie qu'ils prétendent
trouver entre l'Église et la France républicaine et démocratique. Pour eux, l'Église apparaît comme une vieille institution, décrépite, dont les vieux matériaux usés tendent à se
dissocier. La vie l'abandonne et l'influence lui a échappé.
Elle dépérit, étrangère à toutes les réformes, à toutes les évolutions, à tous les progrès qu'elle essaie de contrarier ; inin-
telligente des besoins, des aspirations, des tendances de la
société quelle ne peut plus satisfaire ; attachée à ses anciens
égarements qui l'ont enveloppée d'impopularité et qui la conduisent à sa perte ; opposée par ses dogmes irréformables qui
asservissent et atrophient l'intelligence à l'esprit scientifique
dont le ressort le plus puissant, la forme même se trouve dans
la liberté de l'examen et de la recherche ; demeurant d'une
intransigeance inflexible et anathématisant avec une intolérance sans pareille tout ce qui contredit de quelque façon son
enseignement.

Mais devant elle se dresse une jeune société, pleine de sève
et de vie, qui peut compter sur l'avenir : c'est la démocratie
française. Qu'elle est grande et parfaite à leurs yeux ! Ils ne
se lassent pas d'énumérer toutes ses noblesses, tous ses bienfaits, tous ses rêves. Ils la montrent en particulier étendant
hardiment le domaine de la liberté, se penchant de préférence
vers les humbles et les petits, leur réservant une part dans
le gouvernement et multipliant en leur faveur ses mesures
et ses lois de protection. Comme elle est forte, solide, confiante en elle-même, elle n'a besoin d'aucune tutelle. Elle ne
veut pour appui, que la science moderne pour laquelle elle

professe un véritable culte et qu'elle appelle la religion de l'avenir, que la philosophie moderne qui a définitivement émancipé la raison et a conquis pour chaque individu l'autonomie, l'indépendance. Aussi quel respect elle exige pour la liberté de conscience! Elle ne se contente pas de la simple tolérance. Elle va jusqu'à la neutralité. Il est donc naturel que ses meilleurs défenseurs, selon ses désirs et la logique de ses principes, la détachent de l'Église catholique à laquelle elle fut liée par le Concordat. Pas d'accord possible entre ces deux institutions. L'Église sera toujours en conflit avec un état démocratique. Elle ne se réconciliera jamais avec la science et la philosophie modernes, qu'elle s'efforce de discréditer. Son intolérance l'empêche de reconnaître le bienfait de la neutralité. Il vaut mieux séparer au plus vite l'Église et l'État : deux puissances ennemies dans notre France actuelle qui se nuiraient réciproquement, d'autant plus qu'elles sont unies par un traité d'ordre essentiellement monarchique.

Sûrement ils n'ont pas regardé l'Église, ils ne la connaissent pas, ils ne veulent pas la connaître ceux qui parlent et raisonnent ainsi. Sans doute l'Église compte dix-huit siècles d'existence. Mais sans cesse elle se renouvelle, s'agrandit, se rajeunit. Elle est toujours vivante, l'immortelle épouse du Christ, radieuse d'une impérissable jeunesse, dans sa beauté sans rides, ni souillures. Sans doute encore l'Église est immuable ; mais en même temps elle jouit d'une souplesse merveilleuse et d'une perspicacité surprenante. Elle accommode ses enseignements à toutes les formes de gouvernement. Elle ne condamne aucun régime et le déclare bon pourvu qu'elle y puisse insinuer son souffle à elle, son esprit, sa vertu, sa vie. Pourquoi alors entrerait-elle en lutte avec la démocratie ? Après tout, que veut une démocratie ? N'est-ce point, selon la force du terme, un gouvernement (1) auquel doit participer le peuple et qui doit se proposer l'amélio-

(1) L'idée démocratique a été étudiée par Fonsegrive dans plusieurs de ses ouvrages, en particulier dans *la Crise sociale*.

ration du sort du peuple? Peut-on penser que l'Église s'y opposera, elle qui fait descendre l'autorité civile de Dieu sans doute, mais par l'intermédiaire du peuple, elle qui délia les chaînes des esclaves et les rendit aptes à user de la liberté par une éducation patiente, remplie de respectueux ménagements et de sages lenteurs; elle qui défendit les droits des opprimés, rechercha leur affranchissement, et rappela si fréquemment l'égalité entre tous les hommes que Dieu avait fondée et que son Christ avait restaurée et scellée de son sang libérateur; elle qui voulut l'ascension graduelle et pacifique des classes inférieures, des populations laborieuses et souffrantes à une plus grande somme de bien-être, de moralité, d'instruction, d'influence légitime; elle qui fut sans cesse à la poursuite de la misère, la soulagea en sanctifiant et reconfortant les âmes. Elle-même (1) s'inspire parfois des principes du régime démocratique dans son propre gouvernement. Elle fait profession d'ignorer la naissance séculière des prêtres et choisit ses pontifes dans tous les rangs sociaux. Les ordres religieux élisent leurs chefs sans avoir égard qu'à leurs mérites personnels.

Il ne faut pas parler de désaccord entre l'Église et la démocratie. Au contraire de vraies affinités les rapprochent l'une de l'autre. Et même un État démocratique, s'il est bien inspiré, s'assurera le concours de l'Église qui lui sera d'une grande utilité. Il a à se défendre contre de terribles dangers. Il lui est difficile d'avoir une continuité constante de vues, des desseins à longue portée, une durée sans changement brusque, d'organiser fortement la hiérarchie de ses pouvoirs, d'obtenir une obéissance prompte et complète et de maintenir l'ordre au milieu de la division des factions et des partis qui est inévitable et au milieu des convoitises passionnelles qui profiteront de la liberté pour se manifester. Il sera porté à être

(1) *Catholicisme et Démocratie* de M. Fonsegrive. — *L'Église et la France moderne* du P. Maumus. L'élection de Pie X en est une preuve. L'ancien Patriarche de Venise, le cardinal Sarto, appartient à une famille très simple, très obscure.

mobile, inconstant, accessible à toutes les impressions, susceptible des pires affolements, en proie à des luttes incessantes et à de honteux marchandages. Qu'il donne la main à l'Église. Elle sera pour lui un principe de cohésion et de stabilité, un garant de docilité, un frein salutaire qui l'arrêtera sur la voie de l'anarchie, un propulseur énergique qui secouera les coupables lâchetés.

C'est ce qu'avait entrevu à la lueur des événements tragiques de la Révolution, le pieux et doux bénédictin Chiaramonti, cardinal et évêque d'Imola, qui en montant sur le siège de saint Pierre devint Pie VII. « L'Évangile, disait-il, ne condamne pas la démocratie. Soyez très bons chrétiens et vous serez d'excellents démocrates. Les vertus morales rendent bon démocrate. Les premiers chrétiens étaient animés de l'esprit de la démocratie. » Cette pensée lumineuse et féconde, fruit de méditations solitaires, a été reprise à cent ans d'intervalle, par le souverain Pontife Léon XIII. Il l'a définitivement précisée, savamment et explicitement exposée. Après ses encycliques (1) et ses allocutions (2) si nettes dans leurs affirmations, si sages dans leurs recommandations, et si théologiques dans leurs développements, il n'est plus possible de voir entre l'Église et la démocratie aucune sorte de contradiction. L'Église se préoccupe de la condition de ceux qui peinent et n'est pas ennemie d'un raisonnable bien-être, et promet de réconcilier les deux classes rivales sans faire appel à d'utopiques réformes et à d'inquiétants bouleversements (3). En elle se trouve le sel de justice sans lequel la démocratie se corrompra infailliblement, le ferment de sacrifice et de charité sans lequel elle dissoudra les nations et de toute façon se suicidera.

Mais déjà la démocratie française a contracté des alliances qu'elle ne veut pas abandonner. Elle s'est liée irrévocable-

---

(1) *Quod apostolici muneris*, du 28 décembre 1878. — *Rerum novarum*, 15 mai 1891. — *Graves de communi*, du 18 janvier 1901.

(2) Réponse à M. Harmel. Pèlerinage ouvrier de 1889.

(3) *La Papauté, le Socialisme et la Démocratie*, par M. Anatole Leroy-Baulieu.

ment à la science et à la philosophie modernes. Par là même, n'a-t-elle pas tourné le dos à l'Église ? Et malgré le Concordat qu'elle a maintenu avec elle, n'a-t-elle pas rendu toute entente impossible ? Cette question troublante nous amène au problème des rapports du dogme et de la science et ceux de la raison et de la foi. D'après certains, nous nous trouvons en face d'ennemis irréconciliables. Le dogme enlève à la science sa liberté, tarit sa curiosité féconde, lui inspire une stérile timidité. Tout dogme fixe est une prison où meurt l'esprit. La foi n'est pas moins funeste à la raison. Elle ne veut pas entendre parler de son émancipation. Elle préfère l'asservir, comprimer ses vigoureux élans et blâmer ses nobles hardiesses. Aussi, entre ces puissances s'est élevée une guerre qui n'est point sur le point de s'achever et qui domine tous les débats. Jamais, affirme-t-on, elles ne signeront un traité de paix. Et puisque la démocratie française a opté pour la science et la raison, elle ne peut que rejeter le dogme et la foi et avec eux l'Église qui les représentent et les patronent. Son honneur y est engagé.

Ce raisonnement serait parfait si l'on prouvait qu'en réalité il y a opposition entre le dogme et la science, la foi et la raison. On oublie de le faire et d'ailleurs la chose serait peu aisée. La science et le dogme s'accordent à merveille (1). La science suppose certains principes ; le dogme les requiert aussi ; la science exige du savant certaines dispositions intérieures, de prudence, de défiance, de sens, des passions et de l'autorité individuelle, des qualités de modestie, d'humilité, d'abnégation et de patience. Le catholicisme les impose à un degré suréminent, il est le premier à encourager la science dans ses audacieuses investigations. Il retire des découvertes scientifiques des nouvelles et utiles clartés pour l'exposé et l'intelligence du dogme. En vain l'on chercherait une divergence : science et dogme

(1) Cette question a été traitée de nos jours par une multitude d'auteurs. Parmi eux Fonsegrive s'est fait remarqué dans *Catholicisme et vie de l'esprit*. Il est à noter que toutes les découvertes ont été utiles à l'Église. M. l'abbé Birot a des pages très fortes sur ce point dans son ouvrage : *Mouvement religieux*.

s'entendent pour former l'esprit humain, par les mêmes moyens et au nom des mêmes lois, quoique par des lois parallèles, vers la vérité totale.

L'on devine que le conflit que l'on veut également établir entre la raison et la foi est de même nature. Le conflit n'est qu'apparent. On reproche à la foi de limiter la pensée humaine. Mais elle ne la limite que du côté de l'erreur et ouvre sur la vérité de nouvelles et profondes perspectives et c'est ce que fait la raison. « Dès qu'il y a vérité, comme l'a si justement remarqué Comte, il ne saurait plus y avoir de liberté de pensées. » De plus, la foi a tenu pour son intérêt propre à affirmer l'indépendance de la raison en son domaine et à reconnaître la liberté de ses méthodes. Et la raison n'a pas encore trouvé de meilleur défenseur que la foi au Concile du Vatican (1). Elle peut, lui dit-elle, « user des principes et des procédés qui lui sont spéciaux ; l'Église lui reconnaît cette liberté ». La foi ne réclame qu'une seule chose de la raison : c'est la soumission et la dépendance à l'égard de Dieu. N'est-ce point juste puisqu'il est la source de la vérité, puisqu'il est la vérité même ? Elle ne contredit pas à son émancipation pourvu qu'elle ne soit pas entendue dans le sens absolu. C'est encore juste, puisque cette émancipation la conduirait à l'anarchie intellectuelle, au scepticisme complet et amènerait dans les intelligences un désarroi fatal. Que la démocratie française ne craigne donc pas de tendre la main tout à la fois à l'Église, à la science et à la raison ! On ne pourra l'accuser de faire un geste hypocrite et incompatible et l'Église ne sera point fâchée de se trouver en pareille compagnie.

Cependant la démocratie française pourrait avoir encore un scrupule. Par respect pour l'indépendance de la pensée et pour l'autonomie de l'individu, elle avoue son incompétence au milieu de la diversité des croyances et ne se reconnaît pas le droit d'en imposer aucune. Elle regarde tous les dogmes

---

(1) Ceux qui accusent le catholicisme d'être l'ennemi de la raison devraient relire les décrets et définitions de ce concile.

moraux, métaphysiques ou religieux comme également en question. Elle se déclare neutre et elle a érigé sa neutralité en doctrine. Et parce qu'elle estime cette neutralité au dessus de tout prix, elle la veut universelle et absolue et désire que toutes ses institutions, ses lois, ses actes, ses paroles portent cette marque. Elle combat avec acharnement tout ce qui lui donnerait un caractère confessionnel. Le Concordat qui est le plus opposé à cette neutralité, devrait avoir succombé sous ses coups. Depuis trop longtemps, il gratifie la religion catholique d'un rang privilégié. Que répondre à cette objection qui semble insoluble ? Le principe de la neutralité n'entraîne-t-il pas la dénonciation du Concordat ? Eh bien, non, supposé même que l'on admettrait pour un instant ce principe. Dans l'application des théories, l'on doit tenir compte des faits et si on se laissait guider par la seule abstraction, l'on deviendrait bientôt un utopiste dangereux. Or en France des faits réels, palpables s'opposent à la rupture de l'Etat avec l'Église. Nous les avons signalés et analysés. En face d'eux un partisan de la neutralité doit s'incliner et attendre des jours meilleurs pour mettre en pratique sa doctrine.

Mais la démocratie française a-t-elle raison de s'attacher à la neutralité et doit-elle continuer de le faire ? Nous ne le pensons pas, bien que ses hommes d'État aient tous commis l'erreur étrange de la considérer comme une de ses plus glorieuses conquêtes. Après Léon XIII (1), après Jules Simon (2), après Brunetière (3), nous osons dire franchement que la neutralité est périlleuse, impraticable, anormale, outrageante et hypocrite. Car n'est-il pas téméraire de la part d'un Etat de dédaigner les croyances religieuses qui se traduisent infailliblement en actions et qui ont une influence capitale dans la vie sociale ? Peut-il d'ailleurs passer indifférent devant les religions qui se disputent l'univers ! L'Etat ne saurait rester confiné dans le

---

(1) Léon XIII a combattu cette erreur et l'a anéantie dans sa lettre encyclique à l'épiscopat autrichien sur la neutralité scolaire.
(2) *Dieu, Patrie, Liberté.*
(3) *Discours de combat,* 2e série. La morale neutre.

pur domaine du temporel. Il laissera voir ses préférences, il aura des complaisances ou des persécutions. Il aura beau se vanter d'être neutre, il ne le sera pas. Dans le cas où en réalité il n'aurait pas de culte, de religion, il aboutirait à être athée et l'athéisme est une croyance ou une opinion. Il est incompréhensible que notre démocratie, intelligente, se soit engouée de cette idée fausse et s'en soit pour ainsi dire affublée. Elle lui a fait commettre des fautes et des injustices très graves. A cause d'elle elle a proscrit toute une catégorie de citoyens sans autre motif que leurs sentiments intimes, ne prenant pas garde qu'elle portait atteinte à ses principes les plus évidents, à l'égalité de tous devant la loi et les emplois publics. A cause d'elle elle a banni de ces programmes scolaires les notions fondamentales que personne ne doit ignorer, elle s'est gardée d'exprimer officiellement non seulement une idée chrétienne, catholique, mais une idée religieuse. Elle en est arrivée à être l'apôtre brutal de la libre pensée matérialiste et athée.

Il n'y a qu'une explication à cette étrange ligne de conduite. La démocratie française n'a pas compris le véritable sens de la neutralité ; elle l'a confondue avec la tolérance (1) qui est légitime et qui est nécessaire dans notre société, vu l'état actuel des esprits. L'Eglise n'en disconvient pas. Plus souvent qu'on ne le pense, elle la pratique et toujours professe un vrai respect (1) pour toute croyance et toute conviction étant

(1) Voir Discours de M. l'abbé Vacandard sur la tolérance religieuse. — Le savant orateur examine successivement quels sont en cette matière les devoirs respectifs de l'individu, de l'Etat et de l'Église. Il s'attache à montrer que la vraie tolérance est fille de l'Église catholique et étudie, à la lumière des encycliques de Léon XIII le sens qui doit être donné aux condamnations prononcées dans l'encyclique *Quanta Cura* et dans le *Syllabus*.

(1) L'on pourrait citer de nombreux faits de tolérance. Mgr Favier, évêque de Péking nous en apprit un récemment. Dans des écoles catholiques de Chine les maîtres n'ont pas essayé de convertir les enfants qu'ils instruisaient et qui appartenaient au paganisme. L'idée de tolérance gagnerait à être discutée et la pratique de la tolérance par l'Eglise devrait être davantage connue. Ce qui ne l'empêche pas d'être intransigeante pour la défense de la vérité et de souhaiter pour le bien de l'Etat que la religion catholique soit reconnue par lui comme religion d'Etat. Elle voit dans cette déclaration une attestation en faveur de la vérité, un principe d'unité, et un moyen de maintenir la paix.

habituée à traiter les âmes avec une sainte déférence et imitant en cela son Dieu qui n'impose pas ses bienfaits par force. C'est pourquoi s'il en coûte à l'Eglise, si elle est humiliée d'être unie à un Etat neutre par des liens qu'elle ne veut pas briser pour éviter un plus grand mal, elle n'aurait aucune honte à s'associer aux destinées d'un Etat vraiment tolérant, rempli d'un parfait libéralisme comme le comporte la noble acception du mot et toujours à l'abri de tout fanatisme anti-religieux. Et par cette tolérance, l'Etat, en France ne serait pas empêché de s'appuyer ostensiblement sur l'Eglise puisque la religion traditionnelle et nationale est le catholicisme et que la plus grande partie des citoyens continuent de lui appartenir. Si la neutralité est hostile à l'union de l'Eglise et de l'Etat, la tolérance dans notre pays lui serait plutôt favorable.

Evidemment on a exagéré le différend qui sépare l'Eglise et la démocratie française. On a creusé et élargi le fossé qui les éloigne l'une de l'autre. Entre elles il n'y a autre chose que les rancunes du passé, que des malentendus et des préjugés, tout au plus qu'une sorte d'incompatibilité d'humeur. Il n'y a point d'antinomie véritable. Qu'elles abandonnent leur mutuelle défiance et leur antipathie réciproques ! Qu'elles comblent elles-mêmes le fossé qui les tient à distance ! Qu'elles dissipent leurs malentendus ! Alors, sans crainte, dignement, elles pourront revenir l'une vers l'autre. Elles peuvent se comprendre, s'entendre, se soutenir. Elles peuvent s'unir. Parce que déjà elles ont entre leurs mains un traité d'alliance qu'elles ont signé depuis longtemps, elles n'ont qu'à s'y attacher plus fortement que jamais.

Toutefois l'on peut se demander si cette vieille convention est bien le Concordat qui convient à l'Eglise unie à une jeune démocratie, jalouse jusqu'à l'excès de son indépendance et de la liberté de ses citoyens. Le Concordat de 1801 est-il vraiment démocratique et n'est-il pas d'ordre essentiellement monarchique ? La main autoritaire de Napoléon ne s'y fait-

elle pas trop sentir? Parmi les catholiques (1), il en est qui
ne sont pas éloignés de le penser. Ils ne veulent pas pour
cela la dénonciation de ce pacte qui fut efficacement pacifica-
teur. A tout esprit sage des moyens aussi radicaux répugnent.
Ils manifestent le désir qu'on le renouvelle, en l'accordant,
en l'adaptant aux besoins des temps nouveaux et en le
modifiant d'après des bases plus démocratiques, plus libérales. Le texte du Concordat n'est pas sacré au point d'être
à tout jamais irréformable. Pourvu qu'il y ait entente entre
l'Etat et le Saint-Siège, il n'est pas défendu d'y toucher et d'y
apporter des changements.

Mais ces changements sont-ils nécessaires? Nous n'en
sommes point d'avis. Le Concordat n'a pas vieilli. Il est
demeuré jeune après les bouleversements et les innovations
du xix⁰ siècle. Il n'a rien dans ses clauses qui soit contraire
à la démocratie et à la liberté. Il est même conforme à l'esprit moderne. Non, non, le Concordat ne se présente nullement avec un caractère monarchique, ce sont plutôt les arti-
ticles organiques qui méritent ce reproche ; ce sont des documents d'ancien régime qui par les mille entraves à la liberté
qu'ils contiennent sont frappés à l'effigie napoléonienne. On
s'étonne qu'une démocratie les ait conservés et défendus.
Son devoir évident était d'abolir ces articles qui ne s'adap-
tent plus à notre société transformée par le progrès des sciences
et le changement des mœurs. Son devoir non moins évident
est de maintenir le Concordat. Il établit, comme il convient,
l'union, qui est possible, qui est nécessaire entre elle et
l'Eglise.

Que reste-t-il maintenant du principal argument des séparatistes libres penseurs et gouvernementaux ? Bien qu'il ne
manque pas de force, qu'il soit assez captieux, de nature
à frapper les masses populaires et les esprits superficiels,
qu'il prête aux pompeuses déclarations semées de retentissantes

(1) Voir discours de l'abbé Gayraud, Chambre des députés, séance du 7 décembre 1899.

et vaines formules, on a tort de s'appuyer sur lui. Quand on le presse, il cède et finit bientôt par s'écrouler. Cependant on comprend qu'on ait la tentation de s'en emparer et d'essayer de l'exploiter. Il a pour lui un semblant de logique. Sur ces assises on peut, à la rigueur, étayer de sérieux raisonnements qui ébranlent, il faut l'avouer, le Concordat et qui depuis longtemps auraient amené sa dénonciation s'il n'avait pour lui la solidité faite de vérité. Par contre on ne s'explique pas que des hommes osent rejeter le Concordat à cause du budget des cultes. L'on ne doit pas, disent-ils, forcer des citoyens à contribuer aux dépenses d'un culte qui n'est pas le leur. N'est-ce pas là violenter leur conscience ? Puisque le Concordat se rend coupable de ce forfait, les mots énergiques ne leur font pas peur, en obligeant l'État c'est-à-dire la nation à salarier les prêtres, il faut le briser sans retard et sans pitié. Il n'est que trop raisonnable de laisser à ceux qui emploient les ministres d'un culte le soin exclusif de les payer.

A cette objection peu insidieuse, il est aisé de répliquer et l'on peut donner deux réponses : la première tirée d'une raison historique, l'autre d'une raison sociale. Pourvu que l'on soit quelque peu au courant des faits qui se passèrent sous la Révolution, l'on saura pertinemment qu'il est très faux que les prêtres soient salariés par l'État, par l'argent de l'État, par l'argent des contribuables. Ce sont les catholiques, les catholiques seuls, qui payent le budget du culte catholique. Ce budget n'est autre chose en effet qu'une partie de l'intérêt des biens ecclésiastiques, biens donnés à l'Église durant de longs siècles par les fidèles catholiques, pour l'entretien de leur culte et de leurs prêtres et qui lui furent enlevés par la Révolution cupide et injuste. Ce budget fait partie de la dette nationale.... « sous aucun prétexte il ne peut être ni refusé ni suspendu (1) » c'est l'aveu textuel de la Constituante, si bien que dans l'hypothèse de la dénonciation du Concordat, ce budget devrait être encore

(1). Constitution de 1791, titre V, article II, des Contributions publiques.

versé. Suivant la remarque de Mgr Freppel, « le Concordat a reconnu l'obligation de l'État de pourvoir d'une manière convenable aux dépenses du culte catholique et à l'entretien de ses ministres ; il l'a ratifié, déterminé, il ne l'a pas créé (1) ». Donc l'État, s'il ne veut pas violer la justice et transgresser ses engagements, est obligé de s'acquitter du budget des cultes. Aucun argument ne détruira ce grave devoir, et l'État ne fait que s'acquitter d'une dette.

A cette raison historique s'ajoute une raison sociale aussi convaincante qui résout directement les difficultés soulevées par les partisans de la séparation de l'Église et de l'État. Ils font au budget des cultes deux reproches, en l'assimilant à un impôt ordinaire : ce qu'il n'ont pas le droit de faire, répéterons-nous. Malgré tout, suivons-les sur leur terrain et admettons momentanément que le traitement des prêtres soit un salaire généreusement octroyé par l'État. Écoutons leurs reproches. Ils ne peuvent pas supporter que quelques citoyens, d'ailleurs peu nombreux, contribuent aux frais d'un culte dont ils n'usent pas. Mais il y a une quantité de services publics dont on ne profite jamais et parmi lesquels il peut s'en trouver qui répugnent à la conscience. Est-on pour cela dispensé de les payer. Par exemple est-on dispensé de payer les théâtres parce qu'on se fait un devoir de n'y jamais mettre les pieds ? Est-on dispensé de payer les expéditions lointaines et ruineuses parce qu'on les blâme et les réprouve hautement ? Est-on dispensé de payer les écoles des beaux-arts, les chaires de sciences, de littérature parce qu'on ne les suivra pas, les musées, les bibliothèques, parce qu'on ne les visitera jamais ? Il suffit qu'on se trouve devant un service public pour que l'on soit obligé d'y contribuer. A moins de vouloir dissoudre l'union sociale, l'on doit admettre cette mutualité de charges, cette réciprocité de services et de fonctions, cet échange de sacrifices qui se balancent et qui s'équilibrent. Et personne ne mettra en doute que la religion rend à l'État le premier des services,

(1) Mgr Freppel. Chambre des députés. Séance du 21 novembre 1882.

le plus important de tous. C'est elle qui peut seule parler
efficacement au peuple de morale, de devoir et de vertu et
qui élève un peu sa tête au dessus-de cette motte de terre
qu'il retourne chaque jour de sa bêche infatigable et qui le
recouvrira un jour.

Quant au second reproche, il n'est pas plus fondé. Ils pensent que le budget des cultes violente certaines consciences.
Mais la conscience des contribuables n'est engagée pour rien
dans cette participation aux charges publiques. Lorsqu'on
fait partie d'un corps social, on n'a pas le droit de se dérober
à des obligations communes sous prétexte qu'elle ne conviennent pas. Encore une fois il n'y a pas de responsabilité personnelle. Évidemment, en allant payer sa quote part chez le
percepteur, on ne fait pas plus adhésion au culte catholique
que l'on ne fait adhésion à la morale des théâtres, ni à
l'enseignement athée ou matérialiste qui peut être donné
dans tel ou tel établissement de l'Etat.

N'est-ce point s'attarder trop longtemps à la réfutation de
vaines objections auxquelles il ne faut pas donner plus d'importance que ne leur en attacheront leurs auteurs. S'ils avaient
été davantage convaincus de la valeur de leurs raisonnements, de la nécessité de la réforme qu'ils demandaient, ils
auraient probablement déployé plus de zèle pour la faire
aboutir. Dans le passé, ils avaient comme excuse l'absence
d'une loi des associations en France. Ils ne se faisaient pas
faute de le mettre en avant. Ils ne le peuvent plus désormais. La loi des associations est votée. La séparation de
l'Eglise et de l'Etat est-elle devenue plus facile? Cette question a été nécessairement agitée. Ceux qui par tous les moyens
veulent arriver à la dénonciation du Concordat se sont empressés de déclarer cette loi favorable à leurs desseins. D'ailleurs ne les avait-on pas habitués à considérer la loi des associations comme « la préface » de la rupture qu'ils souhai-
taient? C'était l'argument qu'on leur alléguait d'ordinaire
pour modérer leurs ardeurs impatientes. Ils avaient des rai-

sons très plausibles de penser que la loi à laquelle ils avaient concouru avec tant de dévouement préparait enfin la réalisation de leurs projets. S'ils avaient désiré se débarrasser de leurs illusions, ils n'auraient eu qu'à étudier la loi elle-même. « On ne peut dire sérieusement, remarque M. l'abbé Lemire (1), qu'elle soit dans sa teneur et dans son texte, un acheminement vers la séparation des Eglises et de l'Etat -Au contraire puisqu'elle range les congrégations dans une loi spéciale et leur donne une sorte de consécration légale... est ce que cette situation ne deviendra pas pour elle un *modus vivendi* durable, une sorte de contrat tacite ? Par conséquent, cette loi, loin d'être un acheminement vers la séparation des Eglises et de l'Etat, est plutôt une sorte de prolongement du régime contraire ».

Cette opinion a été embrassée par tous les publicistes qui ont étudié impartialement les relations de la loi des associations et du Concordat. M. Alphonse Humbert (2), un ancien député de Paris, un esprit très libre, a écrit sur ce sujet des articles très sensés et très affirmatifs. M Waldeck-Rousseau, au surplus, ne cachait pas que sa loi était une œuvre destinée à renforcer et à faire vivre le Concordat et maintes fois, au cours du long débat qu'elle a soulevé dans les Chambres, il s'est donné la satisfaction de l'affirmer devant une majorité radicale qui n'y comprenait rien et qui déchirait son programme sans le savoir. La chose est tellement évidente que généralement l'on a renoncé à se servir de cet argument. On l'a à peu près complètement mis à l'écart. L'arme qu'on aimait à brandir dans le passé et qu'on croyait très redoutable s'est rouillée et est devenue inoffensive par la faute de ceux qui la manièrent si longtemps. Ainsi donc tous les raisonnement « des séparatistes » libres penseurs et gouvernementaux ont quelque chose de vicieux. Ils faiblissent à un moment donné. Et parce qu'ils ne possèdent pas la vérité, ils sont

(1) Chambre des Députés. Séance du 12 décembre 1901.
(2) Le premier effet de la loi : *L'Éclair* du 24 mai 1903.

impuissants à démolir le Concordat qui se rit de leurs coups et demeure inébranlable.

Mais cette vieille convention ne compte pas seulement des adversaires parmi les ennemis du catholicisme. Des enfants de l'Eglise l'ont attaquée : et certes, ce n'étaient pas les moins marquants et les moins dévoués à la cause de la religion. Ils s'étaient donnés corps et âme à l'Eglise qu'ils aimaient passionnément et dont ils étaient fiers. Ils prétendaient la servir avec courage et noblesse et faisaient pour elle les plus beaux rêves. Ils la voulaient pleine de dignité et de prestige, libre de tous ses mouvements, entravée par aucun lien, redevable à aucune puissance de ses œuvres de miséricorde et d'apostolat. Ils étaient humiliés de la voir liée à un pouvoir qui méconnaissait sa valeur, rougissait d'elle et au besoin l'aurait persécutée. Comment accepter de cette autorité despotique et irréligieuse les évêques qui devaient la gouverner et l'or qui devait nourrir ses ministres ? N'était-ce point un abaissement, cause de son impopularité et de ses douloureux insuccès ? Qu'elle se sépare de l'Etat et hardiment, avec sa seule liberté, qu'elle aille vers le peuple, qu'elle lui adresse ses exhortations réconfortantes et ses enseignements lumineux et le peuple reviendra vers elle ! Pour développer ces magnanimes pensées, ils avaient à leur disposition un langage à l'allure martiale et chevaleresque, dans lequel passaient toute la générosité de leur âme et toute leur confiance dans l'avenir. On ne peut se défendre pour ces vaillants champions d'une vive sympathie et on s'éprendrait de leurs idées rendues encore plus entraînantes par le souffle qui les animait si on n'était pas arrêté par la froide raison.

A bien réfléchir aux théories qu'ils défendirent, on s'aperçoit qu'ils s'illusionnèrent d'une façon grave. Parce qu'ils avaient des sentiments élevés, ils crurent la nature humaine meilleure qu'elle n'est en réalité. Ils oublièrent les vilains appétits et les mauvaises tendances qui la travaillent, se remuent dans ses bas-fonds, et qui sont les plus terribles ennemis de la vraie doctrine effrayante par ses autérités. Partant de ces fautives données, pour faire recevoir la vérité, ils ne voulaient compter que sur sa divine vertu et son évidence qui suffisaient selon eux, et c'était une illusion. De plus ils entouraient d'un culte excessif la liberté. Elle était leur idée dominante, leur passion. Ils l'invoquaient sans cesse et la considéraient comme un remède universel. A les entendre, ils paraissaient parfois supposer que la liberté comme telle est toujours inviolable et que c'est toujours un attentat criminel entre tous que de limiter la liberté pour la protéger contre ses excès. « De là, selon la juste observation de Léon Ollé-Laprune, à faire d'un état social troublé et transitoire, l'idéal même de toute société, à estimer un progrès heureux la division intellectuelle, à traiter toute union de la puissance spirituelle et de la puissance temporelle comme une chimère, un danger et même comme une faute, il n'y a pas loin. » C'était encore une illusion doublée d'une grave erreur. Enfin ils grossissaient le libéralisme de l'Etat. Ils lui prêtaient une largeur et un désintéressement qu'il n'a pas. Ils s'imaginaient qu'après s'être séparé de l'Eglise il ne s'en occuperait plus et ne chercherait plus à restreindre ses libertés. Il la laisserait vivre, parler, marcher, se réunir, se gouverner à sa guise, c'était toujours une illusion.

En outre ils se rendaient coupables d'exagérations. Sans doute il y a des inconvénients à ce que les ministres qui peuvent être irréligieux nomment les évêques de la sainte Eglise, à ce que les prêtres de Dieu semblent être salariés comme de simples fonctionnaires par l'Etat, à ce que la religion reçoive même une apparence de protection d'un pouvoir dont les membres font profession d'athéisme. Personne n'en disconvient. Mais ce n'est pas une raison de les augmenter et de les présenter en des tableaux d'un sombre pessimisme

---

(1) *La vie intellectuelle du catholicisme en France au* xix° *siècle* étude très remarquable parue dans la *France chrétienne dans l'histoire* et publiée par M. Goyau dans la *Vitalité chrétienne*.

comme les plus terribles malheurs qui peuvent survenir à l'Eglise. En tout la mesure est nécessaire. Il est juste de reconnaître que le régime concordataire n'a pas enlevé au clergé son prestige et son influence et n'a pas arrêté l'Eglise dans l'accomplissement de sa mission. Pour nous servir des paroles du cardinal Mathieu, bon juge en la matière : « Il a donné à la France un épiscopat digne de tout respect qui ne s'est trouvé inférieur à aucun autre, ni par le caractère, ni par le talent ». Il oblige des hommes irréligieux, malgré leur volonté arrêtée, à servir en dernier ressort le catholicisme. D'ailleurs ce qui cause l'athéisme du pouvoir ce sont ceux qui l'occupent et non la forme du pouvoir lui-même. Ces individus ne sont pas immortels. Ils peuvent être remplacés par des catholiques. Les hommes sont éphémères, il n'y a que les institutions qui sont durables.

Sans doute encore, on a torturé le Concordat par des mesures qu'on appelle concordataires, probablement parce qu'elles n'ont rien de commun avec le Concordat ; on s'est efforcé d'enchaîner l'Eglise et de l'opprimer. Et dans cette œuvre basse et mesquine, quelle inlassable activité, quelle constante énergie, quelle ingénieuse cruauté on a dépensées ! C'est une constatation qui peut être faite par tous. Mais est-ce une raison de renoncer au Concordat, de l'attaquer, de le méconnaître, de l'amoindrir et de souhaiter sa rupture ? On n'en retire pas tous les avantages que l'on pouvait espérer, l'on ne l'applique pas loyalement. Est-ce la faute du Concordat ? N'abuse-t-on pas des meilleures institutions, des législations les plus sages ? Et n'aurait-on pas tort de leur faire porter la responsabilité de ces abus ? De même il serait blâmable de rejeter sur le Concordat la cause des injustices et des persécutions que l'on a commises à son occasion. Ce que l'on doit faire, c'est de révéler à ceux qui l'ignorent son esprit de pacification et de liberté, c'est d'obliger nos gouvernants à l'observer parfaitement et non pas de demander sa destruction. Après la dénonciation, le gouvernement ne modifierait pas sa ligne de conduite et nous serions privés d'un soutien sérieux.

Comme on le voit, dans les éloquentes tirades, l'on serait tenté de dire diatribes, des partisans catholiques de la séparation de l'Eglise et de l'Etat, des illusions se sont glissées. Est-ce étonnant ? Ils poussaient leur confiance jusqu'à l'ingénuité. Des exagérations n'ont pas fait défaut non plus. Ils avaient des tempéraments d'orateurs et conduisaient jusqu'à l'extrême les idées qu'ils adoptaient. Ils sont donc bien excusables d'avoir prôné cette réforme qu'ils envisageaient avec beaucoup de grandeur. Sûrement ils étaient inspirés par le plus pur amour de l'Eglise. Lorsqu'on les lit, on regrette de ne pouvoir les suivre : tant ils mettent de l'élan et de l'enthousiasme dans l'exposé de leurs doctrines libérales déjà séduisantes en elles-mêmes. Cependant en ce point, par prudence, on doit sacrifier leur compagnie. On s'aventurerait avec eux sur un terrain peu ferme, dangereux. Des illusions, des exagérations n'ont jamais formé les bases d'un solide raisonnement. Les conclusions qu'on en déduit ont des chances de ne pas avoir pour elles la vérité. Ils l'ont senti eux-mêmes. Afin de faire partager leurs convictions et pour corroborer leurs arguments par trop oratoires, ils ont allégué avec empressement l'exemple de l'Amérique et de la Belgique. Dans ces pays, la séparation de l'Eglise et de l'Etat est établie et l'Eglise est loin de péricliter. C'est là qu'elle apparaît la plus conquérante.

Malheureusement, ils ont oublié de se demander si cet exemple vaut pour la France. S'ils s'étaient posé cette question, ils auraient peut-être changé leur opinion. « Car les Américains (1), dit avec sagesse M. l'abbé Lemire qui a résolu cette difficulté, n'ont ni notre passé, ni nos mœurs, ni nos lois. Leur passé c'est l'émiettement, c'est une multitude de sectes et de doctrines, tandis que notre passé à nous c'est l'unité

(1) Chambre des députés, séance du 12 décembre 1901.
Claudio Janet et Mgr Besson ont développé les mêmes idées. M. l'abbé Naudet le rappelait dans son article sur la séparation de l'Eglise et de l'Etat. *Quinzaine*, 16 juin 1903.

morale et religieuse de la nation. En Amérique, la religion est regardée comme une note de respectabilité sociale. On s'en drape, on s'en sert... C'est l'extrême opposé de ce qui arrive en France, où nous avons l'horreur de tout pharisaïsme... Nous sommes plus forts à cacher notre sentiment religieux qu'à le montrer, par une sorte de pudeur et de bon goût. En cela nous sommes bien différents des Américains. Nous différons encore par notre législation. Admettez-vous, s'écriait l'orateur, devant la Chambre, que tout établissement religieux, que toute œuvre confessionnelle puisse avoir un revenu de 25.000 dollars, de 125.000 fr. ? C'est la loi de l'Etat de New-York. Va-t-on proposer pour imiter l'Amérique une loi semblable pour les établissements religieux ? » Il n'y a donc aucune parité entre l'Amérique et la France. Avant d'importer chez nous sa manière de trancher le problème des rapports de l'Eglise et de l'Etat, il faudrait y introduire auparavant son état social.

Mais peut-être ces divergences ne se remarquent pas dans la Belgique, qui touche à nos frontières. Encore là, la séparation de l'Eglise et de l'Etat est appliquée avec succès. Eh bien ! n'est-il pas permis de tenter ce que fait un pays limitrophe avec lequel notre nation doit avoir de nombreux points de contact ? Ce serait une erreur de le penser et ce serait une vraie témérité d'agir d'après cette conviction. En Belgique, l'indépendance est beaucoup plus développée que chez nous. La puissance de l'Etat est bien différente. Les libertés de réunion, d'association, d'enseignement, entendues dans leur sens le plus complet, ont été proclamées comme le droit commun du royaume et elles ont donné à l'Eglise le moyen facile de constituer sa hiérarchie, de répandre ses doctrines, d'assurer ses ressources. De plus, vis-à-vis de l'Eglise, les dispositions du pouvoir civil sont absolument dissemblables. Il est loin de pratiquer un système d'indifférence, d'abandon. Il considère l'Eglise comme d'utilité générale, favorise le recrutement du sacerdoce et assure la vie du clergé par des allocations puisées dans le trésor. Nulle part, les destinées nationales n'ont semblé plus unies aux destinées religieuses catholiques.

Il n'est donc pas plus possible de se servir de l'exemple de la Belgique que de celui des Etats-Unis, pour introduire en France le régime antinational de la séparation de l'Eglise et de l'Etat, surtout lorsque tous les autres peuples sont unanimes (1) à le rejeter et lorsque la Belgique et les Etats-Unis augmentent de plus en plus la bienveillance qu'ils professent pour la religion catholique et tendent à donner plus d'importance à l'entente tacite (2) qu'ils ont conclue forcément avec elle. Que l'on ne pense pas que les Concordats sont de vieilles institutions qui se comprenaient aux temps de foi, mais qui ne sauraient s'acclimater à nos âges ? Au contraire, pendant que la foi des peuples était profonde, les Concordats n'étaient point nécessaires. Maintenant ils sont devenus indispensables dans nos sociétés modernes, qui n'ont plus la même confiance dans l'Eglise et qui sont soulevées par tant d'agitations. Les Concordats seuls maintiennent l'harmonie, et défendent efficacement la liberté et la justice. Comme ce sont des biens dont nous avons un besoin spécial, n'ébranlons pas le Concordat qui nous les a conservés.

C'est la conclusion de la plupart des écrivains, des pen-

(1) Pour en donner une preuve, il suffira de rappeler les dernières relations entre la Russie et le Saint-Siège. L'on sait qu'elles furent officiellement reprises après l'assassinat d'Alexandre II. L'avènement d'Alexandre III fut notifié au Souverain Pontife le 20 avril 1881 par le prince Oubril venu à Rome comme envoyé extraordinaire. Le nouveau nonce à Vienne, Mgr Seraphin Vanutelli obtint la mise en liberté de Mgr Borowski, évêque de Zitomir et le rappel de Mgr Félinski, évêque de Varsovie, interné en Sibérie depuis 1863. Les droits des évêques, quant à l'éducation des clercs, furent reconnus et le gouvernement russe ne se réserva qu'une inspection sur l'enseignement profane et sur celui de la langue russe dans les séminaires. En avril 1883, Mgr Vincent Vanutelli représentait le Saint-Siège à Moscou, à la cérémonie du couronnement d'Alexandre III. Dans la suite un agent officieux M. Iswolski a été même envoyé par le cabinet de Moscou pour le représenter auprès du Vatican.

(2) A l'occasion des Etats-Unis on peut répéter ce qu'exprimait si gracieusement Mgr Besson : « Dites plutôt, affirmait-il, que les Etats-Unis veulent faire alliance avec Dieu et qu'ils ont déjà célébré les premières fiançailles. »

seurs et des hommes politiques qui ont étudié cette importante question. Depuis longtemps, Emile Ollivier (1) a stigmatisé à l'avance celui qui briserait les lois établies entre l'Eglise et l'Etat : « Malheur à l'homme, s'est-il écrié dans un mouvement d'éloquence qui lui est familier pour exprimer sa pensée, à l'homme qui dénoncerait le Concordat. » Cette indignation n'a rien d'excessif. Après lui, M. Thiers (2) demandait le 22 juillet 1871 de s'attacher au traité qui nous « lie » à Rome : « Il faut savoir en être heureux, disait-il, car toutes les puissances qui n'ont pas un traité semblable ont tous les jours avec la cour de Rome des difficultés insurmontables. Les nôtres, au contraire, sont presque résolues d'avance par ce traité du Concordat.» Bien plus M. Charles Benoist (3) affirme « qu'en dehors des Concordats, étant tenu compte surtout de ce fait que l'Eglise catholique est plus unie, plus une que jamais, que son chef visible est à Rome et qu'elle n'a que ce chef incontesté, en dehors des Concordats la question des rapports du temporel et du spirituel est insoluble juridiquement et politiquement, dans le droit et la pratique. » M. Melchior de Vogué (4), bien qu'il se montre sympathique à l'idée de la séparation de l'Eglise et de l'Etat, et semble voir avec satisfaction les progrès qu'elle fait, est obligé d'avouer que « cette réforme ne terminerait rien ; c'est une vue courte, la vue des gens fort mal renseignés sur la puissance du sentiment religieux, mais on comprend qu'elle fasse fortune parmi les esprits superficiels ». Notre penseur catholique, M. Etienne Lamy, appelle « ennemis de la France » les hommes qui préparent la rupture du Concordat et a démoli, dans nombre d'articles, d'une façon victorieuse, les arguments qu'ils

---

(1) *L'Eglise et l'Etat au Concile du Vatican.* page 52.

(2) Dès 1865, il déclarait qu'un système qui consistait à rendre l'État absolument étranger à l'Eglise n'était qu'une chimère.

(3) *A propos d'un débat religieux. Revue des Deux-Mondes.* 1er juin 1894.

(4) On relira avec un grand profit un article sur la politique religieuse et le parti républicain, paru dans la *Revue des Deux-Mondes*, 15 janvier 1887. C'est ce qui a été écrit de plus fort en faveur du Concordat.

peuvent alléguer. Récemment, *le Gaulois* se permettait de demander l'avis des évêques français sur cette mesure. Plusieurs ont répondu (1) et se sont tous prononcés pour le maintien du Concordat. A deux reprises, M. de Mun (2) a rappelé dernièrement aux catholiques « que la liberté réciproque pour l'Eglise et l'Etat n'est pas une solution... Dans un vieux pays comme le nôtre, pénétré jusqu'aux moelles par les influences chrétiennes, où le pouvoir souverain étend sur la vie sociale une main si large et si pénétrante, l'Etat ne saurait ignorer l'Eglise, s'il refuse de s'entendre avec elle il faudra nécessairement qu'il la persécute plutôt que de supporter la contradiction de ses doctrines, il étouffera sa vie. »

Aussi devant cette réalité incontestable, plus d'un de ceux qui s'étaient laissés séduire par le mirage de la liberté contenue en apparence dans les projets de séparation de l'Église et de l'État, a eu le courage d'abandonner son opinion même quand il l'avait professée avec obstination et défendue avec chaleur. Je ne citerai que deux noms qui s'étonneront d'être rapprochés l'un de l'autre, ceux de Lacordaire et de Gambetta. Ah! ce furent deux hommes bien opposés que le grand orateur catholique, le pâle et l'ascétique dominicain qui à la cause de l'Église se devoua avec désintéressement, avec une héroïque abnégation, un complet oubli de lui-même, avec une ardente conviction, et que le puissant tribun de la troisième République, homme replet, haut en couleurs, respirant la volupté et l'ambition, qui en servant la France n'oublia ni ses intérêts ni son amour-propre et se fourvoya dans l'anticléricalisme. Cependant ils eurent certaines similitudes dans leur éloquence, dans leur influence sur les masses et dans leurs vues intuitives. Tous les deux avaient l'art d'improviser. Leur parole était faite de spontanéité et de jaillissement. Elle impressionnait et enthousiasmait les foules parce qu'elle les entretenait des grandes réalités qu'elles affectionnent, de la liberté,

(1) Ont répondu : S. Em. le cardinal Coulié, Mgr Hazera, Mgr Mignot, Mgr Germain, Mgr Bonnefoy, etc.
(2) *Les Congrégations religieuses devant la Chambre.* Conclusion.

de la civilisation, de l'humanité, dont elles ne se lassent jamais d'entendre prononcer et glorifier les noms sonores. Surtout ils connaissaient la France, son génie et les gloires de son passé ; ils avaient pénétré les nouvelles aspirations et les nouvelles tendances auxquelles elle était attachée ; ils devinaient ce qu'elle désirait, ce qu'elle voulait ardemment et présageaient ce qui l'attendait. Aussi ils étaient sûrs de trouver un écho fidèle entre eux et l'auditoire qu'ils charmaient et subjuguaient. Or il est arrivé que Lacordaire et Gambetta furent partisans pendant leur jeunesse de la séparation de l'Église et de l'État. Ils consacrèrent, pour des raisons diverses, leurs premiers efforts de combattants à cette cause. Mais quand la maturité vint, quand les événements les eurent instruits, quand ils eurent mieux connu l'âme française, ils renoncèrent à ce qu'ils considérèrent bientôt comme une utopie, une chimère. Et Lacordaire (1), après avoir écrit en 1830 dans *l'Avenir* des articles brûlants et belliqueux contre le Concordat reprit en 1848 sa plume pour défendre dans *l'Ere nouvelle* l'union de l'Église et de l'État qu'il reconnaissait indispensable dans la France. De même Gambetta, après avoir été le porte-voix des républicains du second Empire inscrivant la séparation de l'Église et de l'État en première ligne de leur programme, désavoua ses premières convictions bien que toujours il fut aveuglé par la haine anti-religieuse. A cause de l'amour de son pays (2), contrairement à ses principes il se fit l'avocat du Concordat. Ces exemples de ces deux hommes modernes qui ont bien connu notre France sont instructifs. Aux catholiques libéraux et aux républicains aventureux qui continueront à vouloir et à préparer la séparation de l'Église et de l'État, ils disent éloquemment : il nous faut toujours le Concordat dans la France actuelle.

(1) Trois moments de la vie de Lacordaire par M. le comte d'Hausonville. *Revue des Deux-Mondes*, 15 octobre 1893.

(2) Pour avoir un portrait exact de Gambetta il faut lire les pages que Georges Goyau lui a consacrées dans *Humanitarisme et patriotisme*. Bien qu'antireligieux il reconnaissait que la France devait être catholique et il était satisfait que le protestantisme au xvi° siècle ne l'eut pas emporté en France sur le catholicisme ».

II

LES CRAINTES DE LA DÉNONCIATION DU CONCORDAT

Un esprit caustique trouverait aisément matière à exercer sa verve s'il lui prenait fantaisie de raconter les craintes fréquentes de la dénonciation du Concordat. Surtout depuis bientôt trente ans, on n'a point cessé de s'acharner de toute façon sur ce pauvre traité, saisissant le moindre prétexte et profitant du plus léger conflit. Les attaques de ses adversaires furent si violentes et leur assurance dans la réalisation de leurs desseins, si entière, qu'on trembla plus d'une fois pour lui. Un moment on aurait pu croire qu'il était à la veille d'être brisé. Maintenant quand on relit les feuilles jaunies des journaux du temps (1) pour se mettre au courant des péripéties des diverses campagnes menées contre le Concordat, on ne peut s'empêcher de s'étonner et de sourire des menaces des uns et des craintes des autres. Comment les prendre au sérieux ? d'un côté il y a beaucoup de fanfaronnade ; de l'autre il y a bien quelque naïveté et pusillanimité. Pourquoi s'effrayer outre mesure de ce qui est proposé la plupart du temps non par conviction, mais par pure forme, par habitude, sans des chances réelles de succès ? Tout en ne voulant pas paraître battus, les partisans les plus ardents de

____

(1) S'il fallait un exemple, il suffirait de se reporter aux journaux des mois de novembre et de décembre 1891. Ils sont remplis des craintes de la dénonciation, à cause du jugement de Mgr Gouthe-Soulard et des discussions parlementaires qui euront lieu à cette occasion sur l'initiative de M. Dide, sénateur et de MM. Hubbard et Camille Dreyfus, députés.

la séparation de l'Église et de l'État ne se sont-ils pas toujours empressés de retirer leurs motions au premier choc
qu'ils rencontraient ? Aussi même dans la crise que nous
traversons, il y a à se garder d'exagérer l'importance des
craintes de la dénonciation du Concordat. Par nos excessives
appréhensions nous serions sujets de devenir la risée de nos
descendants. Cependant, il faut l'avouer, jamais la rupture
des liens qui unissent l'Église et la France ne fut plus à redouter et ne fut plus sur le point d'aboutir qu'actuellement. Il
faut en attribuer la principale cause aux dispositions de la
majorité qui en réalité gouverne ou plutôt tyrannise notre
pays.

Autrefois on se défendait d'attaquer le catholicisme et la
religion pour laquelle on avait toujours des paroles de respect.
On cachait son jeu sous le nom d'anticléricalisme et on déclarait ne poursuivre que les empiètements du clergé sur le
domaine politique qui sont funestes à la cause religieuse. On
protégeait les missionnaires qui au loin étendent l'influence
française. Si on prenait de mesures contre les envahissements
redoutables des Congrégations, on ne le faisait que dans l'intérêt du clergé séculier. On usait de mille subterfuges pour
déguiser aux yeux du peuple l'œuvre perfide que l'on s'effor-
çait de réaliser. La majorité actuelle a plus de franchise et
plus d'audace (1). Elle ne veut point de ces distinctions sub-
tiles et de ces formules trompeuses. En arrière les dissimula-
tions et les réticences ! Elle avoue ouvertement son but et son
plan et dit bien haut qu'elle travaille à la destruction du catholicisme et de toute religion. Elle prétend imposer à la France
la libre-pensée. Elle est nettement et explicitement anti-religieuse.

Elle est tellement absorbée par cette pensée qu'elle en
oublie toutes les réformes sociales et économiques qu'elle a

(1) Discours de M. Viviani dans la discussion sur la loi des congrégations.
Séance de la Chambre des députés, 19 janvier 1901, de M. Jaurès sur la politique
du gouvernement, séance du 12 juin 1902, et rapports de M. Rabier.

promises. Quand elle est obligée de les discuter, elle montre je ne sais quelle précipitation et quel ennui (1). Elle a hâte de continuer sa campagne d'impiété, de forger quelques nouvelles lois pour restreindre les libertés de l'Eglise. Elle en arrive à être presque uniquement antireligieuse. Dans cette lutte quelle ardeur elle déploie, quelle activité fiévreuse elle dépense ! elle est passionnée ; elle est fanatique ; elle est sectaire. Il faut que l'on soit entièrement avec elle ou l'on est traité en ennemi (2). Elle ne supporte pas la moindre dissidence, la plus légère critique. Elle rejette tous ceux qui ne pensent pas comme elle, même quand ils auraient été les fondateurs de la République et ses meilleurs soutiens. Elle n'a aucun respect pour les droits du suffrage universel. *A priori* elle invalide tous les députés de l'opposition. Elle ne tient pas compte de la minorité. Elle l'exclut autant que possible des commissions (3), ou ne lui accorde qu'une place insignifiante. Elle devient furieuse quand la discussion se prolonge. Elle ferme la bouche des orateurs adverses et réclame la clôture (4) au moment où le débat vient de s'ouvrir. Elle se moque de la légalité et dédaigne tous les arguments qu'on peut lui présenter. Elle refuse de les prendre en considération et rend impossible le régime parlementaire. Qu'on ne lui parle pas des intérêts de la nation et de la nécessité de la paix et de l'ordre. Aveuglée par des utopies humanitaires, elle rabaisse l'importance de l'alliance Franco-Russe, jette le discrédit sur la notion de la patrie et l'honneur du drapeau (5). Elle désorganise l'armée,

(1) La discussion de la loi sur l'assistance des vieillards en est une preuve. On sentait que la majorité accomplissait cette besogne à contre-cœur et désirait revenir au plus vite aux congrégations religieuses.

(2) Discours de M. Méline du 21 juin 1903. Depuis longtemps il dénonce devant le pays le jacobinisme et l'intolérance de la majorité de la Chambre.

(3) Dans la nomination des membres des grandes commissions 245 ministériels ont été élus et les commissions ne comprennent que 266 membres. La commission des congrégations ne se compose que des membres de la majorité.

(4) Il n'y a qu'à se rappeler ce qui s'est passé dans la discussion sur les demandes d'autorisation des congrégations. Les orateurs n'ont pu parler,

(5) Paul Deschanel a dénoncé ce péril. Jaurès en voulant se défendre n'a point abandonné ses théories chimériques sur l'humanité et n'a pas désavoué ce qu'il avait dit sur la question de l'Alsace et Lorraine.

entretient la division, augmente le trouble et la confusion (1) ;
Les alliés qu'elle préfère sont des indisciplinés qui ont juré
de renverser toute autorité et qui sont animés d'une haine
farouche et brutale contre toute œuvre catholique. Elle va
chercher ses conseils et ses encouragements dans les écrits de
ceux que l'on considérait jusqu'alors comme des perturbateurs
dangereux de la société. Pour nous résumer, voici ce qu'elle
est : Antinationale, intolérante jusqu'au despotisme, ennemie
de l'ordre, elle est avant tout, franchement, exclusivement,
violemment antireligieuse.

Que peut-on attendre d'une semblable majorité ? Elle a
déjà commencé l'exécution de son programme qui comprend la
destruction de toute congrégation, la suppression de la liberté
d'enseignement et enfin la séparation de l'Église et de l'Etat.
Telles sont les trois étapes qu'elle se propose de parcourir pour
atteindre la mort de l'Eglise comme pouvoir social et public.
On sait avec quelle rapidité elle marche. Elle est formée
depuis une année à peine et elle a condamné à mort cinquante
quatre congrégations d'hommes et quatre-vingt-une congrégations de femmes qui présentaient devant le Parlement
leurs demandes d'autorisations. Pour mieux arriver à ses fins,
elle avait eu recours à une procédure très expéditive qui violait et la constitution, au dire de M. Wallon et la loi du
1er juillet 1901 selon M. Waldeck-Rousseau lui-même (2).
Elle s'est également ingéniée à défigurer cette loi des associations qu'elle ne trouvait pas encore assez oppressive, assez tracassière Elle a ajouté de nouvelles additions aux articles 13,
16 et 18 : menaçant de pénalités plus sévères les prétendus
violateurs de la loi, entre autre ceux « qui ouvriraient et tien-
draient sans autorisation un établissement congréganiste scolaire ou autre appartenant à une congrégation ou à un tiers et
comprenant un ou plusieurs congréganistes » ; accordant un

(1) Jaurès a voulu reprendre l'affaire Dreyfus. Jaurès est devenu un personnage
important. C'est lui qui dirige maintenant la majorité ministérielle à la Chambre
des députés.
(2) Sénat, séance du 27 juin 1903.

pouvoir exorbitant aux tribunaux liquidateurs des biens de congrégations ; enlevant les droits des communes par rapport à la construction d'office des écoles et les remettant entre les mains souveraines des préfets ; soumettant au régime de l'interdiction du séjour et à la surveillance de la police, les religieux dispersés, dissous, sécularisés comme de escrocs qui ont subi leur peine.

Aussi quand M. Waldeck-Rousseau (1), sortant de son impassibilité et de son silence dans lesquels il aime à s'enfermer, s'est donné la peine de regarder la loi qu'il avait élaborée et de la juger après les transformations qu'elle avait subies, il a déclaré ne plus la reconnaître et a blâmé l'application maladroite et tyrannique qu'on en avait faite. Avant lui, M. Goblet (2) avait dénoncé les dangers que la France courait. Il reconnaissait que la guerre civile existait parmi nous, « qu'à aucun moment depuis la nomination de M. Grévy à la présidence de la République, jamais la France ne s'était trouvée dans une situation plus critique et l'avenir n'était apparu plus incertain ». Pour lui, les maux étaient tels qu'il ne voyait plus de remède et n'apercevait pas la voie que l'on devait suivre pour les éviter. M. Jean Dupuy (3), ancien ministre de M. Waldeck-Rousseau, est aussi pessimiste. Il parle de *désarroi*. L'inquiétude, l'agitation, le trouble sont partout. L'on assiste à la diminution, à l'appauvrissement, à l'épuisement de la France dont la poitrine est oppressée par le poids aveugle et sourd de cette basse oligarchie, qu'on appelle « le bloc », et « qui, selon les expressions de Jules Lemaître (4), exerce contre nous une tyrannie pire que le despotisme de n'importe quel souverain absolu puisque cette tyrannie, aussi illimitée que celle d'un despote, est en outre anonyme, impersonnelle, irresponsable. »

(1) Séance du Sénat, 27 juin 1903.
(2) *Revue politique et parlementaire*, 10 juin 1903.
(3) *Le Petit Parisien*, du 29 juin 1903.
(4) Discours prononcé par M. Jules Lemaître à l'assemblée générale de la Patrie française, tenue à Paris le 8 juin 1903.

Ces avertissements donnés par des hommes qui contribuèrent à former cette majorité, dans lesquels elle eut confiance, ne l'arrêtent pas en route. Toute parole de contradiction, surtout quand elle est marquée au cachet de la mesure et de la sagesse la surexcite et l'exaspère. D'ailleurs n'est-il pas trop tard ? Il ne lui a pas suffi d'étrangler les congrégations religieuses, elle s'est préoccupée de la liberté d'enseignement (1) et elle a tenté d'intéresser le pays à la question de la séparation de l'Église et de l'État, ou plutôt de le soulever à cette occasion. Après avoir fait déposer par l'un de ses membres un projet de loi résolvant cet inquiétant problème, elle a profité des vacances parlementaires de Pâques pour organiser des conférences et des manifestations en vue de la dénonciation du Concordat. Des articles violents ont été écrits par ses chefs pour allumer et exciter les passions et les colères du peuple. Elle a vu avec plaisir, des bandes de forcenés et de criminels conduits par des apostats et des énergumènes, envahir les églises, imposer le silence aux prédicateurs, maltraiter les prêtres et frapper les femmes et les enfants en prières. Elle applaudissait à leurs exploits et encourageait leurs attentats indignes d'un pays civilisé. Elle avait l'audace d'identifier la France avec ce qui forme le bas-fond de la société et d'affirmer que par ces manifestations elle réclamait la séparation de l'Église et de l'État. Quelle injure et quelle honte pour notre patrie !

La majorité se déclarait satisfaite de son œuvre de trouble dans le pays. Elle escomptait une victoire à la Chambre qui, selon ses espérances, devait se prononcer en faveur de la rupture du Concordat et au moins renvoyer, avec urgence décla-

---

(1) Toutes les mesures dirigées contre les congrégations sont, en somme, des attaques indirectes contre la liberté d'enseignement. De plus M. Brisson a son projet préparé, beaucoup plus antilibéral que celui de M. Chaumié. C'est la question qui sera traitée demain après la mort des congrégations. La majorité a été entraînée à voter une proposition de M. Leroy, par lequel le certificat d'aptitude pédagogique est reconnu nécessaire à un directeur et maître d'école. M. Combes dans son discours à Marseille (9 août 1903) a affirmé qu'il était décidé à aborder cette question et à abroger la loi Falloux. Il est également très menaçant pour le Concordat.

rée, à la commission des Associations les propositions sur la séparation de l'Église et de l'Etat de MM. Dejeante, de Pressensé et d'Ernest Roche. Ce fut le but que se proposèrent d'atteindre MM. Hubbard et Massé dans la discussion qui eut lieu, dès la rentrée du Parlement, les 19 et 20 mai sur la politique religieuse du ministère. Ils eurent le triste désavantage d'échouer. Pour une fois, « le bloc » réputé si inébranlable se désagrégea. M. Combes lui-même n'osa plus employer le ton comminatoire dont il avait usé au Sénat. Prudemment, il esquiva la question du Concordat et préféra proférer des injures contre les congrégations. Quand il fallut voter il se montra encore plus incertain et plus équivoque, si bien que l'ordre du jour très adouci des partisans notoires de la séparation de l'Eglise et de l'Etat fut repoussé pas 29 voix de majorité. Il n'y avait point de majorité à la Chambre pour la dénonciation du Concordat.

Pour s'en consoler M. Hubbard, excité par l'exemple de M. de Pressensé, se mit immédiatement à former un nouveau projet de séparation et porta le 28 mai au Palais-Bourbon le fruit de ses veilles. Fièrement il écrivait au fronton de son travail deux vocables dont il faut se défier : Droit commun et neutralité. Il se vantait de ne point avoir recours à une loi de police des cultes. Cela ne l'empêchait point d'admettre la confiscation et la tyrannie dans ses articles. Il réclamait pour l'Etat les églises et les mettait à la disposition des communes. Celles-ci par l'intermédiaire *d'un Conseil communal d'éducation sociale*, auront le droit de louer tour à tour, du soir au matin, ces édifices, aux meetings libres-penseurs, aux bals publics et même aux cérémonies religieuses. Si les catholiques ne sont point contents, ils pourront bâtir de nouveaux lieux de culte ou de réunion. Seulement les *associations* fondées pour assurer la prédication et l'enseignement religieux, seront soumises à la loi du 1er juillet 1901.

Pendant ce temps, la majorité irréligieuse, qui était revenue de sa stupéfaction s'était souvenue qu'elle avait le droit

acquis par un vote de nommer une commission de trente-trois
membres pour étudier les projets de séparation de l'Eglise
et de l'Etat. Que n'usait-elle de ce droit ? De la sorte elle
réparerait l'échec qu'elle avait éprouvé. Elle se promettait
d'éliminer, selon son habitude, les membres de la minorité.
Mais il advint — décidément cette question est fertile en
déceptions — que la commission formée le 11 juin fut composée de dix-sept députés favorables à la séparation et de seize
hostiles. Une voix de majorité constituait un maigre succès.
Au moins l'on devrait en profiter. Vite on élut M. Buisson comme
président et on choisit comme rapporteur provisoire M. Briand.
Pour hâter les travaux qu'elle commença sans plus tarder,
on écarta l'exposé traditionnel des avis respectifs des commissaires, on adopta *hic et nunc* une motion favorable au principe de la dénonciation du Concordat et on refusa, malgré
les justes observations de MM. Georges Grosjean, Traunoy
et Boucher d'entendre et de consulter MM. Combes et Delcassé sur l'opportunité de cette réforme.

En cela, la commission n'avait fait que suivre la méthode
préconisée par M. Buisson (1) dont l'importance grandit et qui
après avoir été au ministère de l'instruction publique l'âme
de la laïcisation scolaire, est appelé à jouer un des premiers
rôles dans la nouvelle phase de la lutte contre l'Église. Au
milieu des divergences d'opinion qui partagent les esprits du
Parlement et devant les hésitations de ceux qui craignent les
effets d'une mesure aussi grave que la séparation de l'Église
et de l'État, il a compris que le meilleur moyen de la faire
accepter des irrésolus, c'était de les mettre en face d'un projet
d'organisation du culte destiné à remplacer le Concordat dont
il suppose la dénonciation comme un fait accompli. Il a donc
mis de côté tous les débats préliminaires qu'il appelle les
prolégomènes d'où la commission ne serait pas sortie. Il

(1) Le discours qu'il a prononcé à la première séance est à lire. Il révèle la
tactique des laïcisateurs à outrance. Il se trouve dans la *Vérité Française*, 26
juin 1903. Arthur Loth l'a admirablement analysé.

l'a conviée tout de suite à élaborer la loi de police des cultes.
C'est d'une habilité consommée. Cette procédure et ces discours, s'ils sont suivis intelligemment et à la lettre, amène-
ront promptement devant la Chambre une discussion sur la
séparation de l'Église et de l'État. Comme elle se trouvera
en présence d'une solution perfide pour résoudre le problème,
n'est-il pas à craindre qu'elle tranche le lien qui unit l'Église
et l'État, sans se rendre compte de la portée de son vote ?
et elle n'aura pas l'odieux de cette réforme, puisqu'il ne
sera point question du Concordat, qu'il sera dénoncé sournoi-
sement, hypocritement.

Devant l'attitude de M. Buisson, docilement obéi par la commission et en perspective d'un débat prochain et inquiétant,
les vrais partisans de la liberté ont considéré comme un devoir
de déposer à leur tour des propositions de loi sur la séparation
de l'Eglise et de l'Etat. Le premier M. Flourens a présenté
le 9 juin un projet à peu près libéral « qui tend à établir
réellement la liberté de conscience et des cultes et l'affranchissement réciproque de l'Etat et de l'Eglise » M. Grosjean (1) l'a imité et s'est inspiré des principes de la liberté
dans sa proposition qui ne manque pas d'originalité qui aboutirait plutôt à la réforme du Concordat actuel ou à la conclusion d'un nouveau Concordat qu'à la rupture complète des
rapports de l'Eglise et de l'Etat. Il a tort de mettre à la base
de ce projet comme charte fondamentale du système de la
liberté la loi du 1er juillet 1901 si tyrannique quand il s'agit
d'associations religieuses. Mais il reconnaît que l'État, les
départements et les communes doivent mettre gratuitement
à la disposition des associations formées pour la célébration
des cérémonies religieuses, les édifices dont jouissent actuellement les établissements publics du culte. Il demande l'abrogation de l'article 204 du code pénal qui donnera à tous les

---

(1) Jadis ce député fut partisan de la dénonciation du Concordat. Il la craint
maintenant à cause de l'agitation religieuse. En tout cas dans la circonstance, il se
sépare de la majorité ministérielle, bien qu'il ait soutenu parfois le gouvernement.

cultes le droit d'ouvrir des églises et des temples sans autorisation administrative. Il fait remarquer, en en exprimant le désir, que cette législation peut être l'objet d'une négociation avec le Saint-Siège et faire la matière d'un nouveau Concordat.

De son côté, la commission n'est pas restée inactive. Elle a entendu tous les auteurs de propositions de loi relatives à la séparation des Églises et de l'État. Dans une réunion importante qui s'est tenue le 3 juillet, elle a discuté une série de questions sur lesquelles son rapporteur désirait être fixée et résolu à sa manière les difficultés qu'elle croyait devoir rencontrer. Désormais, M. Briand, suffisamment éclairé, va, en laborieux député, consacrer les loisirs de ses vacances parlementaires malgré les chaleurs étouffantes, à rédiger un rapport idéal dont il saisira la Chambre dès la rentrée. Quelle abnégation ! Quelle hâte ! La majorité aura le devoir de lui témoigner sa reconnaissance et ne manquera pas de féliciter les membres de la commission pour avoir accompli si précipitamment, si habilement, si discrètement leur besogne ardue et délicate. Comme elle sait qu'elle ne peut exécuter ses desseins que dans le trouble et dans le désordre, elle se charge d'entretenir l'agitation irréligieuse et de mener avec la même énergie la lutte qu'elle a entreprise. N'a-t elle pas, lors des processions de la Fête-Dieu, envoyé dans toutes les villes de la France, ses adeptes les plus fougueux pour susciter de regrettables bagarres ? Elle n'a pas obtenu tous les résultats qu'elle souhaitait. Au moins elle a montré son dessein arrêté d'étouffer toute liberté religieuse. Sûrement elle se dispose à recommencer la campagne essayée et ébauchée au moment de Pâques et l'assaut sera plus violent encore.

On peut se demander ce qui va sortir de ce mouvement et si nous sommes à la veille de la rupture du Concordat. Nous vivons dans un temps critique, rempli de tant de forfaits, de tant d'incohérences, de tant de bizarreries que tout semble possible. L'on sait maintenant le peu de distance qu'il y a entre les projets les plus exorbitants et leur réalisation. Et ce qu'il y a de certain, c'est que la majorité ministérielle ne peut être plus mal disposée au point de vue religieux. La plupart des députés qui la composent, veulent en particulier la dénonciation du Concordat. Il n'y a que quelques hésitants. Ne vont-ils pas changer d'opinion après les travaux de la commission de la séparation de l'Église et de l'État. Elle a manœuvré avec une adresse extraordinaire. Forcément la Chambre sera obligée de se prononcer. Elle s'est trouvée en majorité pour repousser une motion anti-concordataire. Le sera-t-elle encore pour rejeter, ce qui est plus grave, une législation anti-concordataire? Toutes ces questions peuvent se poser. Car il est fort possible que la majorité et la commission aient joué la comédie et qu'en réalité elles soient les premières à ne point vouloir les projets qu'elles demandent seulement pour impressionner par leur hardiesse le public et pour intimider les catholiques. Que de fois ce fait s'est présenté! Cependant à tenir compte des tendances irréligieuses de la majorité avec leurs caractères que nous avons indiqués, à cause du programme qu'elle s'est imposée, à cause de la manière dont a procédé la commission, il y a des craintes de la rupture du Concordat.

Pour nous rassurer, il ne faut pas compter sur le gouvernement. Jusqu'ici il n'a été que le serviteur empressé de la majorité. Il s'est contenté d'exécuter ses ordres. C'est toute sa politique. Elle n'est pas plus compliquée et elle est évidente. Que l'on se rappelle ce qui s'est passé pour les demandes d'autorisation des religieux. Tout d'abord le ministère sembla indiquer à la Chambre d'examiner à part chacune des demandes. Ce moyen était par trop lent. La majorité le jugea ainsi. Allant à l'extrême, elle exigea que l'on étranglât les congrégations en une seule fois. M. Combes se montra un instant récalcitrant. La majorité, pour le faire obéir divisa les congrégations en trois catégories. En compensation de cette apparente satisfaction qu'elle accordait au président du Con-

seil, elle lui ordonna de poser la question de confiance quand
la discussion aurait lieu, et M. Combes se soumit à la majorité. Il se laissa même enchaîner par elle en lui promettant
d'établir des commissions permanentes qui seront désormais
des puissances avec lesquelles les ministres auront à compter.
Quelle complète docilité! Voilà pourquoi ce ministère est
tant aimé et protégé avec tant de sollicitude par la majorité.
Elle ne trouvera pas de ministère plus complaisant même
quand il serait composé de membres plus avancés.

Faut-il en vouloir à M. Combes de cette aveugle et absolue obéissance. Il est prédisposé par sa nature à jouer ce rôle
subalterne et humiliant. Ce n'est plus M. Waldeck-Rousseau
maître de sa parole qui sort de ses lèvres, impeccable, cor-
recte jusqu'à la froideur, autoritaire sans en avoir les apparences à cause d'un certain accent de scepticisme, si pleine
d'art et d'aisance qu'on n'aperçoit ni effort ni procédé, si per-
suasive qu'elle est capable de se mettre au service de toutes
les causes et de les faire triompher. Ce n'est pas non plus
M. Waldeck-Rousseau de quelque façon maître des hommes
qu'il fascine ou effraie par la réalité de son prestige, qu'il
frappe et subjugue par l'impassibilité mystérieuse et dédai-
gneuse de son visage et la pleine assurance dans les ressources de sa personne. M. Combes est loin d'avoir cette
puissance. M. Waldeck-Rousseau lui-même lui a laissé
entendre avec la fine ironie, qui le distingue et sans paraître
lui donner une leçon, lui a signalé les défauts qui l'empêchent d'être un homme d'Etat, un homme de gouvernement. Il manque de souplesse, de calme, de sang-froid,
de possession de lui-même. Il est lourd, embarrassé. Quand
il parle, il ne sait être que violent, emporté. Quand il veut se
faire obéir, il devient menaçant et brutal. Il ne lui est pas
possible de former et de mener une majorité, tandis qu'il
obéira à merveille à une majorité sectaire et furieuse et
trouvera les paroles intransigeantes qui lui plaisent. Il est
donc fait pour servir. Si la majorité de la Chambre veut la
rupture du Concordat, il ne s'y opposera pas.

D'ailleurs au fond, veut-il le maintien de ce traité, comme il l'a prétendu en maintes circonstances? Est-il permis de croire en ses déclarations? Ne se trompe-t-il pas lui-même? Ce dessein s'allie difficilement avec sa politique anti-religieuse sur laquelle il n'y a point de doute. Il a la fureur de proscrire et de persécuter. Il applique la loi des associations dans ce qui concerne les congrégations, dans un esprit d'extrême violence et intolérance. Il protège tous ceux qui attaquent la religion, même les hommes sans foi ni loi, qui sont devenus ses soutiens parce qu'ils violent la liberté du culte dont il devrait assurer la défense. Il n'a pour eux aucune réprimande, aucun châtiment, tandis qu'il enlève le traitement aux curés des églises saccagées.

Ne dirait-on pas aussi qu'il n'a pas l'intention de se borner à une guerre partielle contre les religieux et qu'il désire la rendre générale contre tout le clergé? Il cherche visiblement des occasions de conflits avec les prêtres, les évêques et le Pape. « Il faut avouer, dit M. Goblet (1), qu'il n'a rien négligé pour en venir là ». Pour vexer les prêtres bretons, il leur a interdit de se servir dans leur ministère d'instruction religieuse et de prédication, de la langue qui est seule comprise par leurs ouailles. Il a commandé aux évêques de fermer la chaire aux anciens congréganistes et de fermer les chapelles non autorisées « qu'on avait tolérées jusqu'ici et dont aucun désordre ne paraissait commander la suppression. Quand il s'est agi de molester les évêques, il est tombé parfois dans des mesquineries despotiques. Il a été jusqu'à défendre aux prélats qui avaient été invités de se rendre aux fêtes de Dunkerque et à empêcher ceux qui étaient présents de prendre part à la procession. Cela ne l'a pas contenté. Il a tenu à mettre en cause le Pape lui-même par des exigences nouvelles, contraires aux règles depuis longtemps suivies en ce qui concerne la nomination

____

(1) *Revue politique et parlementaire*, 10 juin. Où allons-nous ? Article de M. Goblet. L'ancien leader du parti radical blâme toutes ces mesures en des termes à peu près semblables à ceux que nous avons employés.

des évêques ; il a refusé la formule traditionnelle qui se trouve
dans les bulles d'investiture canonique des évêques, le fameux
nominavit nobis et n'admet plus d'entente préalable. « Il a (1)
ainsi volontairement provoqué une querelle sans issue ».
Comment interpréter tous ces actes ? Ne sont-ce point des
menaces de la dénonciation du Concordat ?

M. Combes qui a le mérite de la franchise n'a pas voulu
nous laisser dans l'incertitude. Il a annoncé qu'il s'occupait
d'une loi de police des cultes. Il n'a pas craint, en plein Sénat.
de parler de la dénonciation du Concordat qu'il estime prochaine et qui toujours, selon lui, a des chances d'être précipi-
tée. C'est la première fois qu'un chef a tenu un pareil langage.
Bien qu'on le savait audacieux et servile tout à la fois, on n'aurait jamais semblé croire que pour complaire à sa majorité
M. Combes ait laissé apercevoir son désir de la rupture dans
tout un discours réfléchi, mûri, préparé, qu'il a prononcé d'une
voix lente et sûre, sans aucune passion apparente, mais avec
un air de résolution calme et froide. Surtout on n'aurait point
pensé qu'il eut osé rejeter toute la responsabilité de cette dénonciation sur l'Eglise qui, de nos jours a donné des gages de
sa conciliation et de sa condescendance. Quelle impudence !
Est-il permis d'accuser les évêques d'être les violateurs du Concordat et de les traiter comme des rebelles, lorsqu'ils n'ont
jamais été plus respectueux du gouvernement ni plus soumis
aux lois de l'Etat, lorsqu'on leur reproche même quelquefois
de l'être avec excès ? Est-il pardonnable de s'attaquer à Léon
XIII, le pape qui a eu un amour (2) de prédilection pour la

(1) Article de M. Goblet. Nous aimons à citer cet écrivain qui ne saurait être
suspecté ni de partialité ni de cléricalisme. On sait que les journaux se sont emparés
du conflit entre Rome et le Ministère. De temps à autre (*Eclair* du 30 mai et
Figaro du 15 juin), ils parlent des solutions proposées par Rome. Il est à craindre
qu'il n'entre beaucoup de fantaisie dans leur récit. Rome est silencieuse et
prudente. On a dit aussi que la question des desservants était également agitée.

(2) Ils sont nombreux les auteurs qui ont fait ressortir cet amour de Léon XIII.
Citons entre des centaines Melchior de Vogué : *Affaires de Rome.* -- Georges
Goyau : *La Papauté et la Civilisation.* — Anatole Leroy-Baulieu : *Le Vatican et le
Quirinal* depuis 1978 : Chap. 1er : *Léon XIII et l'Europe.* — Charles Benoist : *La
France et Léon XIII.*

France et qui a multiplié ses preuves de bonté envers la France à tel point que les nations étrangères en ont été jalouses et n'ont pu retenir des plaintes (1)?

Vraiment ces accusations sont par trop mensongères. Pour le prouver, il suffirait de lire attentivement quelques unes des pièces qui composent le *livre jaune* (2) publié par M. Delcassé sur nos rapports avec le Saint-Siège. Ces documents choisis avec soin démontrent à eux seuls de quel côté se trouve la loyauté, la modération. Comme Léon XIII est magnanime, sa grande figure domine tout le recueil, figure d'énergie et de tendresse, de confiance et de résignation. A chaque page l'on retrouve le Saint Père pareil à lui-même, attristé souvent, jamais lassé par les excès de l'anticléricalisme, désireux qu'on s'adresse à lui, toujours prêt à commander au clergé français le calme. Cette noble conduite met en relief la duplicité de notre président du Conseil et fait suspecter ses intentions.

On a beaucoup à redouter au point de vue du maintien de l'accord entre l'Etat et l'Eglise d'un homme qui calomnie les évêques et le Pape, les menace, cherche des conflits avec eux, les afflige sans cesse par d'interminables proscriptions. On se ferait illusion si on espérait qu'au jour des attaques contre le Concordat, il lui ferait l'honneur de sa défense. Quand même il en aurait le pouvoir, ce qui lui fait défaut, à cause de ses actes et de ses paroles, il laisserait la majorité accomplir son œuvre. Loin d'enlever les craintes de la dénonciation du Concordat, M. Combes les augmenterait plutôt.

Qui pourra donc arrêter les audacieux? Evidemment l'on ne peut demander ce service ni au Conseil d'Etat, ni à la justice française. Le Conseil d'Etat se contente de donner au gouvernement les avis qu'il préfère et de lui indiquer les moyens qu'il doit embrasser pour marcher sûrement dans la

(1) *Léon XIII devant l'Allemagne* par M. Geffeken. — *L'Église et l'Italie* par M. Binghi.

(2) Le gouvernement se montre infidèle à ses engagements. On peut se demander avec Ernest Judet ce « que devient la suite d'idées, la loyauté du gouvernement de la France traitant avec un autre gouvernement. »

voie dans laquelle il s'est engagé. Après avoir été aux ordres de Waldeck-Rousseau, il s'est livré totalement à M. Combes. Consulté le 11 novembre 1902 par le Conseil des ministres pour savoir s'il était nécessaire de présenter aux deux Chambres les demandes d'autorisation des religieux, il a donné la réponse arbitraire attendue du gouvernement et si bien appliquée par lui. Il a également parfaitement compris que M. Combes refuse à un certain nombre de religieux appartenant à des congrégations autorisées de transmettre leurs demandes d'autorisation faites en juin et juillet 1902 pour des établissements qui n'étaient pas, d'après les déclarations et circulaires de M. Waldeck-Rousseau, soumise à cette formalité. Il approuve constamment le gouvernement et ne se permet jamais aucune remontrance. Quant aux tribunaux, ils sortiraient de leur compétence s'ils avaient cette coupable hardiesse. Ils doivent s'incliner devant la loi, juger les délinquants d'après le texte qu'ils interprètent. Il est vrai que parfois l'interprétation n'est pas toujours du goût de M. Combes irrité jusqu'au point de désavouer devant le Parlement « les défaillances de certains tribunaux ». Quoi qu'il en soit, dans la question, leur puissance est évidemment nulle.

Mais il y a parmi nous une assemblée, dont la raison d'être, la formation et les traditions l'appellent à jouer un rôle de modération : c'est le Sénat. Malheureusement il ne s'est pas maintenu à la hauteur que lui avaient valu ses attributions. Il s'est placé, lui qui devait les diriger, sous la dépendance de la Chambre et du gouvernement. Il est rare qu'il fasse opposition à ce qui lui est présenté officiellement. Il a admis toutes les lois d'exceptions (1) qui ont été forgées et votées

(1) Le 2 décembre 1902 il a adopté le projet de loi qui aggrave la loi du 1er juillet, en ce qui concerne l'ouverture des établissements ; il a également voté les projets de lois gouvernementaux légèrement modifiés se rapportant aux constructions d'écoles et aux droits des tribunaux liquidateurs. Séance du 1er, 2, 3, et 4 juillet 1903. Si, sous l'influence du discours de M. Waldeck-Rousseau il a retardé l'étude du projet de loi Massé, il commettra quelques faiblesses quand il lui faudra voter. Il a refusé l'autorisation aux Salésiens.

pour appliquer la loi des associations. Il ne faut donc pas s'attendre à ce qu'il arrête le gouvernement s'il se décide à rompre le Concordat. D'ailleurs n'a-t-il pas voté l'affichage du discours de M. Combes dans lequel le président du Conseil semblait attacher si peu de prix au maintien de la vieille convention signée par Napoléon ? Il est vrai qu'il se contredisait le lendemain en rejetant la proposition de M. Clémenceau qui demandait, qu'on diminuât d'un franc le crédit affecté à notre ambassade du Vatican. Qu'importe, la question de la séparation de l'Eglise et de l'Etat est déjà posée devant lui. Un de ses membres, Boissy d'Anglas a déposé un projet de loi sur la séparation de l'Eglise et de l'Etat qui n'est autre que la reproduction de la loi de la Convention de 1795 (1).

Sans doute, dans son sein une voix presque effrayée s'est élevée pour mettre en garde le gouvernement et les représentants du pays contre une politique d'aventures et leur recommander de tenir compte du catholicisme en France et de traiter sérieusement la question religieuse : « Entre tous les faits (2), a-t-il été dit, il n'en est pas de plus considérables que le catholicisme traversant les siècles, jusqu'à la Réforme, avec le monopole de l'enseignement, avec le monopole de l'idéal, avec le monopole de l'éducation et survivant aux grands mouvements intellectuels, ou du xvie siècle ou du xviiie siècle, sinon comme une loi religieuse fidèlement observée par tous, du moins comme un statut social dont bien peu se sont départis. J'admire, a-t-il ajouté, l'assurance avec laquelle on prend texte de ce qui se passe dans d'autres pays. Nous n'avons pas le bonheur nous, d'être un pays neuf comme une autre république, si jeune et déjà si forte, les Etats-Unis... Nous sommes une vieille nation ; nous avons une

(1) Cette loi a été étudiée par nous dans le chapitre : *Faut-il le maintien du Concordat dans la France actuelle* ! L'Etat ne promet rien pour le culte. Les cérémonies extérieures sont interdites. Les rassemblements dans un but religieux sont soumis à la surveillance des autorités. Les fondations perpétuelles sont empêchées.

(2) Séance du 27 juin, Sénat. Dans cette citation il y aurait des remarques à faire, à cause des tendances erronées qui s'y trouvent.

longue histoire, nous tenons au passé par les plus profondes racines, et celles-là même qu'on peut croire desséchées conservent encore une sensibilité que la moindre blessure réveille et qui se communique à l'organisme tout entier. »

N'est-ce pas une invitation à peine voilée à ne point adopter la solution hasardeuse de la séparation de l'Eglise et de l'Etat. C'est en tous cas, une sorte d'exhortation à cesser de guerroyer contre l'Eglise. Bien que les observations de M. Waldeck-Rousseau soient très vraies, aura-t-il assez d'influence pour modifier les dispositions de la majorité, arrêter les précipitations d'une commission, changer les tendances d'un gouvernement, pour transformer en force les faiblesses d'un Sénat ? Si on le pensait, ce serait peut-être donner à sa parole une vertu qu'elle n'a pas. Il est vrai que le Sénat l'a écouté avec attention et est devenu plus circonspect, plus indépendant dans le vote des lois affirmées nécessaires pour l'exécution de la loi du 1er juillet 1901, et que le gouvernement a paru un instant moins impatient, moins brutal, moins exigent. Par contre, la majorité ministérielle a été surexcitée et la commission de la séparation de l'Eglise et de l'Etat n'a pas pris attention à la parole de M. Waldeck-Rousseau et n'a pas écouté les conseils qui pouvaient lui être donnés. D'ailleurs avait-il (1) autorité pour prêcher l'apaisement lui qui a ouvert les hostilités et qui est cause des luttes et des agitations actuelles ? Et peut-on attendre le salut d'une parole qui se fit l'avocate de la désorganisation et de la protestation ?

Les catholiques n'osent point fixer en elle leur espoir. Il ont des raisons de se défier. Ils comptent plutôt sur leur Dieu et sur eux-mêmes. En face des événements attristants qui se déroulent, ils sont inquiets et courageux. On les a vus défendre avec une énergie victorieuse la liberté de la parole évangélique et des processions et manifestations catholiques.

(1) Lui-même vote en faveur du gouvernement quand il applique si brutalement la loi du 1er juillet 1901. Il en a donné un exemple quand la discussion sur la demande d'autorisation des Salésiens de Dom Bosco s'est présentée au Sénat.

Ils se sont unis et maintenant ils ont une organisation : c'est *l'Action libérale populaire*. Elle est déjà très forte, très puissante. En un an elle a couvert la France de ses adhérents et de ses comités. Son programme a été tracé de main de maître par son chef remarquable, le sage et dévoué M. Piou (1). Avec elle, la jeunesse catholique est merveilleuse d'entrain et d'ardeur et s'est alliée à elle pour entreprendre en réponse à ce qui a été fait par les ennemis du catholicisme, une campagne pour le droit de la liberté religieuse, usant de tous les moyens légitimes d'action : protestations publiques, manifestations dans la rue, réunions, conférences, articles de journaux, revendications judiciaires, inlassable propagande.

A certains, cette résistance légale n'a pas semblé suffisante. Aux grands maux les grands remèdes. Quand on voit tant de tyranniques vexations, quand on voit le Concordat transformé en un instrument de torture et d'oppression pour l'Eglise, n'est-il pas naturel de rompre complètement avec un gouvernement qui ne mérite plus ni respect, ni obéissance. Qu'il arrive au plus vite le dénouement fatal ! N'ayons point peur de la rupture d'un traité qui à cause de ses violations flagrantes ne peut être d'aucun secours. Puisque cette situation nous attend, soyons assez hardis pour la désirer dès maintenant et pour reconquérir bientôt pied à pied nos libertés. On comprend que ces cris échappent à la colère et à l'indignation. Ils ne sauraient être prononcés par des bouches réfléchies ni être formulés par des esprits sages. Quoi qu'il arrive, l'on ne peut souhaiter pour un pays la révolution ni la favoriser. Si aujourd'hui il est devenu obligatoire aux catholiques dont les libertés sont violées, de résister ferme, ils ne doivent le faire que légalement et derrière le rempart du Concordat (2). Contrairement aux assertions des apôtres de la guerre à outrance, forts en stériles et naïves bravades, la résistance

(1) Ce programme se trouve dans le *Correspondant* du 25 mars 1903.

(2) Pierre Veuillot a développé avec beaucoup d'à-propos cette pensée dans un article de l'*Univers*, 28 octobre 1902.

légale n'est pas une duperie et une sottise, « elle est, comme l'affirme M. de Mun (1), la seule efficace, la seule pratique, la seule redoutable. » D'ailleurs de par l'ordre du pape il est défendu aux catholiques de toucher au Concordat. Ce ne sont donc pas eux qui inspirent des craintes pour sa dénonciation. Excités et guidés par l'exemple et la parole de leurs évêques, ils feront tout pour le sauvegarder.

Cette ligne de conduite sera approuvée par le pays qui réclame la paix religieuse. Dans son extrême bon sens il a donné ses suffrages de préférence aux représentants qui la lui avaient promise (2). Maintenant se voyant dupé et menacé, il commence à secouer son apathie et à demander la fin de cette guerre impie, nuisible à tous les intérêts et funeste à la vie sociale. Sa voix réprobatrice se grossit chaque jour. Elle devient grondante. Sûrement le pays ne tolèrera pas la rupture du Concordat, dont il devine les suites et dont il a peur. La majorité ministérielle et le gouvernement auront beau vouloir, car on peut douter de leurs intentions et se demander encore s'ils désirent la séparation de l'Eglise et de l'Etat, accomplir cette œuvre néfaste ; ils trouveront soulevés devant eux tous les catholiques et tout le pays. A cause de ce soulèvement, il y aura sans nul doute en nombre suffisant des députés assez amis de la France pour rejeter cette mesure.

Voilà pourquoi, malgré les sujets de craintes que nous avons analysés longuement, que nous n'avons point diminués, que nous aurions plutôt exagérés, la confiance et l'espoir sont permis. Ce qui n'est pas une raison pour les enfants de l'Eglise de ne point s'inquiéter, de s'enfermer dans un lâche repos et de cesser d'éclairer le pays. Le meilleur moyen de conjurer la tempête que les impies se proposent de déchaîner est de se montrer à leurs adversaires parfaitement organisés et immédiatement prêts à en subir le choc.

(1) *Les catholiques et l'Action libérale populaire.*

(2) Le *Figaro* a eu l'heureuse idée de donner les professions de foi de plusieurs députés ministériels. A peu près tous se prononcent pour le maintien du Concordat.

LES SUITES DE L'ABROGATION DU CONCORDAT

La seule perspective d'un mal inquiétant nous effraie. Rarement nous osons le regarder en face, même quand il est sur le point de nous atteindre. Nous n'arrêtons pas sur lui notre esprit pour savoir exactement ce qu'il nous réserve et s'il se trouve éloigné de nous. Presque jamais nous ne l'attendons de pied ferme, prêt à entrer en lutte avec lui. Malgré les vagues appréhensions qui nous saisissent à son approche, nous préférons vivre dans une incertitude que nous estimons prudente et que nous croyons rassurante : ce qui ne nous empêche pas d'être désorientés d'avance. Alors il nous arrive de nous moquer des exagérations de notre imagination en émoi sur laquelle nous faisons porter la cause de tous nos tourments. Dans cette manière d'agir, qui n'est que trop commune, il y a une pusillanimité bien honteuse et un défaut extraordinaire de sagesse. Avoir la connaissance précise d'un mal qui nous menace, n'est-ce pas le meilleur moyen de l'éviter. En prévision de ses coups, nous nous entourerons de précautions. De la sorte probablement nous l'écarterons, sûrement nous prendrons les mesures capables de réparer les torts qu'il peut nous causer.

Aussi, bien que déjà nous ayons fait allusion à quelques-unes des conséquences de la dénonciation du Concordat, et que nous les ayons laissées entrevoir, en défendant la cause de son maintien, n'est-il pas utile de revenir encore sur ce sujet que nous n'avons fait qu'effleurer et de montrer nettement et complètement toutes les suites de la séparation de l'Eglise et de l'Etat en France ? Nous l'avons pensé et nous voudrions indiquer d'une façon impartiale ce qu'il adviendra de l'Eglise et de l'Etat dans notre pays après leur rupture. Sans doute, cette réforme sera funeste à ces deux sociétés. Nous le savons et plus d'une fois nous avons entendu parler vaguement des différents maux que l'on agite devant elles quand on traite cette question. Il s'agit maintenant de les énumérer et de les apprécier avec loyauté et impartialité, sans les diminuer ni les augmenter. Les connaître à peu près, ne point s'en rendre compte avec une scrupuleuse attention serait aussi blâmable que de les ignorer absolument. L'insouciance, l'indécision, ne sont plus permises. Autrement on finirait par ne pas ajouter foi à la gravité de ces maux, on ne se préparerait nullement à les affronter et sûrement on n'aurait aucun excitant pour déployer de sérieux efforts dans le but de les repousser.

Le sort qui attend l'Eglise après l'abrogation du Concordat, est évidemment la persécution. Il n'est pas besoin d'être un grand prophète pour le deviner. Bien plus, pourvu que l'on y réfléchisse tant soit peu, on est capable de prévoir le genre de persécution qu'on emploiera contre l'Eglise, les caractères qu'elle revêtira, les conséquences qu'elle amènera. On cherchera à étouffer l'Eglise par l'appauvrissement et la servitude. On lui enlèvera les maigres ressources dont elle dispose et les légers subsides qu'on lui accorde. On lui arrachera même ses temples auxquels elle est plus attachée qu'à tous les biens d'ici-bas, parce que dans ces lieux bénis elle réside de préférence pour y adorer son Dieu, immoler son Christ et évangéliser et sanctifier ses enfants. Il lui sera défendu de bâtir de nouveaux asiles de la prière. On ne lui permettra pas de mendier ni de travailler. On la voudra enchaînée, impuissante, annihilée. Tant qu'elle aura un souffle, tant qu'elle manifestera un signe de vie, on l'attaquera. On la poursuivra dans les endroits les plus secrets. On la traquera sans se fatiguer jamais et on ne reculera pas devant la prison et le glaive. Car il n'est pas possible que la persécution déchaînée n'aboutisse pas au carnage. Etant les maîtres et n'étant plus retenus par aucun lien, les ennemis du catholicisme useront de tous les moyens. Exaspérés, ils recourront à la violence et ne se reposeront que du jour où ils verront l'Eglise agonisante, expirante.

Telle sera la marche que suivra la persécution ; elle commencera par l'appauvrissement de l'Eglise, elle se poursuivra par la servitude et l'emprisonnement de l'Eglise. Fatalement elle s'achèvera dans l'effusion du sang des martyrs de l'Eglise. C'est le dénouement logique des guerres civiles et en particulier des guerres religieuses. Que l'on ne croie pas que la douceur apparente de nos mœurs enraye ce mouvement. L'on n'a plus le respect de la vie et la cruauté, la barbarie se sont toujours cachées sous les civilisations les plus raffinées. S'il en est qui se fassent illusion et se refusent de croire qu'on en arrive à de si épouvantables calamités, l'Eglise, à coup sûr, n'est pas de ce nombre. Habituée aux persécutions qu'elle n'a cessé de rencontrer à tous les siècles de son histoire, elle sait le chemin qu'elles parcourent d'ordinaire et les forfaits qu'elles enfantent. Elle sait les douleurs, les épreuves qui l'assaillent. Elle n'a pas le droit d'espérer qu'elle sera davantage épargnée dans la future persécution dont le point de départ sera l'abrogation du Concordat et elle peut se dire au contraire d'avance que cette persécution ressemblera quant aux caractères aux autres et que peut-être ses conséquences seront plus graves.

Pauvre église de France ! Pendant qu'on la spoliera, qu'on la vexera de mille manières, qu'on lui ravira ses libertés, il faudra qu'elle songe à former et à prendre une organisation nouvelle en rapport avec les difficultés et les besoins de la situation. Elle devra trouver des moyens de subsistance pour ses prêtres, leur enseigner la manière de procéder pour ne point interrompre leur ministère d'apôtre et de pasteur. Elle devra retenir dans son sein les fidèles effrayés, intimidés, les armer de force et les rendre capables de professer leur foi au péril de leur vie. Comment y arrivera-t-elle? Ah! au premier choc de la lutte le désarroi sera profond: les inco-

hérences seront fréquentes ; les humiliations seront multiples ; les défections seront inévitables. Il y a toujours eu
des lâches, des traîtres aux heures de persécution. Au
IIIe siècle pendant la persécution de Décius, saint Cyprien
l'avouait avec un amer découragement dans la lettre qu'il
écrivait aux confesseurs de Rome. Dans notre temps de
scepticisme et de dépression des caractères, il est à craindre
que les faibles ne soient légion. Devant les hontes qu'ils infli-
geront à son cœur maternel, l'Eglise sera obligée de baisser
la tête et pour déverser encore la grâce qui doit toujours
inonder les âmes et les fortifier, pour prêcher encore la vérité
qui ne doit jamais s'éteindre ni s'obscurcir, elle sera peut-être
réduite à se cacher comme une société pernicieuse. Quand elle
osera réapparaître au grand jour, avec quelle lenteur elle
regagnera le terrain qu'on lui aura enlevé et avec quelle incertitude elle s'avancera. Ses premiers pas seront chancelants ;
ses premiers essais de vie nouvelle seront des tâtonnements
pénibles et timides. Elle sera longtemps à recouvrer sa vigueur
et à effacer les traces de blessures qu'elle aura reçues dans ces
combats meurtriers qui forment la trame d'une persécution.

Est-ce à dire que l'Eglise les redoute au point de faire tout
son possible pour les éviter et de craindre sa disparition dans
cette catastrophe ? Oh ! non pas. Son fondateur, Jésus, lui
a révélé les assauts perpétuels qui s'acharneront contre elle
et dont elle sera constamment victorieuse grâce à l'assistance
qu'il lui a promise pendant toute la durée des siècles. Cette
parole du maître a été commentée à tous les âges par ceux
qui étaient chargés de la gouverner et de l'enseigner afin
qu'elle serve tout à la fois d'explication et de motif d'espérance pour les fidèles dont la foi aurait été ébranlée ou qui
auraient pu se décourager devant ces formidables hostilités soulevées de toutes parts contre eux. On la saisit dans la bouche de
ses premiers apôtres, sous la plume de ses premiers écrivains.
Aux premiers siècles saint Justin, Athénagore, saint Cyprien (1)

(1) *Légatio pro Christ.*, III.

ont signalé les causes des persécutions et les avantages que l'on peut en retirer. Toujours ce thème a été développé et rajeuni parce qu'il est toujours actuel. Il a été en particulier repris par un grand nombre d'évêques (1) de France dans leurs derniers mandements de carême. Se faisant l'écho des voix réconfortantes de leurs courageux devanciers, ils ont redit de ne point trembler devant les luttes qui se préparent et qui sont commencées et de se disposer à y puiser les salutaires profits que Dieu y a déposés.

De fait si le Concordat est dénoncé, si la guerre est déclarée ouvertement et complètement, l'Eglise aura beaucoup à gagner. Ses enfants s'attacheront plus fortement et plus affectueusement à elle. La souffrance, partout où elle se rencontre, a la puissance de susciter d'instinctives compassions et de sympathiques dévouements. L'on se sent poussé à s'apitoyer sur le malheur, à le consoler et à le soulager. L'on constate que la patrie est surtout aimée quand elle est en butte avec l'adversité et quand elle est abattue sous le poids de la défaite. Ne l'a-t-on pas vu dans notre nation française en 1870 ? M. Emile Ollivier le rappelait éloquemment en répondant au discours de réception à l'Académie de M. Emile Faguet, lorsqu'il parlait du motif qui avait déterminé Cherbulitz à se donner à la France : « De la France prospère et redoutée, disait-il de cet écrivain, il n'avait été qu'à demi, de la France malheureuse et anxieuse il voulut être tout à fait. Homme de deux patries, il choisit pour être exclusivement la sienne celle qui souffrait. Il se dit que la France avait besoin de ces délicates consolations et de ces compensations généreuses et de cette caresse plus que filiale. » Si notre patrie, et elle le mérite

(1) Parmi ces mandements nous nous faisons un devoir de signaler celui de Mgr Guérard, évêque de Coutances. Dans un langage d'une noble simplicité, abondamment nourri des paroles de l'Écriture Sainte, il rappelle les prédictions de Jésus par rapport aux persécutions et montre qu'elles sont naturelles étant donné des dispositions de l'homme pour recevoir la vérité. Mgr Touchet, évêque d'Orléans, qui a traité le même sujet, s'attache plutôt à marquer les avantages de la persécution vaillamment soutenue. Il n'est pas besoin de noter que l'éloquent prélat a développé ce sujet avec sa vigueur habituelle, son style imagé et original.

sans doute, fait de telles conquêtes par le seul cri de sa douleur, l'Eglise aura t-elle moins d'influence, moins de puissance ? Certainement ses fidèles se presseront autour d'elle et
par leurs vertus et leurs docilités s'efforceront de lui faire
oublier ses épreuves ; et il y aura des âmes généreuses qui
viendront vers elle parce qu'elle est persécutée. La parole
de M. de Mun sera vraie (1) : « Ils croient semer des impies,
ils récolteront des chrétiens. »

En effet à cause de leur attachement à l'Eglise qu'ils con-
solideront, les catholiques retrouveront, s'ils veulent persévérer
dans leur foi, les croyances solides et les énergies invincibles
des vieux chrétiens. Comme cette tranformation est devenue
nécessaire ! Aujourd'hui tout s'est attiédi, tout s'est amoindri.
La foi s'est étiolée, le sens moral s'est vicié, les caractères
se sont anémiés. On n'a plus la force de pratiquer jusqu'au
bout son devoir. On marche péniblement dans le chemin du
bien. On est languissant et l'on meurt faute de foi et de courage. On se demande s'il n'est point urgent que le vent de la
persécution souffle. Il secouera les engourdis ; il réveillera
les indifférents, il ranimera les bons ; il renversera à terre
les mauvais. Dans les enfants fidèles de l'Eglise violemment
agitée, brutalement humiliée, et considérablement mutilée,
passera une sève nouvelle. L'on verra refleurir les héroïsmes
des premiers siècles. Certes avant que ce consolant spectacle
se produise, il y aura beaucoup d'obstacles. N'importe. Tôt
ou tard il apparaîtra. L'Eglise de France rajeunie, retrempée
dans le bain de la persécution sera plus belle, plus indépendante, plus robuste que jamais.

En effet elle a des chances de se débarrasser pendant l'é-
preuve des défauts dont elle souffre et qui après la diminution de
la vitalité chrétienne sont la cause de ses revers dans notre nation. Il est reconnu par tous que les catholiques ne sont pas unis,
ne sont pas organisés et manquent d'initiative. Depuis long-

(1) Séance de la Chambre des députés, 20 janvier 1901.

temps la division s'est établie chez nous. On se querelle, on se jalouse, on s'injurie acrimonieusement. Même dans le bien que l'on fait, on ne s'entend pas, on ne se groupe pas. On préfère travailler seul. Il y a de magnifiques efforts individuels. Il n'y a pas de mouvement d'ensemble. A cause de cette éparpillement, de cette désagrégation de forces, le résultat obtenu est insignifiant. Il est vrai que certains ne demanderaient pas mieux que de s'associer et de se solidariser. L'on cherche même celui qui aura la puissance d'unifier toutes ces volontés désireuses de se dépenser au salut de la société et toutes ses œuvres dont le sol français s'est couvert. Certes l'on a beaucoup fait pour trouver l'organisation qui est nécessaire et pour resserrer l'union indispensable pour une influence décisive sur le pays. L'on est étonné que l'on n'ait pas plus complètement réussi et que les enseignements de Léon XIII, le pape providentiel, n'aient pas été mieux compris et plus efficaces. C'est que peut-être il nous faut les leçons de la persécution. Sous les coups des ennemis, la charité se formera entre les catholiques, les préventions tomberont. Les difficultés exciteront l'initiative. Bon gré et mal gré par ce qu'ils ne voudront pas mourir, il arriveront à s'entendre et à s'organiser. L'obstacle est quelque fois utile. Il révèle les hommes qui s'ignoraient et contribue à former des institutions qui durent.

Il n'est pas présomptueux de penser que l'Église de France (1) aura cette courageuse conduite et remportera ces succès. Le passé répond de l'avenir. Que dis-je, le présent est même un gage d'espérance. La lutte a déjà commencé. Des victoires ont été gagnées au point qu'on a pu faire l'histoire (2) des

---

(1) Il faut remarquer qu'il s'agit du sort de l'Eglise de France. Or si nous catholiques, nous ne devons point trembler pour l'Eglise en général qui est immortelle, nous pouvons avoir de légitimes appréhensions pour l'Eglise de France. Aucune promesse d'immortelle durée ne lui a été faite par Jésus. Elle peut disparaître et l'Eglise peut continuer de vivre.

(2) M. Fonssagrives s'est chargé d'écrire cet encourageant récit des victoires remportés par les catholiques à Aubervilliers, à Plaisance, à Belleville. Il y a un magnifique mouvement.

récents exploits des catholiques de France qui dans la capitale ont défendu la liberté de la parole chrétienne. Aussi s'il était permis de désirer la persécution qui est un mal et de précipiter, par le rupture du Concordat, un grand pays dans une guerre religieuse, l'on comprend que certains plus impétueux soient tentés de crier à ceux qui vexent continuellement l'Église, qui entravent la parole et l'apostolat de ses ministres, de crier : Eh bien non, plus de demi-mesures ; plus d'expédients ; plus d'hypocrisies. Déclarez ouvertement la lutte. Rompez toute relation avec l'Église. Généreux, spontané, cœur ouvert à tout ce qui est grand, et le paraît, le catholique français probablement au premier abord, désorienté, indécis et épouvanté, finirait par donner une incomparable leçon de fidélité et de noblesse d'âme. Et l'Eglise, après quelques années pénibles pendant lesquelles sa puissance et son prestige pourraient paraître détruits, reconquerrait avec plus d'assurance son empire sur la nation qui est faite pour elle.

Quoique ces prévisions ne nous semblent pas irréalisables, qu'à côté des désastres que la persécution entraîne toujours, nous apercevions dans le lointain des avantages compensateurs pour l'Eglise de France, qui se consolidera, renouvèlera, s'unifiera et s'organisera, par amour pour notre patrie, nous avons le devoir de nous effrayer des conséquences de la séparation de l'Eglise et de l'Etat. Cette aventureuse réforme ne réserve pour elle que les calamités les plus graves, sans aucun dédommagement. Après la dénonciation du Concordat des questions dangereuses seront immédiatement soulevées, sans pouvoir être résolues. Ce sera en même temps le point de départ de bouleversements destructeurs de la liberté et de l'esprit national. Et évidemment, notre influence et notre prestige à l'extérieur seront compromis et notoirement amoindris.

Un des plus importants services du Concordat a été de résoudre la question des biens ecclésiastiques. Personne ne peut disconvenir que la solution fut très favorable pour le pays et

pour l'Etat. Mais, quand le traité aura été brisé par le pouvoir
civil, elle n'existera plus. Nous nous trouverons reportés à plus
d'un siècle en arrière. Les spoliations de la Révolution repren-
dront leur caractère d'injustice. A nouveau la question délicate de la violation de la propriété de l'Eglise se posera, il
faudra chercher une nouvelle manière de la trancher. Pour
ceux qui veulent la rupture, la chose est aisée. A l'injustice
du passé ils ajouteront une nouvelle injustice. Ils supprime-
ront purement et simplement le budget des cultes et s'appro-
prieront par un attentat encore plus révoltant des temples de
l'Eglise. Est-ce là une solution honnête ? Non, pour l'appeler
par son nom, ce sera une faillite, une confiscation, un véritable vol. Et le vol n'est pas plus permis à une nation qu'à un
individu. Il la déshonore également, lui enlève la confiance
qu'elle mérite et la place dans la voie de la déloyauté. Non seulement les catholiques, mais les citoyens qui garderont la
notion du droit, seront obligés de rougir d'elle, de la désavouer, de la combattre, puisqu'elle aura fait banqueroute,
puisqu'elle aura fait un parjure, comme un fils a la douleur
de condamner son père qui n'a pas eu le respect de sa dignité. Pourtant si on ne veut pas s'en tenir aux clauses du
Concordat, c'est à cette bassesse que l'on conduira la France.
La dénonciation du Concordat soulèvera la question qui ne
sera résolue que par l'injustice des lois ecclésiastiques : ce qui
sera d'autant plus odieux qu'elle était sagement tranchée par
une convention respectable qui avait jadis apaisé les alarmes
légitimes des consciences.

Aura-t-on plus de succès quand on voudra régler les rapports de l'Eglise et de l'Etat sous le nouveau régime ? Car cette
question se présentera encore. La séparation ne pourra pas
être assez complète pour que l'Etat devienne absolument indifférent, neutre, vis-à-vis de l'Eglise. D'ailleurs, tous les projets de loi que l'on élabore en vue de l'abrogation du Concordat se préoccupent de l'attitude que le gouvernement doit
adopter, en face de la religion. Rien qu'à considérer leur

nombre, rien qu'à examiner la longueur de leurs articles, rien qu'à les lire, l'on devine la complexité du problème et l'on est convaincu des dangers que l'on court quand on veut légiférer, sans s'entendre avec la Papauté, sur ces matières. D'avance l'on prévoit même en faisant abstraction des passions antireligieuses, qui règnent, qu'un Parlement est incapable de trouver une loi satisfaisante, sans compter que l'Eglise ne tolère pas qu'on lui trace des règlements qu'elle n'a pas approuvés. Que s'ensuivra-t-il ? On essaiera tous les moyens. On se corrigera; on se modifiera; tous ces efforts seront inutiles. La question n'aura pas fait un pas tant que l'on ne s'adressera point à celle qui a toute autorité pour trancher ces problèmes insolubles en dehors d'elle, l'Eglise. L'on aura dépensé en pure perte les instants des assemblées qui auraient pu sagement travailler pour la prospérité de la nation. Et qu'aura-t-on trouvé au bout de toutes ces recherches, à la fin de toutes ces discussions qui ne manqueront pas d'être tumultueuses. On en sera arrivé à résoudre cette question des rapports de l'Eglise et de l'Etat par la force brutale et inique, par l'arbitraire, par l'incohérence : ce sera d'autant plus maladroit que l'Etat, en conservant le Concordat, possédait le meilleur moyen de défendre ses droits et d'exercer son influence.

Peut-on être surpris maintenant qu'il y aura des bouleversements ? On n'impose pas l'injustice à un pays, on ne le violente pas, on ne lui arrache pas sa religion sans qu'il se révolte. Il n'y a pas de doute, la guerre religieuse existera. On ne se fait pas illusion sur sa gravité. On sait qu'elle sera suivie d'une guerre civile très violente. On s'attaquera à tous les fondements de la société. On cherchera à renverser tout ce qui représentent l'ordre et l'autorité. Tout sera miné par les forces anarchiques qui, après avoir été mises en branle, poursuivront avec fureur leur œuvre de destruction, et ne pourront être arrêtées par un gouvernement qui les a ameutées et auxquelles il s'est livré. Il y aura d'effroyables effondrements.

Anatole Leroy-Beaulieu (1) pense même que « la République périra dans cette crise ». Fréquemment Gambetta (2) exprimait cette crainte à ses familiers dans ses entretiens fameux où les pensées sérieuses, les jeux de mots, les réparties étincelantes, les considérations profondes et les éclairs subits d'éloquence se succédaient dans un merveilleux désordre et laissaient une inoubliable impression de vie et de puissance. Cette appréhension remplissait tellement son esprit qui ne manquait pas de clairvoyance qu'il osa la révéler au Parlement et affirmer avec Jules Ferry que la dénonciation du Concordat ferait le jeu des ennemis de la République et qu'elle était « l'une des deux causes qui pouvaient amener sa fin ». Il faut donc que le bouleversement redouté soit bien grave pour qu'il soit une menace pour l'existence de la République reconnue par ceux qui furent ses fondateurs et ses défenseurs les plus remarquables et qui auraient plutôt eu des tendances à exagérer la solidité de la forme gouvernementale actuelle.

Mais il n'y aurait point que la République à disparaître dans cette perturbation. Pour quelque temps notre esprit national sera obnubilé et la liberté sera étranglée et terrassée. On n'y réfléchit pas assez et peu lui en savent gré. Le Concordat sauvegarde la liberté. En obligeant l'Etat à reconnaître l'Eglise et à lui donner un rang officiel, il maintient efficacement la distinction du pouvoir spirituel et du pouvoir temporel qui est la base de l'indépendance de l'âme et impose un frein puissant aux despotismes de l'Etat vers lesquels il a de fortes tendances : il l'arrête au moins en partie quand il veut, usurpant fréquemment un rôle qui ne rentre point dans ses attributions, réglementer la conscience, la pensée et même les formes de manifestations religieuses, auxquels l'homme a recours pour adorer son Dieu. Brisez le Concordat. Pour

(1) *La Révolution et le Libéralisme.*
(2) On pourrait citer de multiples exemples. M. Lemire a fait allusion à l'un de ces entretiens dans un de ses discours pour la réforme du Concordat. 16 décembre 1901.

l'État l'Eglise n'aura plus de puissance qui mérite respect. Il prétendra la remplacer et s'ériger en juge souverain du culte et des croyances. Pour assurer l'unité nationale et l'ordre public, prétextes dont il aime à se servir, il formera une religion à lui, une philosophie à lui qu'il faudra professer. Certes quand il essaiera d'établir cet asservissement, il se heurtera à d'insurmontables obstacles et à l'Eglise qui se dressera pour défendre la liberté qu'elle apporta au monde. Néanmoins parce qu'il aura à sa disposition la force brutale qui a des triomphes passagers, un instant il pourra espérer la victoire. Dans notre beau pays de France la liberté subira dans ces circonstances une regrettable éclipse.

Ce sera déjà causer un tort considérable à notre patrie que de la priver, même pour quelques temps, de l'indépendance, par la rupture du Concordat. Hélas! la liberté ne sera pas la seule victime dans ce bouleversement funeste. Notre esprit national sera fortement endommagé : il y a en effet un fait indépendant de la forme du gouvernement et des dispositions irréligieuses des gouvernants. La France demeure encore la première nation catholique par les qualités qu'elle possède et par les influences qu'elle exerce. L'intérêt patriotique commande de tenir compte de ce fait ; il nous vaut une façon de primauté qu'on n'a pas le droit de dédaigner, et dans les deux hémisphères, des sympathies et des admirations désintéressées. Elle nous permet de garder, malgré la propagande effrenée des impies, les qualités fondamentales de notre race et de nous développer selon l'ordre logique imposé par nos origines et nos traditions. Or c'est le Concordat qui pour la plus grande part a permis la persistance de ce fait, c'est lui qui rend officiellement catholique une nation entraînée dans l'irréligion par ceux qui sont à sa tête, et force ceux-ci à servir l'Eglise qu'ils exècrent. Tant qu'il existera, notre France aura beau être travaillée, elle ne deviendra pas complètement athée ; elle ne sera pas laïcisée dans le sens odieux du mot. Elle aura sinon dans sa parfaite intégralité, au moins dans ses parties essentielles, son esprit national. Elle montrera aux autres peuples son noble visage auquel les flétrissures des impies n'auront pas enlevé toute sa beauté. Elle continuera à garder leur estime et leur confiance et à s'imposer à eux par son influence. Pour changer tout cela, il suffira de l'abrogation du Concordat.

La pauvre France sera défigurée et son âme sera avilie. Elle ira de déchéance en déchéance. Elle tombera bien bas selon la loi qui veut que la corruption de ce qui a été noble soit plus déshonorante. Par cette conséquence, elle sera diminuée, discréditée aux yeux des autres nations et abandonnée par elles, et dédaignée par elles. Son influence se sera retrécie. Elle sera descendue au rang d'une nation inférieure.

Voilà les résultats qu'apportera à l'intérieur du pays la rupture du Concordat. Elle soulèvera la question des biens ecclésiastiques que ce traité avait réglée avantageusement, le problème des rapports de l'Eglise et de l'Etat qu'il avait résolu sagement. Elle jettera parmi nous un profond bouleversement qui ébranlera tout, qui divisera tout, qui minera tout. La république sera en danger. La liberté sera violentée; l'esprit national sera atteint. Parce que toute politique de nature à affaiblir la France en dedans, la compromet en dehors, parce que plus que toutes les autres, les fautes commises dans les affaires religieuses s'étendent par delà les frontières, nous le devinons, plus graves encore seront les maux dont notre patrie aura à souffrir à l'extérieur après l'abrogation du Concordat. Ce qui est certain, c'est qu'un puissant moyen d'influence lui sera enlevé, le protectorat sur les chrétiens d'Orient. Avec lui s'évanouira son prestige de grande nation.

Nous assistons à une époque de compétition universelle entre les peuples, les races, les civilisations, les langues. C'est l'âge de la politique « mondiale » selon le terme consacré, de la Weltpolitick, comme disent les Allemands, ou, ce qui revient au même l'âge des impérialismes envahisseurs.

Les États les plus importants des deux mondes se disputent
le globe et se le partagent. Ils se sont répandus dans les
parties les plus éloignées et les plus inconnues. Ils luttent
ensemble à qui occupera le plus de place sur le rivage de
l'Océan comme sur les plaines du continent. Ils cherchent à
se tailler, par le canon, par la diplomatie, par les écoles,
par le commerce, chacun sa sphère d'influence politique, éco-
nomique, intellectuelle. Maintenant, l'univers est à peu près
divisé entre eux. L'on juge le supériorité d'un État d'après
le nombre des territoires qu'il a conquis et d'après l'étendue
de l'influence qu'il possède. Celui-là est regardé comme pré-
éminent, qui a sous sa dépendance les plus vastes domaines
et qui dispose des plus sérieux moyens d'action et des plus
importants agents d'expansion.

Bien qu'elle se fut laissée distancer par plusieurs de ses
rivales, la France occupait encore en ces derniers temps un
bon rang. Malgré les conseils de défaillance et d'abandon
donnés par des esprits découragés, elle n'était pas décidée
à abdiquer sa place. Elle n'écoutait pas non plus les utopies
antipatriotiques de certains rêveurs dangereux qui lui affirmaient que tout impérialisme excessif était contraire à ses
principes et aux droits de l'humanité. Elle comprenait
qu'elle ne devait point délaisser, mais plutôt augmenter les
sphères d'influence morale et matérielle où prévalaient son
esprit, ses idées, sa langue et sa littérature. Au besoin, elle
se faisait conquérante. Dans cette voie l'engageaient ceux
qui, parmi ses ministres (1), avaient gardé l'intelligence de
ses traditions, avaient pour elle quelque amour et voulaient
bien songer un peu à ses intérêts. Ils se seraient reproché de
négliger tout ce qui pouvait sur ce terrain seconder leurs
efforts, servir et honorer la France, même quand leur aveugle

____

(1) Parmi ces ministres, il faut reconnaître que Jules Ferry a été l'un des premiers. Sa politique coloniale a été presque excellente. Il fut soutenu par Mgr
Freppel et M. Goyau dans son ouvrage : *Humanitarisme et Patriotisme*, reconnaît que sur ce point son influence fut heureuse.

et haineux anticléricalisme leur aurait conseillé le contraire. Avec raison, ils mettaient au-dessus de tous les instruments d'influence qui se trouvaient à leur usage, le protectorat catholique de la France en Orient. Quoique timidement, ils faisaient leur possible pour le maintenir et l'affermir. Ils se rendaient compte que par lui la nation française l'emportait encore sur les puissances européennes, malgré son infériorité commerciale, coloniale et militaire et jouissait parmi elles d'une primauté d'autant plus importante qu'il avait en sa faveur la durée et l'éclat.

De fait, ce protectorat est le legs de notre ancienne puissance. Il nous rappelle les temps glorieux où la France apparaissait à tout le Levant comme la grande nation libératrice et civilisative. Préparé par saint Louis qui par son héroïsme et sa vertu avait frappé les Orientaux, avait obtenu leur confiance et les avait pour jamais attachés à la race franque devenue pour eux le symbole de la bravoure, de la loyauté et du désintéressement, il fut fondé par François Ier lorsqu'en 1526, rompant avec les traditions historiques des croisades, avec le système politique du moyen âge, il négocia avec le grand Turc et passa contrat avec lui. Pour s'excuser aux yeux des catholiques scandalisés et indignés de cette diplomatie audacieuse et sacrilège, le roi de France avait pris soin de réclamer la liberté pour les chrétiens englobés dans le royaume du Croissant et s'était réservé la faculté de les protéger. C'était le premier acte de notre protectorat. Il fut suivi d'une série de capitulations qui élargirent les droits de la France (1) et placèrent sous son protectorat tous les catholiques venant d'Occident qui se trouvaient en Orient et dans l'extrême Orient. Bientôt elle couvrit de sa bienveillante tutelle les sujets catholiques du sultan avec sa permission tacite, sans qu'il fut lié toutefois par un traité formel. La Révolution

(1) Voir *Régime des capitulations, son histoire, ses applications, ses modifications*, par un ancien diplomate. — *La France du Levant*, par Étienne Lamy. — Testa, *Recueil des traités de la Porte Ottomane avec les puissances étrangères*.

française ne fit point table rase de ses privilèges religieux, elle les revendiqua par la convention du 18 juin 1801 et le traité du 25 juin 1802 et la nouvelle France les fit valoir comme elle l'avait fait sous l'ancien régime (1). En 1828 le général Guillemont obtint l'assurance officieuse que rien ne serait changé à notre protectorat. La France continuerait à être le défenseur naturel des catholiques de toutes nations. Les chrétientés sujettes de la Porte ne cesseraient point d'être ses clientes (2).

Comme il est aisé de le comprendre, cette tutelle donne à notre patrie une situation prépondérante en Orient. Elle vaut à notre drapeau et à notre langue une réelle suprématie. Ses trois couleurs flottant sur tous les établissements fondés par les enfants de l'Eglise : missions, couvents, écoles, collèges, orphelinats, hôpitaux, la France participe à tout le bien qui est fait par eux. Elle se trouve aussi à la tête des antiques églises unies à Rome qui forment autant de petites nationalités chrétiennes, miraculeusement conservées, à travers les âges, dans les cadres séculaires de leurs églises et de leurs rites : Ce sont à vrai dire de petites France d'Orient qui mettent une touchante obstination à s'attacher à notre nation et à lui rester dévouées. Elles lui ouvrent partout des voies où elle pénètre en maîtresse parce qu'elle est sûre d'y rencontrer des admirateurs désireux de lui plaire et de lui être utiles. Quelle source d'influence pour elle ! Comme son prestige est grandement relevé par cette puissance qui lui permet de parler en souve-

(1) Les faits qui montrent l'exercice du protectorat français en Orient sont très nombreux. Il y en a sous tous les règnes, sous ceux de François Ier, Henri IV, de Louis XIV, de Louis XV. Le marquis de Braunec dans son *Mémoire sur l'état actuel* des affaires de la Religion au Levant cite des cas fort curieux. — M. Rey, dans son ouvrage, explique comment la Révolution continua ce rôle, par le citoyen Descourtes.

(2) Récemment deux auteurs ont expliqué l'étendue et l'importance de notre protectorat. Ce sont : M. Goyau dans son ouvrage, *Vieille France, jeune Allemagne*. M. Arminjon dans un article paru dans la *Revue de Paris*, le 15 avril 1903. L'Étude de celui-là a un caractère catholique ; l'étude de celui-ci l'emporterait en netteté. Les droits de la France sont admirablement précisés. Ils sont immenses. Elle peut beaucoup sur les catholiques d'Orient.

?aine à ses peuples et au nom de ses peuples et d'intervenir sans cesse dans le but noble de les protéger! Comme il lui importe de garder à tout prix ce protectorat sans lequel elle serait considérablement diminuée !

Ce qui prouve son importance, c'est que les États d'Europe en ont été toujours jaloux. Ils se sont conjurés pour nous l'enlever. Ils ont essayé au moins de l'entamer et de nous en arracher des lambeaux. L'Autriche a fait insérer, dans les traités de Passanowitz (art. 11) de Belgrade (art. 9) de Sistowa (art. 12) des clauses par lesquelles le sultan garantit le libre exercice du catholicisme en Orient. Dès 1718 le premier de ces traités permettait à l'ambassadeur de l'Apostolique Majesté de défendre auprès de sa Hautesse les intérêts catholiques. Non contente des droits de tutelle qui lui sont reconnus sur les catholiques de la Haute-Égypte, elle s'est efforcée d'étendre son influence jusqu'au Caire en y encourageant le séjour de Mgr Sogaro, vicaire apostolique au Soudan et a réclamé, d'autre part, que l'œuvre de la Propagation de la Foi eut à Vienne un centre spécial. Si elle n'a pas réussi à nous supplanter, il faut en savoir gré à la fidélité invincible des chrétiens d'Orient qui par reconnaissance n'ont pas voulu rompre avec la France. Que n'a point fait de son côté la clairvoyante, l'avisée et souple Italie? Tantôt elle discrédita notre protectorat et diminua son importance en s'appuyant sur le traité de Berlin (1). Tantôt elle essaya d'obtenir de la Propagande la faveur de nous remplacer. N'osant pas espérer ce privilège, l'Allemagne a étudié la conclusion d'un Concordat entre la Porte et le Saint-Siège au sujet de l'Albanie pour nous priver de notre protectorat traditionnel sur les catholiques Mirdites de cette région. Elle est arrivée à démolir notre protectorat catholique en Chine et ne s'est point fait scrupule d'utiliser le massacre de quelques missionnaires allemands comme prétexte de son ambitieuse intervention. Elle espère remporter d'autres succès grâce aux inconscientes

(1) Voir la décision de la Consulta sous le premier ministère de Crispi.

trahisons de la politique radicale. L'Angleterre non plus n'est pas restée inactive. Elle a créé un mouvement d'opinion en faveur de l'établissement d'une hiérarchie catholique en Égypte et en août 1893 la Propagande sur sa demande envoyait une circulaire relative à l'enseignement de la langue anglaise dans les écoles égyptiennes. Plus d'une fois la France a rencontré comme ennemie son alliée actuelle la Russie qui nous dispute la prépondérance dans l'empire Ottoman. Elle a multiplié ses tentatives pour restreindre notre influence.

Aussi depuis longtemps notre protectorat aurait disparu au milieu de ces intrigues sans cesse ourdies contre nous, si nous n'avions eu pour nous défendre la Papauté qui a mieux soutenue nos droits que nos plénipotentiaires (1), nos ambassadeurs et nos ministres (2). Elle leur a même donné une nouvelle autorité, en les maintenant et en les confirmant pour l'Extrême-Orient aussi bien que pour l'Orient. N'est-ce pas ce qui est résulté de la circulaire *Aspera rerum conditio* du 22 mai 1888 issue, sur l'ordre de Léon XIII, de la Propagande? La circulaire ordonnait aux missionnaires italiens comme aux autres de se conduire envers les représentants du Quirinal de telle façon qu'ils ne puissent être soupçonnés de dispositions favorables et de connivences à l'égard du nouvel ordre de choses existant à Rome. Elle faisait un précepte de discipline, une obligation de conscience pour les délégués apostoliques en Orient, à quelque pays qu'ils appartiennent, de considérer les consuls français comme leurs protecteurs naturels, sous réserve des droits qu'exerce l'Autriche en certains territoires déterminés : Albanie, Macédoine, Haute-Egypte. Afin qu'il n'y

(1) M. Arminjon condamne formellement M. Wadington pour sa rédaction obscure et maladroite de l'article 63 du traité de Berlin. *Revue de Paris*, 15 avril 1903.

(2) On sait avec quelle timidité nos ministres des affaires étrangères défendent nos droits. Ils craignent d'effaroucher les radicaux. Ils sont pourtant décidés à ne pas renier ce protectorat. Le dernier ouvrage de M. Waldeck-Rousseau sur la politique extérieure de la France est instructif sur ce point. M. Delcassé ne cesse point de faire l'éloge de nos missionnaires et d'insister sur l'importance de notre protectorat catholique.

eut pas de doute, à plusieurs reprises la Propagande recommanda de ne recourir en cas de besoin qu'à la protection des agents français. En 1895, lorsqu'il y eut des difficultés pour l'archevêché d'Alger après la mort du cardinal Lavigerie, le secrétaire d'État tint à consacrer par l'accord du 7 novembre l'installation de la France en Tunisie. Léon XIII qui avait dirigé toutes ces négociations et inspiré toutes ces décisions voulut de sa personne, à cause du vif amour qu'il portait à notre patrie et dont il ne s'est pas départi devant la mort (1), affirmer et favoriser notre protectorat. Il désigna S. Em. Mgr Langénieux pour être le cardinal légat, aux solennités eucharistiques qui eurent lieu à Jérusalem en 1893. En 1898 quand Guillaume II, le remuant et mystérieux empereur d'Allemagne, très ami des beaux gestes et des sonores paroles, accomplit son fastueux voyage en Orient et se présenta en défenseur généreux et empressé des chrétiens de toute confession et de tout rite, Léon XIII conféra lui-même, en une lettre publique au cardinal Langénieux, la sanction pontificale à nos droits en Orient. Même après des visites impériales et royales qui trahissent le dessein de nous déposséder, il a déclaré qu'il ne se prêterait pas à nous en dépouiller. Quelle leçon de fidélité il a donnée à notre France en vérité chérie par lui et quelle leçon de sagesse il a fournie à la légèreté inconsciente de nos politiciens et au mauvais vouloir de nos gouvernants !

Mais peut-on croire que la Papauté défendra encore notre protectorat quand notre gouvernement aura brisé avec elle par la rupture du Concordat ? Peut-on espérer alors qu'elle nous maintiendra sa confiance et ses faveurs ? Ce serait par trop naïf de s'arrêter à cet espoir. Par la force des circonstances, à regret, la Papauté abandonnera la France. Pour ce

(1) C'est un devoir pour la France de se souvenir des témoignages d'attachement que Léon XIII lui a données avant de mourir. Il a eu pour elle une bénédiction spéciale, des recommandations et des vœux touchants recueillis par son Em. le Cardinal Mathieu.

qui est du protectorat d'Orient, elle se tournera vers nos
rivaux enchantés, Allemands, Italiens, Autrichiens et leur
accordera ce qu'ils demandent depuis longtemps : la protection de leurs sujets catholiques. Surtout elle ne manquera
pas de nouer des relations directes avec la Porte Ottomane
comme avec le Tsung-Li-Yamen, et d'établir des nonciatures
à Pékin et sur le Bosphore. C'en sera fait peut-être pour
toujours de notre influence en Orient. L'héritage de dix siècles de travaux et d'efforts aura sombré en un jour, et avec
lui nos gloires, nos grandeurs, notre influence. De même, fatalement notre ambassadeur sera obligé de quitter le Vatican.
« Pourtant, dit Anatole Leroy-Beaulieu, aucune ambassade
n'est plus nécessaire à l'extension de notre influence au maintien, de ce qui nous reste de prestige dans le monde, que
cette modeste ambassade du Vatican (1) ». Nous descendrons
au rang des nations inférieures dont il n'y aura plus à tenir
compte, si ce n'est d'escompter leur fin pour s'emparer de
leurs dépouilles et se partager leurs provinces et leurs richesses.

On sera peut être tenté de nous accuser d'avoir exagéré le
côté funeste des suites de la rupture du Concordat. Eh bien,
si on a quelque hésitation à ajouter foi à la réalité de ces calamités qui attendent la France, que l'on regarde ce qui se passe
de nos jours. On s'est attaqué non pas à l'Eglise toute entière,
mais à une partie de l'Eglise, à son corps d'élite, aux congrégations religieuses. Pour poursuivre jusqu'au bout cette lutte,
n'a-t-on pas violenté la liberté et ne l'a-t-on pas enchaînée ?
N'a-t-on pas enlevé à la France quelque chose de son catholicisme et ne l'a-t-on pas fait marcher vers la libre pensée et l'a-
théisme ? N a-t-on pas semé parmi nous la division, l'agitation,
la guerre civile ? N'a-t-on pas diminué l'importance de notre

---

(1) S'il fallait prouver cette parole d'Anatole Leroy-Beaulieu, il n'y aurait qu'à
citer un nom, celui de Lefebre de Behaine, ambassadeur de la France au Vati_
can, et à rappeler les services rendus par lui à son pays. Il a préparé l'alliance
Franco-Russe. Voir *Vieille France et jeune Allemagne*, de Goyau.

protectorat en Orient en brisant ses agents naturels et nécessaires, les missionnaires, les religieux et les religieuses de tout ordre qui ont couvert le Levant et l'Orient tout entier de leurs établissements et de leurs écoles ? Ces religieux et ces religieuses persécutés et étranglés n'emportent-ils pas une bonne part du prestige et de l'honneur même de la France ? (1) Il est par trop douloureux de répondre à ces questions. Pourtant encore une fois il ne s'agissait que d'une guerre partielle et non générale. Le Concordat planait au-dessus des lutteurs et les modérait tous, ennemis de l'Eglise et défenseurs de ses droits. Que sera-ce quand la guerre sera devenue universelle ? En vérité nous ne croyons pas avoir exagéré les suites de la dénonciation du Concordat. Elles existeront.

Evidemment à cause d'elles l'Eglise ne doit pas désirer cette rupture. Elle a le devoir de se montrer conciliante pour l'éviter. Elle ne doit pas toutefois la redouter à l'excès. Assistée par son Dieu, consolée par la fidélité de ses enfants, renouvelée dans sa vie, son organisation et son unité elle se sauvera de la tempête et retirera des profits de la terrible tourmente. La France elle a tout à craindre à l'intérieur et à l'extérieur; ce sont partout de tristes déchéances. Que cette épreuve lui soit évitée. Nous le souhaitons vivement. Nous voudrions espérer qu'il n'y aura pas au Parlement une majorité qui soit assez ennemie de la France pour vouloir la bouleverser, l'amoindrir par la rupture du Concordat.

(1) Anatole Leroy-Baulieu dans son article très remarquable sur les congrégations religiéuses : *Le protectorat catholique et l'influence frauçaise au dehors*, a répondu à cette question. Il montre les conséquences de la persécution pour notre influence. *Revue des Deux-Mondes*, 1er mars 1903.

APPENDICE

Texte de la Proposition de Loi de M. de Pressensé

TITRE PREMIER

Généralités

ARTICLE PREMIER. — La liberté des opinions, la liberté de conscience et de croyance est inviolable.

ART. 2. — La République reconnaît et garantit la libre expression des opinions, religieuses ou autres, dans les limites de l'ordre public et en conformité avec les dispositions ci-après relatives à la police des cultes.

ART. 3. — Nul ne peut être empêché d'exercer, conformément aux lois, le culte qu'il a choisi.

ART. 4. — Nul ne peut être contraint à participer à un acte religieux ou à un culte, à faire partie d'une association religieuse ou ecclésiastique, à suivre ou à donner un enseignement religieux, à contribuer par l'impôt, directement ou indirectement, à l'entretien d'opinions religieuses ou d'établissements ecclésiastiques.

ART. 5. — Nul ne peut être tenu d'exprimer, positivement ou négativement, ses opinions en matière religieuse, même en se faisant inscrire sous une rubrique ou en répondant à un questionnaire de recensement.

Art. 6. — La République ne protège, ne salarie, ni ne subventionne aucun culte. Elle n'accorde de privilège où de dispense à aucun culte. Elle ne s'immisce par acte d'autorité gouvernemental dans aucun acte de conscience. Elle ne fournit, à titre gratuit, aucun local pour l'exercice d'un culte où le logement de ses ministres.

TITRE II

Dénonciation du Concordat. Culte catholique

Art. 7. — A dater de la promulgation de la présente loi, la loi du 18 germinal an X est abrogée et la convention passée à Paris, le 26 messidor an IX, entre le gouvernement français et le Pape, est dénoncée.

Art. 8. — Le gouvernement de la République cessera, à dater du 1er janvier qui suivra la promulgation de la présente loi, de payer aux archevêques, évêques, vicaires généraux, chanoines, curés, desservants et vicaires les traitements ou allocations imputés sur les chapitres 4, 5, 6, 7 et 8 du budget des cultes, ainsi que les sommes portées au chapitre 9 sous le titre : *Secours accidentels à des prêtres en activité*, les sommes portées pour dépenses ecclésiastiques au chapitre 31 du budget de la guerre, au chapitre 12 du budget de la marine, aux chapitres 62, 63 et 71 du budget de l'instruction publique, aux chapitres   du budget de la justice, aux chapitres 48, 49, 50, 51, 52 et 53 du budget de l'Algérie et généralement toutes les sommes inscrites tant en vertu du Concordat que de lois postérieures à titre de traitements ou d'allocations aux ministres du culte catholique.

Art. 9. — Tout traitement, toute subvention, toute allocation, accordée à un ministre du culte catholique en activité sur les fonds de l'État, des départements ou des communes, cessera de plein droit à partir du 1er janvier de l'année qui suivra la promulgation de la présente loi.

Art. 10. — Le gouvernement de la République cessera à la même date de payer les sommes imputées pour le mobilier des archevêchés et évêchés et pour les loyers et rentes pour évêchés aux chapitres 10 et 11 du budget des cultes et au chapitre 54 du budget de l'Algérie.

Art. 11. — L'arrêté du 27 brumaire an XI, l'arrêté du 14-25 ventôse an XI, le décret du 12 prairial an XII, le décret du 26 février 1810, l'ordonnance du 6 novembre 1814, celle du 5 juin 1816, la décision royale du 29 septembre 1819, l'ordonnance du 29 septembre 1824, les sénatus-consultes des 28 juin 1853 et 9 janvier 1854, l'article 30 de la loi de finances du 21 mars 1885 sont et demeurent abrogés.

Art. 12. — L'usage gratuit des églises cathédrales ou paroissiales cessera à dater du 1er janvier qui suivra la promulgation de la présente loi. La location de ces édifices se fera conformément aux dispositions ci-après.

Art. 13. — L'usage gratuit des locaux d'habitation : archevêchés, évêchés, presbytères, mis à la disposition des ministres du culte catholique par l'État, les départements ou les communes, cessera à la même date. La location se fera conformément aux dispositions ci-après.

Art. 14. — Les allocations faites à titre d'indemnités de logement aux ministres du culte catholique par les communes cesseront à partir de la même date et ne pourront être rétablies à aucun titre, sous aucune forme directe ou indirecte. Sont abrogées les dispositions de l'article 136, n° 11, de la loi municipale du 5 avril 1884.

TITRE III

Mesures de transition

Art. 15. — Une pension viagère sera allouée aux ministres du culte catholique actuellement en fonctions et rémunérés sur les fonds de l'État lorsqu'ils auront plus de quarante-cinq ans d'âge ou de vingt ans de fonctions et qu'ils en feront la demande dans les conditions fixées ci-après. Cette pension se confondra de droit jusqu'à la totalité de son montant avec toute autre pension ou tout autre traitement alloué à un titre quelconque par l'État à l'ayant-droit.

Art. 16. — Ces pensions viagères seront uniformément de 600 francs.

Art. 17. — Les ministres du culte catholique rentrant dans les conditions de l'article 15 devront, pour faire liquider leur pension, former une demande avec, à l'appui, les pièces prouvant leur qualité, une attestation que leurs ressources personnelles ne suffisent pas à leur entretien et une déclaration des sommes qu'ils peuvent recevoir à un titre quelconque de l'Etat. Aucune demande ne sera accueillie si elle n'est faite dans les six mois qui suivront la promulgation de la présente loi.

Art. 18. — Le payement des pensions ecclésiastiques aura lieu par trimestre. La jouissance courra au profit du pensionnaire du premier jour de l'exercice qui suivra la promulgation de la présente loi. Les arrérages des pensions inscrites se prescrivent pour trois ans. La condamnation à une peine afflictive et infamante entraîne de plein droit la privation de la pension. Les pensions et leurs arrérages sont incessibles et insaisissables si ce n'est jusqu'à concurrence d'un cinquième pour dettes envers le Trésor public, et d'un tiers pour les causes exprimées aux articles 203, 205 et 214 du Code civil.

Art. 19. — Les fonds de ces pensions sont imputés sur un chapitre spécial du budget intitulé « Pensions ecclésiastiques », qui sera inscrit au budget du ministère de l'Intérieur. A la fin de chaque exercice, les sommes afférentes aux pensions éteintes pendant ce laps de temps seront portées en annulations de crédits.

Art. 20. — Le direction des Cultes, qualifiée désormais de direction de la liquidation du Concordat et réduite par un règlement d'administration publique au nombre de bureaux et d'employés strictement nécessaire, sera chargée du service de la liquidation et de l'ordonnancement des pensions ecclésiastiques, ainsi que de l'apurement final des comptes des Conseils de fabrique arrêtés et clos au dernier jour de l'exercice au cours duquel sera promulguée la présente loi et généralement de toutes les mesures spéciales prises ou à prendre en vue de l'application de ladite loi. Elle sera rattachée au ministère de l'Intérieur.

Art. 20 *bis*. — Les biens mobiliers et immobiliers appartenant aux menses épiscopales ou aux Fabriques feront retour, les premiers à l'Etat, les seconds aux communes. Toutefois, dans le cas où il serait fait la preuve que ces biens sont le fruit de libéralités exclusives des fidèles, en dehors de toutes subvention de l'Etat ou des communes, lesdites libéralités s'étant produites depuis le 1er janvier 1872, ils seront attribués aux Sociétés civiles formées pour l'exercice du culte dans le diocèse ou la paroisse.

TITRE IV

Location des édifices du culte.

Art. 21. — L'Etat est et demeure propriétaire des cathédrales, ainsi que des archevêchés, évêchés, bâtiments des Séminaires diocésains. Les communes sont et demeurent propriétaires des églises paroissiales et des presbytères. Toutefois, dans l'un ou l'autre cas, les Conseils de fabrique actuellement existants pourront faire la preuve que ces édifices ont été construits depuis le Concordat exclusivement avec des fonds provenant des collectes, quêtes et libéralités de particuliers, sans subvention aucune du budget de l'Etat ni des municipalités. Ces derniers édifices seront attribués à la Société civile diocésaine ou paroissiale dont il sera traité ci-après.

Art. 22. — L'Etat et les communes pourront consentir la location des églises diocésaines ou paroissiales, des archevêchés, évêchés, Séminaires ou presbytères leur appartenant à des Sociétés civiles constituées à l'effet de subvenir aux frais et à l'entretien du culte conformément aux dispositions ci-après. Le préfet agit pour l'Etat; le maire pour la commune. Ce dernier doit être approuvé par le Conseil municipal. Au cas où dans la ville épiscopale ou la paroisse, il n'y aurait pas, au jour de la promulgation de la présente loi, d'édifice adapté aux besoins actuels du culte, l'Etat et les communes seront, pendant une période de cinq ans, tenus de traiter avec lesdites Sociétés civiles. Ces contrats devront toujours se faire à titre onéreux. Tout contribuable du département ou de la commune peut réclamer par la voie judiciaire la résiliation de tout bail qui aurait été conclu à des conditions manifestement dolosives ou dérisoires et l'évaluation à dire d'experts de la valeur locative de l'édifice. L'Etat et les communes pourront insérer dans leurs baux des stipulations leur réservant le droit d'user des édifices loués, soit à des dates fixes, soit tous les dimanches à des heures autres que celles du culte, à l'effet d'y célébrer des fêtes civiques, nationales ou locales.

Art. 23. — L'Etat et les communes supportent les charges et exercent les droits qui reviennent ou incombent au propriétaire, les Sociétés civiles contractantes, les charges et droits revenant ou incombant aux locataires.

Art. 24. — L'Etat et les communes ont le droit d'aliéner ces édifices conformément aux règles prescrites pour l'aliénation de leurs domaines respectifs.

Art. 25. — Ceux des édifices ci-dessous désignés qui ont été ou qui seront rangés dans la catégorie des monuments historiques, seront soumis aux règles spéciales et aux servitudes de cette classe.

TITRE V

Sociétés civiles pour l'exercice du culte

Art. 26. — Les Sociétés civiles constituées en vue de subvenir aux frais et à l'entretien du culte se forment conformément aux prescriptions de la loi du 1er juillet 1901 sous la réserve des modifications ci-après.

Art. 27. — La déclaration préalable prévue à l'article 5 de ladite loi en vue de la publicité requise pour obtenir la capacité juridique devra faire connaître, outre les objets y énumérées, la liste complète des noms, professions et domiciles de tous les membres de la Société.

Art. 28. — Même régulièrement constituées, ces Sociétés ne

pourront recevoir de subventions de l'Etat, des départements ni des communes.

Art. 29. — A titre d'immeubles strictement nécessaires à l'accomplissement du but qu'elles se proposent, elles ne pourront acquérir à titre onéreux, posséder ou administrer qu'une église cathédrale et un évêché par diocèse, une église paroissiale et un presbytère par paroisse, en entendant par ces termes : *diocèse* et *paroisse*, soit les circonscriptions actuellement ainsi dénommées, soit celles qui pourraient être crées à l'avenir par les autorités compétentes, pourvu qu'elles ne soient pas inférieures en population à la moyenne des circonscriptions actuelles

Art. 30 — Sous le nom de cotisations des membres, on pourra comprendre le produit des quêtes faites à l'église, de la location des bancs, du casuel ecclésiastique. La Société civile sera tenue d'en rendre un compte annuel qui sera déposé au greffe de la justice de paix du canton et à la mairie de la commune. Un droit de 10 0/0 sera prélevé sur le total au profit de l'assistance publique du département ou de la commune.

Art. 30 *bis*. — Le tarif des droits perçus ou des prix fixés pour les cérémonies du culte et pour la location des chaises devra être rendu public. Il ne pourra en aucun cas s'élever au-dessus du tarif en cours à l'époque de la promulgation de la présente loi.

Art. 31. — Au cas où une ou plusieurs de ces Sociétés viendraient à être reconnues d'utilité publique, conformément à l'article 10 de la loi du 1er juillet 1901, elles seraient, en outre, soumises aux règles spéciales qui suivent.

Art. 32. — Toutes leurs valeurs mobilières devraient être placées en titres de rente nominatifs. Le montant total n'en pourrait dépasser la somme nécessaire pour produire, à 3 0/0, le prix de la location de l'église et du presbytère et le traitement des ministres du culte y attachés. Elles devront publier, chaque année, un compte de leurs propriétés mobilières et revenus et un inventaire de leurs propriétés immobilières.

TITRE VI

Police des cultes.

ART. 33. — Il est interdit de rattacher un diocèse ou une portion de diocèse à la juridiction d'un métropolitain ou d'un évêque ayant son siège en pays étranger, sous peine d'une amende de 500 à 5.000 francs et d'un emprisonnement de cinq jours à six mois.

ART. 34. — Les ministres du culte devront être Français, majeurs, en possession de leurs droits civils et politiques. Ils ne pourront appartenir à une Congrégation religieuse.

ART. 35. — Aucune commune ou section de commune ne peut en nom collectif acquérir ou louer un local ou édifice pour l'exercice d'un culte.

ART. 36. — Tout rassemblement de citoyens pour l'exercice d'un culte est soumis, comme toute réunion publique, à la surveillance des autorités constituées dans l'intérêt du maintien de l'ordre public. Cette surveillance se renferme dans les mesures de police et de sûreté publique.

ART. 37. — Ceux qui interrompent par un trouble public les cérémonies religieuses d'un culte sont punis de peines portées contre ceux qui se livrent à des actes de nature à porter atteinte à l'exercice du droit de réunion.

ART. 38. — Seront punis d'une amende de 50 à 500 francs et d'un emprisonnement de deux mois à un an ou de l'une de ces deux peines, ceux qui emploieront injures, voies de fait, menaces ou violences pour contraindre une ou plusieurs personnes à célébrer certaines fêtes religieuses, à observer tel ou tel jour de repos, ou pour empêcher lesdites personnes de les observer, soit en forçant à ouvrir ou à fermer leurs ateliers, boutiques, magasins ou de quelque manière que ce soit. Ces dispositions ne dérogent pas aux lois fixant des jours de repos public.

ART. 39. — Ceux qui tenteront par injures ou menaces de

contraindre un ou plusieurs individus à contribuer aux frais du culte seront punis d'une amende de 50 à 500 francs. S'il y a eu voie de fait ou violence, la peine sera d'une amende de 100 à 1.000 francs et un emprisonnement de deux mois à un an ou l'une ou l'autre de ces deux peines.

ART. 40. — Il est interdit de se servir de l'édifice consacré au culte pour y tenir des réunions politiques, pour s'y livrer à des actes étrangers à l'objet du culte. Toute infraction sera punie d'une amende de 500 à 5 000 francs et d'un emprisonnement de deux mois à un an ou de l'une de ceux deux peines en la personne de l'auteur responsable. En outre, en cas de location d'un édifice de l'Etat ou des communes, le bail sera résilié de plein droit.

ART. 41. — L'entrée des édifices consacrés à l'exercice du culte doit être libre et accessible à tous pendant la célébration des cérémonies religieuses. Quiconque s'opposerait à l'entrée d'une ou plusieurs personnes paisibles serait puni d'une amende de 500 à 5.000 francs et d'un emprisonnement de deux mois à un an ou de l'une de ces peines. En outre, en cas de location d'un édifice de l'Etat ou des communes, la résiliation serait de plein droit.

ART. 42. — Les articles 201, 202, 203, 204, 205, 206, 207, 208 du Code pénal sont abrogés et remplacés par les dispositions suivantes.

ART. 43. — Tout ministre du culte qui, dans l'exercice de ses fonctions et en assemblée publique, aura diffamé, outragé ou calomnié un particulier, soit en lisant un écrit contenant des instructions pastorales, soit en tenant lui-même un discours, sera puni d'une amende de 500 francs à 5 000 francs et d'un emprisonnement de deux mois à un an ou de l'une de ces deux peines, sans préjudice de la réparation ou du dommage causé. Toute diffamation, calomnie, outrage ou injure prononcé dans les mêmes conditions contre un membre du gouvernement, des Chambres ou une autorité publique, sera puni d'une amende de 1 000 à 10 000 francs et d'un emprisonnement de trois mois à deux ans. En ces deux cas, si l'édifice est loué à l'Etat ou à une commune, le bail sera résilié de plein droit.

Art. 44. — Si un discours prononcé ou un écrit lu par un ministre du culte, dans l'exercice de ses fonctions et en assemblée publique, contient une provocation directe à la désobéissance aux lois ou aux autres actes légaux de l'autorité publique, ou s'il tend à soulever ou à armer une partie des citoyens contre les autres, le ministre du culte qui l'aura prononcé sera puni d'un emprisonnement de six mois à deux ans, si la provocation n'a été suivie d'aucun effet, et d'un emprisonnement de deux à cinq ans si elle a donné lieu à une désobéissance autre toutefois que celle qui aurait dégénéré en révolte, sédition ou guerre civile. Dans les deux cas ci-dessus, la résiliation du bail avec l'Etat ou la commune est de plein droit.

Art. 45. — Lorsque la provocation aura été suivie d'une sédition, révolte ou guerre civile, dont la peine donnera lieu contre un ou plusieurs coupables à des peines plus graves que celles portées à l'article précédent, cette peine, quelle qu'elle soit, sera appliquée au ministre du culte coupable de la provocation.

Art. 46. — L'auteur de l'écrit qui aura été lu par le ministre du culte dans les conditions ci-dessus indiquées sera puni des peines portées aux articles précédents contre le ministre du culte coupable, s'il lui a donné l'ordre d'en donner lecture.

Art. 46 *bis*. — Dans tous les cas où la présente loi institue des pénalités, l'article 463 du Code pénal sur les circonstances atténuantes est applicable.

Art. 47. — Tout ministre du culte qui lirait ou ferait lire en assemblée publique, pendant la célébration ou à l'occasion du culte, un écrit émanant d'une autorité étrangère et censurant ou critiquant les lois ou les actes légaux du gouvernement de la République, sera puni d'une amende de 1 000 à 10 000 francs et d'un emprisonnement de deux à cinq ans ou de l'une de ces deux peines. Si cet écrit provoque à la désobéissance aux lois ou tend à soulever ou à armer une partie des citoyens contre les autres, tout ministre qui le lira ou fera lire dans les conditions susdites sera puni de la détention, si la provocation n'est suivie d'aucun effet, du bannissement pour cinq ans, si elle est suivie d'un effet autre que la sédition, révolte ou guerre civile, et, au cas de sédition, révolte ou guerre civile, de la peine la plus forte — si elle est plus forte que le bannissement pour cinq ans — dont seraient punis un ou plusieurs coupables.

ART. 48. — Les processions et autres cérémonies ou manifestations extérieures du culte ne peuvent avoir lieu qu'en vertu d'une autorisation expresse du maire de la commune. Cette autorisation ne peut être donnée ou renouvelée si un dixième des habitants de la commune ou plus de cent de ces habitants protestent contre elle. Les sonneries de cloche sont réglées par arrêt municipal.

TITRE III

Privilèges, dispenses, incompatibilités

ART. 49. — Les articles 262, 263, 264 du Code pénal sont abrogés. Les ministres du culte jouissent de toute la protection accordée par le droit commun aux citoyens et d'elle seule.

ART. 50. — Sont abrogées les dispositions des articles 31, 32 et 34 de la loi du 29 juillet 1881 sur la presse en tant qu'elles comprennent les ministres du culte reconnus parmi les membres des corps constitués ou des autorités publiques.

ART. 51. — L'article 259 du Code pénal n'est pas applicable au port du costume ecclésiastique.

ART. 52. — Les articles 385 et 386 du Code pénal sont abrogés, en tant qu'ils assimilent les édifices consacrés au culte, aux locaux habités ou servant d'habitation, dans les deux cas de vol sans violence avec réunion des trois circonstances : commis la nuit, par deux ou plusieurs personnes, portant des armes apparentes ou cachées (puni des travaux forcés à temps), ou de vol commis la nuit par deux ou plusieurs personnes (puni de la réclusion).

ART. 53. — Les dispositions des décrets du 24 messidor an XII, du 13 octobre 1863 et du 23 octobre 1883 sont abrogées en ce qui concerne les préséances, honneurs, visites de corps à rendre par les fonctionnaires et officiers des armées de terre et de mer aux cardinaux, archevêques, évêques, à l'occasion de certaines fêtes ou de certains événements.

Art. 54. — Sont abrogés les articles 280 et 296 du décret du 23 octobre 1883 en ce qui concerne les marques extérieures de respect à rendre par les troupes en marche, postes et sentinelles, aux cérémonies et manifestations externes du culte.

Art. 55. — La franchise postale est supprimée dans tous les cas où elle était accordée pour les correspondances de service des archevêques, évêques, grands vicaires, directeurs de Séminaires, curés, desservants, aumôniers des lycées et collèges et des hôpitaux, chapelains des communautés religieuses, présidents de consistoires, pasteurs protestants et rabbins israélites.

Art. 56. — Sont déclarés nuls et non avenus l'avis du Conseil d'État (section de l'Intérieur) du quatrième jour complémentaire an XIII approuvé par l'empereur le 8 vendémaire an XIV, accordant aux ministres du culte certaines dérogations et indulgences relativement à la loi du 19 ventôse an XI, sur l'exercice de la médecine et chirurgie, ainsi que l'instruction ministérielle contenant et approuvant le rapport de la Faculté de médecine de Paris du 3 pluviôse an X sur la latitude à accorder aux ministres du culte dans l'exercice de la pharmacie et la préparation des médicaments.

Art. 57. — Sont abrogés les articles 23, § 1, 24, § 4, et 51, § 4 de la loi du 16 juillet 1889, comprenant parmi les jeunes gens qui, en temps de paix, après un an sous les drapeaux, sont renvoyés en congé dans leurs foyers, jusqu'à la date de leur passage dans la réserve, les élèves ecclésiastiques admis à continuer leurs études en vue d'exercer le ministère dans un des cultes reconnus par l'État et les versant dans le service de santé en cas de mobilisation.

Art. 58. — Est abrogé l'article 14, § 4, de la loi du 6 avril 1884 qui comprend les ministres du culte reconnus par l'Etat parmi les électeurs inscrits d'office sur les listes électorales.

Art. 59. — Est abrogé l'article 105 de la loi du 3 frimaire an VIII sur la contribution foncière qui exempte de cet impôt

« les domaines notoirement improductifs, excepté de l'aliénation ordonnée par la loi et réservés pour un usage utile », en tant qu'il est interprété par le décret du 11 août 1808 qui a rangé dans cette catégorie « les églises, temples consacrés aux cultes publics, archevêchés, évêchés, séminaires, presbytères et jardins y attenants ».

Art. 60. — Est abrogé l'article 5 de la loi du 4 frimaire an VIII sur l'impôt des portes et fenêtres, qui en exempte certains bâtiments, en tant qu'il vise les églises, édifices servant au culte et bâtiments en logeant les ministres.

Art. 61. — Désormais les archevêques et évêques payeront la contribution personnelle mobilière sur la totalité — et non sur une fraction seulement — de la valeur locative des bâtiments servant à leur demeure.

Art. 62. — Les commissaires répartiteurs de l'impôt des prestations ne pourront plus, conformément à la décision ministérielle du 13 février 1837, affranchir de cet impôt les ministres du culte, même avec l'assentiment tacite ou formel du Conseil municipal.

Art. 63. — Les ministres du culte n'ont pas d'exemption à faire valoir contre les logements et réquisitions militaires.

Art. 64. — Sont abrogés les articles 1er et 3 de la loi du 4 novembre 1872 sur le jury et l'art. 391 du Code d'instruction criminelle qui prononcent la nullité des déclarations de culpabilité auxquelles aurait participé le ministre d'un culte et établissent une incompatibilité entre les fonctions de juré et celles de ministre d'un culte.

Art. 65. — Est supprimée la dispense accordée par les articles 427 et 431 du Code civil et par l'avis du Conseil d'Etat du 20 novembre 1806 et la circulaire ministérielle du 15 décembre 1806, aux personnes remplissant les fonctions du ministère ecclésiastique exigeant résidence, de la charge de la tutelle dans un département autre que celui où elles exercent leurs fonctions.

Art. 66. — Est rapporté l'arrêté du 18 nivôse an XI, portant l'insaisissabilité des traitements ecclésiastiques.

ART. 67. -- Les incompatibilités établies par les lois du 30 novembre 1875 et du 26 novembre 1887 entre certaines fonctions ecclésiastiques et le mandat de sénateur ou de député sont et demeurent abolies.

ART. 68 — Les inéligibilités dont les lois du 2 août 1875 et du 30 novembre 1875 frappent pour le Sénat et la Chambre des députés certains ministres du culte sont et demeurent abolies.

ART. 69. — L'inéligibilité aux Conseils généraux dont la loi du 10 août 1871 frappe les ministres du culte dans le canton de leur résidence est et demeure abolie.

ART. 70. — L'inéligibilité aux Conseils municipaux dont l'article 33, § 7, et la loi du 5 avril 1884 frappent les ministres du culte dans la commune où ils exercent leurs fonctions est et demeure abolie.

ART. 70 *bis*. — Dans tous les cas prévus par les articles 67, 68, 69 et 70 où les incompatibilités et inéligibilités des ministres du culte prendront fin, elles subsisteront pour ceux d'entre eux qui ont exercé des fonctions ecclésiastiques salariées par l'Etat pendant une période de douze ans.

TITRE VIII

Aumôniers

ART. 71. — La loi du 8 juillet 1880 et le décret du 23 avril 1881, ainsi que les articles 174 et 178 du décret du 25 novembre 1889 sont abrogés. A dater du 1ᵉʳ janvier qui suivra la promulgation de la présente loi, il n'y aura plus, sous quelque nom que ce soit, d'aumôniers, succursalistes, à traitements divers ou requis, appartenant aux cultes catholiques ou non catholiques, rémunérés sur les fonds du ministère de la Guerre (notamment aux chapitres 28 et 40).

ART. 72. — Dans tous les rassemblements de troupes, garnisons, forts, camps, etc. ; il sera permis aux hommes, en tant que les besoins ne s'y opposeront pas, et sur leur demande individuelle, de se rendre aux églises ou temples de leur religion les plus voisins du lieu de leur résidence pour y participer aux actes de leur culte.

Art. 73. — Les décisions ministérielles des 27 novembre 1882 et 10 avril 1886 sont rapportées. A dater du 1ᵉʳ janvier suivant la promulgation de la présente loi, il n'y aura plus d'aumôniers de la marine, à la mer ou à terre, rémunérés sur les fonds du budget.

Art. 74. — Dans les hôpitaux, militaires et maritimes, chaque malade a le droit de réclamer la visite d'un ministre de son culte. Son désir est transmis au ministre de son culte le plus voisin. L'entrée de l'hôpital et l'accès du malade qui a formé cette demande doivent être assurés aux heures et aux jours les plus convenables au ministre du culte ainsi réclamé.

Art. 75. — A dater du 1ᵉʳ janvier suivant la promulgation de la présente loi, il n'y aura plus d'aumôniers des hospices et hôpitaux civils. Les malades auront le droit de réclamer la visite d'un ministre de leur culte. Leur désir sera transmis au ministre de leur culte le plus voisin auquel l'accès de l'hôpital et du malade devra être assuré aux heures et jours les plus convenables.

Art. 76. — A partir de la même date, il n'y aura plus d'aumôniers des lycées et collèges. Les parents pourront réclamer, en y plaçant leurs enfants, soit l'envoi de ceux-ci aux instructions religieuses et cérémonies de leur culte à des heures et à des jours où cela ne nuira pas aux études, soit la permission pour ceux-ci de recevoir aux jours de visite celle d'un ministre de leur culte désigné par eux.

Art. 77. — A partir de la même date, il n'y aura plus d'aumôniers des établissements pénitentiaires. Les détenus auront le droit de demander la visite, aux heures et jours réglementaires, d'un ministre de leur culte. Avis en sera donné au ministre le plus voisin qui obtiendra l'accès de la prison et du détenu aux conditions du règlement.

Art. 78. — Les aumôniers appartenant aux catégories des articles 71, 73, 75, 76 et 77 pourront, aux conditions prévues par les articles 15 et 17 de la présente loi, obtenir la pension de l'article 16.

TITRE IX

Serment judiciaire

Art. 79. — Toute formule spéciale du serment judiciaire est abolie, notamment celle des articles 312 et 348 du Code d'instruction criminelle. Dans tous les cas où la loi exige la prestation de serment, la personne tenue de le prêter sera libre de le faire sous la forme qui lui convient le mieux, soit en répétant l'ancienne formule, soit en se contentant d'affirmer, soit en donnant à son affirmation une solennité particulière par tout mode d'attestation conforme à ses convictions.

Art. 79 *bis*. — Aucun signe ou emblème particulier d'un culte ne peut être élevé, érigé, fixé et attaché en quelque lieu public que ce soit de manière à être exposé aux yeux des citoyens, si ce n'est dans l'enceinte destinée aux exercices du culte, dans les cimetières, dans les conditions déterminées ci-après, et dans les musées. Ceux qui existent, contrairement à la présente disposition, seront enlevés par les autorités publiques, sauf dans le cas où il s'y attache une valeur ou un intérêt artistique ou historique spécial. Il est interdit d'en rétablir ou établir sous peine d'une amende de 500 à 5.000 francs.

TITRE X

Cimetières

Art. 80. — Les cimetières appartiennent aux communes. L'autorité municipale en a seule la garde, la police et l'entretien. Les dispositions du décret du 23 prairial an XII, du décret du 30 décembre 1809, et généralement de toutes les dispositions contraires à la présente loi sont abrogées.

Art. 81. — Il est interdit de bénir, consacrer ou de faire bénir et consacrer par une cérémonie religieuse un cimetière tout entier ou une portion de ce cimetière comprenant plusieurs tombes. Chaque tombe peut être bénite ou consacrée individuellement selon la volonté du concessionnaire. Toute infraction à ces dispositions est punie d'une amende de 100 à 500 francs et, en cas de récidive, de deux à cinq jours de prison.

Art. 82. — Il est interdit d'ériger ou de faire ériger dans les cimetières des emblèmes religieux ayant un caractère symbolique et collectif. Chaque concessionnaire peut, en se conformant aux règlements de police intérieure rendus par l'autorité municipale, ériger ou faire ériger sur la tombe ou le monument qui lui appartient, des emblèmes religieux, croix, etc., ou bâtir ou faire bâtir une chapelle, pourvu que celle-ci ait un caractère strictement privé. Toute infraction sera punie d'abord de la destruction de l'emblème ou édifice indûment érigé, puis d'une amende de 100 à 500 francs et, en cas de récidive, de deux à cinq jours de prison.

Art. 83. — Les inscriptions funéraires demeurent soumises à l'autorité municipale. Toutefois, elles ne peuvent être interdites ou effacées ou modifiées qu'au cas où elles porteraient atteinte aux lois, aux bonnes mœurs ou à la paix publique.

Art. 84. — Tout concessionnaire ou membre de la famille enlevant, détruisant ou faisant enlever ou détruire un emblème philosophique ou religieux déposé en vertu de la volonté du défunt, même par un étranger, sera puni des peines portées contre la violation de sépulture à l'article 360 du Code pénal.

Art. 85. — Il est interdit d'assigner des heures spéciales ou des modes particuliers pour la célébration des obsèques sous quelque prétexte philosophique ou religieux que ce puisse être ; d'assigner des places spéciales aux suicidés ou aux personnes non baptisées ou de religion différente de celle de la majorité des habitants de la commune ou de faire quoi que ce soit tendant à déshonorer la mémoire d'une personne, de quelque façon qu'elle soit morte ou qu'elle se fasse ensevelir ou qu'elle ait vécu. Toute infraction à ces dispositions entraînera la révocation du magistrat municipal qui se rendrait coupable et sa non-rééligibilité pendant une période de quatre ans.

TITRE XI

Pompes funèbres

ART. 86. — Les dispositions du décret du 23 prairial an XIII, du décret du 18 mars 1806, du décret du 18 août 1811, ainsi que toutes les dispositions qui ont conféré aux Fabriques et Consistoires le monopole de la fourniture des tentures, ornements, et de toutes les fournitures pour les pompes funèbres, sont abrogées.

ART. 87. — Les communes sont chargées d'assurer le service des inhumations. A cet effet, elles peuvent, soit gérer elles-mêmes directement, soit traiter avec un entrepreneur qui ne pourra jamais être le ministre d'un culte ni représenter directement ou indirectement une Société civile formée pour l'exercice d'un culte. Le tarif sera fixé par arrêté du maire.

ART. 88. — Il appartiendra aux communes ou à leur concessionnaire de fournir non seulement le cercueil et le corbillard, mais encore les tentures et autres accessoires usuels pour l'exposition des corps au domicile et pour les pompes funèbres.

ART. 89. — Toutefois, dans le cas où un service religieux serait célébré dans un édifice du culte, les tentures extérieures et intérieures des églises ou temples où le corps serait transporté avant d'être inhumé seraient fournies de gré à gré par des entrepreneurs *ad hoc*.

TITRE XII

Cultes non catholiques

ART. 90. — La loi du 18 germinal an IX, le décret-loi du 26 mars 1852 et les arrêtés du 10 septembre 1852 et du 20 mai 1853, la loi du 1er août 1879, les décrets des 12-14 mars 1880, 12-14 avril 1880 et 25-29 mars 1882 sont abrogés.

ART. 91. — A dater du 1er janvier qui suivra la promulgation de la présente loi, le gouvernement de la République cessera de payer aux pasteurs, présidents de Consistoires, inspecteurs ecclésiastiques, suffragants et vicaires des Eglises réformées et de la Confession d'Augsbourg aucun traitement ou allocation imputé sur les chapitres 17 et 18 du budget des cultes et généralement sur les crédits du budget.

ART. 92. — Il cessera à la même date de payer les sommes imputées au chapitre 19 du budget des cultes pour les dépenses des Séminaires protestants de Paris et de Montauban, ainsi que celles qui sont portées au budget de l'instruction publique pour les deux Facultés desdites villes et celles qui sont portées au chapitre 22 du budget des cultes pour les travaux des édifices des cultes protestants.

ART. 93. — A partir de la même date, il cessera de payer sur les chapitres 20, 21 et 22 du budget des cultes les traitements des rabbins, les dépenses du Séminaire israélite et les travaux des édifices israélites.

ART. 94. — Tout traitement, toute subvention, toute allocation accordée à un ministre du culte protestant ou du culte israélite ou du culte mahométan, en activité, sur les fonds de l'Etat, des départements et des communes, cessera de plein droit à la même date.

ART. 95. — L'usage gratuit des temples et synagogues et des presbytères protestants et israélites cessera à la même date.

ART. 96. — L'article 14 s'applique aux ministres protestants et israélites.

ART. 97. — Les articles 16, 17, 18, 19 s'appliquent également à eux, ainsi qu'aux directeurs et professeurs des Séminaires, doyens et professeurs des Facultés de théologie.

ART. 98. — Toutes les dispositions de la présente loi relatives à la location des édifices du culte et des presbytères, à la formation des Sociétés civiles pour l'exercice du culte et à la police des cultes s'appliquent aux cultes protestants (réformé et de la Confession d'Augsbourg) et israélite.

TABLE DES MATIÈRES

Angers, imp. Lachèse et Cⁱᵉ, Siraudeau Sʳ. 03-9927.

Auxerre, Imp. Rouillé et Cie, Stanislas et Cie, 69,000.